ABITUR '95
Prüfungsaufgaben mit Lösungen
1983–1994

Biologie
Leistungskurs
Gymnasium
Bayern

STARK

ISBN: 3-89449-095-0

© 1979 by Stark Verlagsgesellschaft mbH · D-85318 Freising · Postfach 1852 · Tel. (08161) 1790
15. ergänzte Auflage 1994
Nachdruck verboten!

Inhalt

Hinweise
Stichwortverzeichnis
Curricularer Lehrplan

Abiturprüfung 1983

Aufgabe I	83-1
Aufgabe II	83-4
Aufgabe III	83-7
Aufgabe IV	83-9

Abiturprüfung 1984

Aufgabe I	84-1
Aufgabe II	84-4
Aufgabe III	84-7
Aufgabe IV	84-9

Abiturprüfung 1985

Aufgabe I	85-1
Aufgabe II	85-3
Aufgabe III	85-5
Aufgabe IV	85-9

Abiturprüfung 1986

Aufgabe I	86-1
Aufgabe II	86-5
Aufgabe III	86-8
Aufgabe IV	86-13

Abiturprüfung 1987

Aufgabe I	87-1
Aufgabe II	87-4
Aufgabe III	87-8
Aufgabe IV	87-11

Abiturprüfung 1988

Aufgabe I	88-1
Aufgabe II	88-4
Aufgabe III	88-8
Aufgabe IV	88-12

Fortsetzung nächste Seite

Abiturprüfung 1989

Aufgabe I	89-1
Aufgabe II	89-4
Aufgabe III	89-8
Aufgabe IV	89-12

Abiturprüfung 1990

Aufgabe I	90-1
Aufgabe II	90-5
Aufgabe III	90-8
Aufgabe IV	90-11

Abiturprüfung 1991

Aufgabe I	91-1
Aufgabe II	91-5
Aufgabe III	91-10
Aufgabe IV	91-13

Abiturprüfung 1992

Aufgabe I	92-1
Aufgabe II	92-5
Aufgabe III	92-9
Aufgabe IV	92-13

Abiturprüfung 1993

Aufgabe I	93-1
Aufgabe II	93-5
Aufgabe III	93-8
Aufgabe IV	93-12

Abiturprüfung 1994

Aufgabe I	94-1
Aufgabe II	94-7
Aufgabe III	94-12
Aufgabe IV	94-18

Jeweils im Herbst erscheinen die neuen Ausgaben
der Abiturprüfungsaufgaben mit Lösungen.

Lösungen:

OStR Albert Widemann

Hinweise

Die Abituraufgaben werden zentral vom bayerischen Kultusministerium gestellt und sind für alle Abiturienten in Bayern verbindlich vorgeschrieben.

Der Fachausschuß wählt zwei Aufgaben aus, die der Prüfling zu bearbeiten hat. Für Prüflinge aus verschiedenen Kursen können an einer Schule verschiedene Aufgaben ausgewählt werden.

Arbeitszeit: 240 Minuten

Stichwortverzeichnis

Die mittlere Spalte verweist auf den Bezug der Aufgaben zu den Jahrgangsstufen und Lerninhalten des Lehrplans in Bayern.
(...) nicht im Lehrplan genannt   (–) entfallen im neuen Lehrplan

AAM		
(angeborener auslösenderMechanismus)		s. Instinkthandlung
Abbau		
– aerob		s. Atmung
– anaerob		s. Gärung
Abstraktion	(–)	90-9
Abwandlungsreihen		s. Fossile Formen
Abwasser(-reinigung)	12 : 5	83-6, 85-11, 90-7; 92-15; 93-12
Acetylcholin		s. Synapse
Actin		s. Muskelbau, -kontraktion
Adaptive Radiation	13 : 3	85-3; 90-4; 94-22
Adenosintriphosphat	12 : 4	84-3; 89-1; 92-3; 94-9, 15
Aggression	13 : 2	83-11; 85-4; 86-10; 91-8, 15; 94-3
Akkumulation		s. Anreicherung
Aktionspotential		s. Erregungsleitung
Allelendrift		s. Gendrift
Alles-oder-Nichts-Gesetz		s. Erregungsleitung
Aminosäuren		s. Proteine bzw. Biomoleküle
Analogie	13 : 3	83-3; 84-9, 11; 86-8; 93-16; 94-16
angeborenes Verhalten		s. Instinkthandlung
Anreicherung	(12 : 5)	84-12
Antigen-Antikörper-Reaktion	12 : 2	94-16
Antrieb		s. Instinkthandlung
Appetenz		s. Instinkthandlung
Äquationsteilung		s. Meiose
Archaeopteryx		s. Fossile Formen
Art	13 : 3	92-16
– bildung	13 : 3	84-8; 85-3; 88-3; 90-4; 91-9; 93-2; 16
Atavismus	13 : 3	83-6, 89-16
Atemgastransport	(–)	83-11; 92-7
Atmung (aerober Abbau)	12 : 4	83-6; 84-3, 5; 85-2, 10; 86-7; 87-11; 91-15; 92-3
Atmungskette	12 : 4	84-3; 86-7; 88-13; 89-2; 91-12
ATP		s. Adenosintriphosphat
Attrappe	13 : 2	84-2; 89-10; 91-5
Auslöser		s. Instinkthandlung
Außenfaktoren		s. Photosynthese
Avery (u. Griffith)	12 : 2	87-7
Axon		s. Nervenzelle

Bakterien	12 : 2	84-8; 86-15; 87-3, 7; 91-3, 4, 11; 92-7
– photosynthese	(13 : 3)	89-11; 93-11
Bakteriophagen	12 : 2	84-8; 86-15; 90-14; 91-4; 92-7
Balz	(13 : 2)	83-2
Barr-Körperchen	(–)	86-8, 89-9, 10
Basedow	(–)	94-21
Beadle und Tatum	(12 : 2)	93-1
Benthal		s. See-Gliederung
Beschädigungskampf	13 : 2	94-3
biogenetische Grundregel (Haeckel)	(13 : 3)	84-3
Biomoleküle	12 : 3	90-13
Blatt	(–)	86-10; 92-11; 93-1, 5
Bluterkrankheit	(12 : 1)	91-9
Blutgruppen	12 : 1	94-11, 16
Blutzuckerregulierung	(13 : 1)	85-2, 90-13
Brenztraubensäure	12 : 4	89-2; 92-7; 94-15
Brückentiere		s. Fossile Formen
Brutpflege	(13 : 2)	83-2, 83-9
Calvin-Zyklus		s. Dunkelreaktion
Chemosynthese	(13 : 3)	89-11; 91-3; 93-11
Chiasma		s. Crossing over
Chloroplasten	12 : 4	83-8, 87-16; 94-9
Cholinesterase		s. Synapse
Chromatiden		s. Chromosomen
Chromosomen	12 : 1	
– aberration (strukturelle (-))	12 : 1	83-3; 85-3; 86-8; 88-6,7,10,11; 89-7, 11; 93-2, (s. auch: Mutation)
– karte	12 : 1	92-7
– Riesen-	(12 : 1)	83-3; 94-16
– theorie der Vererbung	12 : 1	94-11
Citronensäure-Zyklus	12 : 4	84-3; 86-7; 89-2
Colchicin	(–)	89-3; 91-12
Crossing over	12 : 1	83-3; 86-4; 87-10; 88-3; 90-14; 92-8; 94-22
Darwin	13 : 3	83-10; 85-3; 86-12; 87-11; 91-4; 93-6; 94-11
Deckschicht		s. See-Gliederung
Demutsverhalten	13 : 2	83-11; 86-10
Dendrit		s. Nervenzelle
Destruent		s. Stoffkreislauf
Diplo-Y-Syndrom	(13 : 1)	83-3; 85-3
DNS		s. Nucleinsäuren
Doppelte Quantifizierung	13 : 2	84-9; 91-13; 93-15
Down-Syndrom	12 : 1	83-3; 91-16
Drohverhalten	13 : 2	
Dunkelreaktion		s. Photosynthese
EAAM	(13 : 2)	
Ein-Gen-ein-Enzym-Hypothese	(12 : 2)	84-2

Einsicht	(–)	s. Lernen – höhere Leistungen
Embryologie		s. Homologie
Endhandlung		s. Instinkthandlung
Endosymbiontentheorie	(13 : 3)	87-16; 91-9
Endoxidation		s. Atmungskette
Energiefluß		s. Stoffkreislauf
Energieübertragung		s. Adenosintriphosphat
Enzym		
– Aktivität	12 : 3	84-2, 11, 86-3, 87-6, 89-15, 90-3, 7; 91-3
– bau	12 : 2,3	83-8; 85-6; 86-2
– hemmung	12 : 3	84-5; 85-6; 86-3; 87-6, 7, 88-13; 89-14, 15; 94-4
– spezifität	12 : 3	85-6; 87-6; 90-3
– synthese		s. Proteinbiosynthese
Epilimnion		s. See-Gliederung
Erfahrungsentzug		s. Kaspar Hauser
Erbgänge	12 : 1	83-10; 84-6; 85-11; 86-4; 87-9, 15; 88-6; 89-11, 15; 90-7; 91-8; 92-12, 16; 93-5; 94-5, 10, 11, 22
Erbkoordination		s. Instinkthandlung
Erregungsleitung	13 : 1	83-5, 86-6, 14; 87-2, 5: 88-7, 90-9; 91-3; 93-10; 94-14
Eutrophierung	12 : 5	83-6; 84-12; 85-11; 86-15; 87-14, 89-7; 92-3, 15; 93-15
Evolutionsgeschehen	12 : 3	86-15; 89-11, 12; 92-16: 94-24
Fett		s. Biomoleküle
Fossile Formen		
– Abwandlungsreihen (Pferde)	13 : 3	83-6; 91-16
– Zwischenglieder /Brückentiere (Archaeopteryx)	13 : 3	83-6; 93-2
Gärung	12 : 3	83-6; 84-5; 85-10; 86-7; 89-2, 90-9; 91-15; 92-3; 93-8; 94-3
Gen	12 : 2	
– austausch		s. Crossing over
– drift	13 : 3	84-8, 85-3, 86-5, 89-11, 90-10; 91-16; 92-8
– koppelung		s. Erbgänge
– mutation		s. Mutation
– wirkkette	12 : 2	93-3, 4
Generalisierung	(–)	90-9
genetischer Code	12 : 2	86-11, 90-7
Geschlechtsbestimmung	(–)	86-3; 89-7
Glucagon, Glykogen		s. Blutzuckerregulierung
Glycolyse	12 : 4	85-10; 86-7; 90-1; 94-15
Grundumsatz	(–)	90-13; 94-20, 21
Handlungsbereitschaft		s. Instinkthandlung
Handlungskette	13 : 2	90-3

Homologie		
– vergl. Anatomie	13 : 3	83-3, 6; 84-3, 11; 86-8; 89-16; 93-16; 94-17
– vergl. Biochemie/Molekularbiologie	13 : 3	86-8; 92-16; 94-6
– vergl. Embryologie	13 : 3	84-3; 92-13
– vergl. Ethologie	13 : 3	90-7
– vergl. Serologie	13 : 3	83-8; 84-3; 85-11; 87-4; 89-3; 91-4, 12; 93-7
Hormone	13 : 1	86-6, 90-13; 92-15; 94-20
Hospitalismus	13 : 2	88-9
Hypolimnion		s. See-Gliederung
Imponierverhalten	13 : 2	83-11, 86-10
Instinkthandlung	13 : 2	83-9; 84-2, 9; 88-2; 89-14, 90-3; 91-8; 92-3, 7, 15; 93-3, 6; 94-3, 8
Instinktmodell	(13 : 2)	83-2; 88-2, 3
Insulin		s. Blutzuckerregulierung
Isolation	13 : 3	84-8; 85-3; 88-3, 90-4; 91-9
Jakob-Monod-Modell	12 : 2	85-6, 7; 87-3, 4; 91-15; 92-3; 94-23
Karyogramm	(–)	85-2; 86-8
Kaspar-Hauser-Versuch	13 : 2	88-10, 90-7; 92-3; 94-20
Kläranlage		s. Abwasser
Klinefelter-Syndrom (XXY)	(12 : 1)	83-3; 85-3; 86-8; 88-7; 88-11; 92-16; 93-4
Kniesehnen-Reflex		s. Muskeldehnungsreflex
Kohlenhydrate		s. Biomoleküle
Kommentkampf	13 : 2	83-11; 86-10; 91-15; 94-3
Kompensationsebene		s. See-Gliederung
Konditionierung		s. Lernen
Konjugation	12 : 2	94-9
Konkurrenz	12 : 5	83-2; 85-3, 90-4, 7; 92-7; 93-10
Konsument		s. Stoffkreislauf
Konvergenz	13 : 3	86-8; 91-12; 93-7; 94-16
Krebs-Zyklus		s. Citronensäurezyklus
Kreuzung		s. Erbgang
Lamarck	(–)	89-6,7; 91-4; 94-16
Leerlaufhandlung	13 : 2	84-9; 88-2
Lernen		
– Konditionierung	13 : 2	84-2; 88-8; 89-2, 14; 91-3, 11; 92-3, 11
– höhere Leistungen	(–)	90-9; 94-14, 15
– Prägung	13 : 2	84-2; 88-10; 89-14; 93-10
Lichtreaktion		s. Photosynthese
Lipide		s. Biomoleküle
Litoral		s. See-Gliederung
Lyon-Hypothese	(–)	88-10; 93-4

Mangelmutanten	(12 : 2)	93-3, 4
Markscheide		s. Nervenzelle
Materiefluß		s. Stoffkreislauf
Meiose	12 : 1	83-3, 86-3, 86-7, 88-3, 7
Mendelsche Regeln	12 : 1	84-6; 87-9, 10, 15
Mensch, Stammesgeschichte	(–)	92-8
Menschenaffen	(–)	84-6,7; 85-5; 91-4; 94-24
Meselson und Stahl	12 : 2	88-8; 90-3, 4
Milchsäure		s. Gärung
Millerscher Versuch	(13 : 3)	86-15; 93-11; 94-6
Mineralisierung		s. Stoffkreislauf
Mitochondrium	12 : 4	87-16; 88-13; 94-9
Mitose	12 : 1	85-2; 88-4; 93-10
Modifikation	(–)	85-8; 86-5; 87-8
Mongolismus		s. Down-Syndrom
Monokulturen	(12 : 5)	83-2, 85-1; 91-14; 93-5
Motivation		s. Instinkthandlung
Muskel		
– bau	13 : 1	87-14
– dehnungsreflex	(13 : 1)	88-15; 89-6, 7; 93-12
– kontraktion	13 : 1	85-8; 87-14; 88-3; 92-7
Mutation	12 : 2	84-2; 85-9; 87-8; 88-8; 90-7, 10; 91-3; 92-4, 12; 93-2; 94-10
Myelin		s. Nervenzelle
Myoglobin		s. Homologie, Biochemie
Myosin		s. Muskelbau, -kontraktion
Myxödem	(–)	94-21
NADH/H⁺; NADPH/H⁺		s. Reduktionsäquivalente
Nährschicht		s. See-Gliederung
Nahrungskette	(12 : 5)	84-12
Nahrungsnetz	12 : 5	
Natrium-Kalium-Pumpe		87-10; 88-13; 92-3; 94-3
Nervensysteme (Grundtypen (-))	13 : 1	86-6, 87-5; 90-13; 91-8; 94-8
Nervenzelle	13 :1	83-5; 86-14; 88-7
Neuron		s. Nervenzelle
Nondisjunction	(12 : 1)	83-3, 85-3; 86-7, 88-7, 11, 89-7; 92-16
Nukleotid		s. Nukleinsäuren
Nukleinsäuren		
– DNS-, RNS-Bau	12 : 2	83-8; 84-11; 86-11; 87-7, 8; 93-14; 94-21
– Replikation	12 : 2	84-2; 87-8; 88-7; 90-4
Ökologische Nische	12 : 5	83-2; 85-3; 88-3; 90-4; 92-13; 93-10; 94-21
Parasympathikus		s. Nervensysteme
Pelagial		s. See-Gliederung
Pflanzenschutz		s. Schädlingsbekämpfung
Pferdestammbaum		s. Fossile Formen
Phagen		s. Bakteriophagen
Phenylketonurie (PKU)	12 : 2	87-15, 16

Photosynthese		
– Außenfaktoren	12 : 4	83-8; 84-8; 85-5; 86-10; 87-3; 88-6; 89-10; 90-3; 92-11
– Dunkelreaktionen	12 : 4	86-10; 87-3; 88-6; 89-8; 91-3, 8; 92-16
– Lichtreaktionen	12 : 4	83-8; 84-8; 85-5; 86-10; 87-3; 88-10; 90-13; 91-8; 94-9
Phytoplankton		s. Stoffkreislauf
Polygenie	(–)	90-7
Polyploidie	(–)	85-5; 89-3; 91-12; 92-12; 93-15
Population	12 : 5	86-4; 88-3
– Dichteregulation/Wachstum	12 : 5	83-11; 86-10; 91-8; 92-7; 94-15, 21
Prägung		s. Lernen
Präzipitintest		s. Homologie/Serologie
Produzent		s. Stoffkreislauf
Profundal		s. See-Gliederung
Protein		
– Bau	12 : 3	83-8, 84-9; 94-21
– Biosynthese	12 : 2	83-8, 85-8, 86-11, 87-3, 88-12, 13; 92-3; 93-14; 94-4
Rangordnung	13 : 2	83-11, 86-10
Ranvierscher Schnürring		s. Nervenzelle
Rasse	(13 : 3)	85-3, 88-3; 93-2
Räuber – Beute – Beziehung	12 : 5	
Reduktionsäquivalente	12 : 4	92-3, 7; 94-9
Reflex, Reflexbogen	13 : 2	84-7, 11; 86-2; 88-15
Refraktärphase		s. Erregungsleitung
Regelung, Regelkreis	13 : 1	83-11; 86-6; 88-15, 16; 89-2; 90-13; 91-11; 92-15; 94-20
Regelung der Genaktivität	12 : 2	93-10
(s. a. Jacob-Monod-Modell)		
Reifung	(13 : 2)	90-7
Rekombination	12 : 1	85-9; 87-8; 88-8; 90-14; 94-23
Replikation		s. Nukleinsäuren
Resistenz		s. Schädlingsbekämpfung
Respiratorischer Quotient	(–)	87-11; 91-12
Revier		s. Territorialität
Ritualisierung	13 : 2	93-10
RNS		s. Nukleinsäuren
Rückkreuzung	12 : 1	93-7; 94-10
Rudiment	13 : 3	83-6, 84-3, 7; 92-8
Ruhepotential	13 : 1	84-5; 85-11; 86-14; 87-10; 88-13; 94-3, 14
Sarcomer		s. Muskelbau
Sauerstoffmangel (-schwund)	12 : 5	83-6; 84-12; 86-15; 87-14; 88-15
Schädlingsbekämpfung	12 : 5	83-2; 85-2; 93-1, 10
Schlüsselreiz		s. Instinkthandlung
See-Gliederung	12 : 5	83-6; 87-12; 88-14; 93-1
Selbstreinigung	12 : 5	84-12; 88-15

Selektion	13 : 3	83-3, 10, 11, 84-8; 85-3, 9; 86-5; 87-4, 8, 11; 88-8; 89-11; 90-7; 10; 91-13, 16; 92-4, 7, 11, 13; 94-16
Separation	13 : 3	88-3
Serologie, Serumdiagnose		s. Homologie/Serologie
Sewall-Wright-Effekt		s. Gendrift
soziale Zusammenschlüsse	(13 : 2)	89-10
Spaltöffnung	(–)	84-9; 93-1
Sprungschicht		s. See-Gliederung
Stagnation	12 : 5	83-6; 87-12, 14; 88-15
Stoffabbau		s. Atmung bzw. Gärung
Stoffaufbau		s. Photosynthese
Stoffkreislauf/Energiefluß	12 : 5	83-6; 84-12; 86-14; 89-14; 90-10; 91-3; 92-15
Stoffwechselkette		s. Genwirkkette
Streß	13 : 2	85-4; 93-1
Subhumane Phase	(–)	88-13, 15
Sympathikus	:	s. Nervensysteme
Synapse	13 : 1	83-5; 84-11; 85-8; 86-2; 87-6; 90-3, 7; 92-11; 93-5
– Gifte	12 : 1	87-15; 92-11; 93-5
Tarnung	(13 : 3)	86-10; 87-11; 88-8
Territorialität	13 : 2	83-11; 86-10
Testkreuzung		s. Rückkreuzung
Tiefenschicht		s. See-Gliederung
Tier-Mensch-Übergangsfeld	(–)	85-5
Transduktion	12 : 2	84-8, 86-15, 90-14; 93-11; 94-15
Transformation	12 : 2	87-7
Transskription		s. Proteinbiosynthese
Translation		s. Proteinbiosynthese
Trisomie 21		s. Down-Syndrom
Triplo-X-Syndrom	(12 : 1)	83-3; 85-3
Trophieebene		s. Stoffkreislauf
Turner-Syndrom (X0)	(12 : 1)	85-3; 86-8
Übersprunghandlung	13 : 2	83-2; 84-9; 92-15; 93-3; 94-8
Umkippen		s. Eutrophierung
Umorientierte Handlung	13 : 2	84-9; 94-8
Variation (Variabilität)	13 : 3	85-9; 86-12; 87-4, 8, 11; 90-7; 94-11
Verwandtschaft		s. Homologie bzw. Analogie
Viren		s. Bakteriophagen
Wasserzirkulation		s. Stagnation
Zehrschicht		s. See-Gliederung
Zelle, Aufbau (Organelle)	(–)	83-8; 87-16; 91-4; 92-7
Zirkulation		s. Stagnation
Zitronensäurezyklus	12/2 : 3.1	s. Citronensäurezyklus
Züchtung	(13 : 3)	85-5, 87-8, 89-2; 93-14; 94-24
Zwischenglieder		s. Fossile Formen

	Curricularer Lehrplan Leistungskurs Biologie
	Ausbildungsabschnitt 12

1 Zellbiologische Grundlagen der Vererbung

Unterstützt durch eigenes praktisches Arbeiten werden die Schüler auf propädeutischem Niveau mit Vorgehensweisen der Biologie als Naturwissenschaft vertraut und vertiefen ihre in der Mittelstufe erworbenen Kenntnisse aus der klassischen Genetik und der Cytogentik. In der Zusammenschau dieser beiden Ansätze erfahren sie, wie die Ergebnisse phänomenologischer Untersuchungen durch zellbiologische Befunde auf eindrucksvolle Weise bestätigt und erweitert werden können. Die dabei gewonnenen Erkenntnisse bilden die Grundlage für die Auseinandersetzung mit ausgewählten Erbgängen und Erbkrankheiten beim Menschen. An Fragen der genetischen Familienberatung sollen die Schüler ihren Blick für die Dimension der menschlichen Verantwortung schärfen.

Chromosomen als Träger der genetischen Information
– arttypische Zahlenkonstanz, Aufbau und Individualität

Wiederholen von Grundlagen; Auswerten mikroskopischer Abbildungen;
Autosomen und Gonosomen

– Verdoppelung und Weitergabe des genetischen Materials im Zellzyklus

Erkennen der Bedeutung der Mitose

– Bildung der Geschlechtszellen durch Reduktions- und Äquationsteilung: Neukombination des genetischen Materials

Besprechen der Meiose ohne Untergliederung der Prophase; Crossing over und zufällige Verteilung der Homologen; wesentliche Unterschiede der Geschlechtszellenbildung von Frau und Mann; Bewußtmachen der Einmaligkeit eines Individuums

Erbgänge aus der Sicht der Chromosomentheorie der Vererbung
– mono- und dihybrider Erbgang: dominant-rezessive und intermediäre Genwirkung

Wiederholen und Anwenden der Mendelschen Regeln; Einführen des Gen- und Allelbegriffs; Hervorheben der Bedeutung der Rückkreuzung; Lösen von Aufgaben zur Genverteilung; Erarbeiten des statistischen Charakters der Vererbungsregeln mit Hilfe von Modellversuchen, ggf. Computersimulation

– Genkoppelung und Genaustausch

Erläutern an je einem Beispiel; Aufzeigen des Zusammenhangs von Austauschhäufigkeit und relativem Genabstand; Vorstellen des Prinzips der Chromosomenkartierung mit Hilfe der Austauschwerte

1

Erscheinungsbild und Erbgang von Merkmalen beim Menschen	Ausgehen von Körpermerkmalen mit einfachem Erbgang
– Blutgruppen ABO-System Rhesussystem	Erarbeiten der kodominanten Genwirkung; Begründen der Rhesus-Unverträglichkeitsreaktion
– Erbkrankheiten	Erscheinungsbild und Entstehung der Trisomie-21 (freie Trisomie and Translokationstrisomie) und einer gonosomalen Genommutation; exemplarische Darstellung je eines autosomal dominanten und rezessiven sowie eines gonosomal rezessiven Erbleidens
genetische Familienberatung	
– vorbeugende Beratung	Risikoabschätzung durch Stammbaumanalyse und Heterozygotentest; Hinweis auf eugenische Aspekte
– pränatale Diagnose	Aufzeigen verschiedener Möglichkeiten; Schutz ungeborenen Lebens und Fragen des Schwangerschaftsabbruchs; Hinweis auf die begrenzte Behandlungsmöglichkeit von Erbleiden

2 Molekulargenetik

Die Schüler lernen die molekularen Prinzipien der Speicherung, Vervielfältigung, Verwirklichung und Veränderung genetischer Informationen kennen und erwerben damit die Voraussetzung für das Verständnis der Grundprozesse des Lebens. Parallel dazu rücken wichtige biologische Forschungsmethoden, z. B. der Bakterien- und Virengenetik, ins Blickfeld.
Die Bedeutung der hochspezifischen Antikörper für das menschliche Immunsystem sowie das Phänomen der großen Reaktionsbreite werden den Schülern an Beispielen nahegebracht.
Ausgehend von einer bildhaften Darstellung der Nukleinsäuren und ihrer Bausteine erfassen sie Grundlagen der gezielten Manipulation von Genen. Anwendungsbereiche, Zukunftsaspekte und Risiken der Gentechnologie sollen den Schülern die unabdingbare Korrelation wissenschaftlich-technischen Könnens und ethischer Verantwortung vor Augen führen.

Bakterien und Viren als genetische Forschungsobjekte	Wiederholen von Grundlagen
– Transformation	Schlußfolgerungen aus den Experimenten von Griffith und Avery
– Konjugation	einfache Darstellung des Gentransfers zwischen Bakterien: Aufzeigen der Bedeutung von Plasmiden für die Rekombination
– Transduktion	Erläutern des Übertragungsprinzips von Bakterien-DNS durch Viren

Nukleinsäuren als Speicher der genetischen Information	Erläutern der Bausteine und des Bauprinzips mit Hilfe von Symbolen
– Watson-Crick-Modell der DNS	Hydrolyse von Nukleinsäuren und Nachweis ihrer Bestandteile; Unterschiede zur RNS
– semikonservativer Replikations-mechanismus	Vorstellen des Experiments von Meselson und Stahl; Bedeutung der komplementären Basenpaarung
molekulare Wirkungsweise der Gene	
– Bauprinzip und Bedeutung der Proteine	modellhafte Darstellung von Aminosäure-sequenz und räumlicher Struktur
– genetischer Code und Proteinbiosynthese: Transkription, Translation	Erläutern des Ablaufs; Anwenden des Code-Lexikons; evtl. Hinweis auf reverse Trans-kription beim HIV
– Ausprägung von Merkmalen	exemplarisches Aufzeigen des Prinzips von Genwirkketten am Beispiel der Phenyl-ketonurie; Ableiten des molekularbiolo-gischen Genbegriffs
– Ursachen und Folgen von Genmutationen: mutagene Strahlen und Stoffe Replikationsfehler	Erarbeiten der möglichen Auswirkungen von Basensequenzänderungen; Prinzip der Entstehung; Hinweis auf die Bedeutung der Reparaturenzyme; Anspre-chen möglicher Zusammenhänge zwischen genetischen Defekten und Krebsentstehung; Bewußtmachung des evolutiven Aspekts
– Regulation der Genaktivität	schematische Darstellung des Jacob-Monod-Modells zur Induktion der Enzymsynthese
Grundzüge der Immunbiologie	Aufgreifen und Vertiefen von Vorkennt-nissen;
– Antigen und Antikörper	Vorstellen des Bauprinzips eines typischen Antikörpers; Erklären der Vielfalt durch zufällige Kombination von Genbereichen; Antigen-Antikörper-Reaktion
– Ablauf und Bedeutung von Immun-reaktionen: T- und B-Lymphocyten	vereinfachter Überblick über die Entwick-lung der Lymphocyten; wesentliche Ge-sichtspunkte ihres Zusammenwirkens bei der Infektionsabwehr; Hinweis auf Fehlreak-tionen des Immunsystems und mögliche Ursachen

Aspekte der Gentechnologie

– künstliche Neukombination genetischer Information	vereinfachte Darstellung des Prinzips der Gewinnung von Hybridplasmiden, der Klonierung, Analyse und Expression an einem Beispiel
– Anwendungsmöglichkeiten bei Mikroorganismen, Pflanzen und Tieren	Erörtern der Chancen und Risiken anhand ausgewählter Beispiele
– Gendiagnostik und Eingriffe in den Genbestand beim Menschen	Eingehen auf das Humangenom-Projekt; Ausblick auf gentherapeutische Möglichkeiten und die damit verbundene Problematik

3 Strukturelle und energetische Grundlagen der Lebensvorgänge

Die Schüler lernen die wichtigsten chemischen Stoffgruppen kennen, die für den Energiehaushalt und Stoffumsatz in Organismen von Bedeutung sind, und erfassen, daß chemisch-physikalische Gesetzmäßigkeiten auch im biologischen Bereich Gültigkeit besitzen.
Die Schüler gewinnen eine Vorstellung von den Möglichkeiten der biokatalytischen Steuerung von Stoffwechselprozessen und erkennen, daß Leben stets auf die Zufuhr verwertbarer Energie angewiesen und nur in relativ engen biologischen Grenzen aufrechtzuerhalten ist.

Bauprinzip und Funktion wichtiger Biomoleküle	Arbeiten mit schematischen Darstellungen der Molekülgerüste; Herausstellen wichtiger funktioneller Gruppen und ihrer Rolle bei der Verknüpfung der Molekülbausteine;
– Lipide	Neutralfette; Phospholipide; Diskussion eines einfachen Membranmodells
– Kohlenhydrate	Glucose; Stärke; Glykogen; Zellulose
– Proteine	Aminosäuresequenz und Vielzahl möglicher Proteine; Bedeutung höherer Strukturen bei Enzymproteinen
– Wirkungsweise der Enzyme und Aktivitätsregulierung:	Durchführen und Auswerten einfacher Versuche; Darstellen der Reaktionsabläufe durch Schemata;
Substrat- und Wirkungsspezifität	Deuten mit Hilfe des Schlüssel-Schloß-Modells;
Abhängigkeit der Aktivität	Auswerten graphischer Darstellungen zum Einfluß von Substratkonzentration, Temperatur, pH-Wert, kompetitiven und allosterischen Hemmstoffen

4 Biologie fundamentaler Stoffwechselprozesse

Die Schüler werten wichtige Experimentalbefunde aus und erarbeiten zentrale Reaktionsschritte der Photosynthese. Dadurch erkennen sie, wie durch Umwandlung von Lichtenergie in chemische Energie die energetischen Voraussetzungen für alle Lebensleistungen geschaffen werden. An zentralen Prozessen des Abbaus der energiereichen Produkte soll den Schülern deutlich werden, daß die Nutzung dieser Energie durch stufenweise Freisetzung innerhalb komplexer Reaktionsabläufe erfolgt.

Mit den aufgezeigten Prinzipien des Energiehaushalts wird die Verständnisgrundlage für die Wechselbeziehungen zwischen autotrophen und heterotrophen Organismen in Ökosystemen geschaffen.

Energiebindung und Stoffaufbau durch Photosynthese	Wiederholen und Vertiefen von Grundlagen Bau der Chloroplasten: Membransysteme als Träger photosynthetisch aktiver Pigmente
– Einfluß von Außenfaktoren: Kohlenstoffdioxidkonzentration, Temperatur, Lichtintensität, Lichtqualität	ggf. Versuche zur Isolierung und zur Lichtabsorption von Blattfarbstoffen; Interpretation entsprechender graphischer Darstellungen, auch im Hinblick auf das Vorliegen zweier Reaktionskomplexe
– Lichtreaktionen: Photolyse des Wassers, Elektronentransport, ATP- und NADPH/H$^+$-Bildung	einfache schematische Darstellungen; Bruttogleichung: Hinweis auf O-18-Tracer-Methode; Herausstellen der Funktion von ATP als Energieträger und NADPH/H$^+$ als Reduktionsmittel; Hinweis auf die chemiosmotische Theorie der ATP-Bildung
– Dunkelreaktionen: Fixierungs-, Reduktions- und Regenerationsphase	einfache schematische Darstellung; Bruttogleichung; Erfassen des Prinzips; Formulieren des Reduktionsschritts in Strukturformeln; Hinweis auf C-14-Tracer-Methode
– Bedeutung der Photosynthese	Bewußtmachen des Ausmaßes der weltweiten Biomasseproduktion und Sauerstofffreisetzung
Stoffabbau und Energiefreisetzung	einfache schematische Darstellungen im C-Körper-Schema; Bruttogleichungen und Energiebilanzen im Vergleich;

– anaerober Abbau durch Gärung:	Durchführen und Auswerten eines Gärungsversuchs; exemplarisches Herausstellen der biotechnologischen Anwendung von Gärungsvorgängen
Glykolyse	Formulieren des Oxidationsschritts in Strukturformeln;
Weiterreaktion der Brenztraubensäure	Reaktion zu Milchsäure bzw. Ethanol in Strukturformeln; Bedeutung des anaeroben Abbaus für die Muskeltätigkeit
– aerober Abbau durch biologische Oxidation:	Prinzip der abgestuften Energiefreisetzung und CO_2-Abspaltung;
Glykolyse	vgl. anaerober Abbau;
oxidative Decarboxylierung	weiterer Abbau der Brenztraubensäure in den Mitochondrien; Bildung von aktivierter Essigsäure;
Citronensäurezyklus	Abspaltung von Kohlenstoffdioxid, Bildung von Reduktions- und Energieäquivalenten (keine Einzelschritte und Namen der Einzelglieder);
Atmungskette	Prinzip der Energiegewinnung durch Elektronentransport über Redoxsysteme

5 Ökologie und Umweltschutz

Durch Freilandbeobachtung und, soweit möglich, begleitende meßtechnische Erfassung werden die mannigfaltigen Einwirkungen von Umweltfaktoren auf Lebewesen aufgezeigt und die Grenzen der Lebensmöglichkeiten einzelner Arten sowie ihre Empfindlichkeit gegenüber Veränderungen verdeutlicht. Ausgehend vom Ökosystem See erfassen die Schüler die Komplexität derartiger Naturgefüge, aber auch die mit allen menschlichen Eingriffen verbundenen Unwägbarkeiten. Hieraus sollen sie die Verantwortung für die Erhaltung der Lebensgrundlagen erkennen und die Bereitschaft entwickeln, durch bewußtes Verhalten zur Vermeidung oder Lösung von Umweltproblemen beizutragen.

Wechselbeziehungen zwischen den Lebewesen und ihrer Umwelt	Aufgreifen von Kenntnissen aus früheren Jahrgangsstufen; ggf. Unterrichtsgang
– Einwirken abiotischer und biotischer Faktoren	Messen abiotischer Faktoren an verschiedenen Standorten; Diskussion möglicher Auswirkungen, z. B. auf den Pflanzenbestand; Besprechung anhand ausgewählter Beispiele; Hinweis auf Toleranzgrenzen einer Art und auf das Zusammenspiel einer Vielzahl von Faktoren; zwischenartliche Konkurrenz und ökologische Einnischung

– Entwicklung und Regulation von Populationen: Wachstumsphasen, Bestandsregulierung	Vorstellen dichteabhängiger und -unabhängiger Faktoren an Beispielen: Räuber-Beute-Beziehung und andere; Eingehen auf die Notwendigkeit einer verantwortbaren Entwicklung der Erdbevölkerung
Ökosystem See	exemplarische Behandlung eines großflächigen Gewässers; Freilandarbeit an beliebigen Gewässern im Nahbereich der Schule; Untersuchung von Wasserproben
– Gliederung in verschiedene Lebensräume	Charakterisierung unter Erweiterung der Artenkenntnis; Aufzeigen jahreszeitlicher Änderungen von Temperatur, Sauerstoff- und Mineralstoffgehalt sowie ihrer Folgen
– Nahrungsbeziehungen	exemplarische Besprechung eines Nahrungsnetzes unter Nennung eingebundener Pflanzen- und Tierarten
– Stoffkreislauf und Energiefluß	Herausstellen der Bedeutung von Produzenten, Konsumenten und Destruenten; einfache Schemaskizzen
Eingriffe des Menschen in Ökosyteme und Maßnahmen des Natur- und Umweltschutzes	Aufzeigen der Vielzahl anthropogener Umweltbelastungen und Einbeziehung aktueller Beispiele; ggf. Unterrichtsgänge und praktische Untersuchungen; Erkennen von Handlungsmöglichkeiten, auch im privaten Bereich; Einbeziehen ethischer und ästhetischer Aspekte des Naturschutzes
– Selbstreinigung der Gewässer, Gewässerbelastung und Abwasserreinigung	Zufuhr von Mineralstoffen und organischen Stoffen: Eutrophierung; Prinzip der dreistufigen Kläranlage; ggf. Hinweis auf die Problematik der Klärschlammentsorgung
– Landwirtschaft und Waldbau: Düngemittel- und Pestizideinsatz integrierter Pflanzenschutz	exemplarische Darstellung möglicher Folgen; ggf. Eingehen auf ökologische Bewirtschaftungsmethoden; evtl. Einbeziehen politischer und wirtschaftlicher Rahmenbedingungen

```
Curricularer Lehrplan Leistungskurs Biologie
Ausbildungsabschnitt 13
```

1 Anatomische und physiologische Grundlagen des Verhaltens

Anknüpfend an die Vorkenntnisse erweitern die Schüler ihr Wissen über die Leistungen des menschlichen Nervensystems. Unter Einbeziehung elektrochemischer Phänomene werden grundlegende neurophysiologische Vorgänge sowie elementare Mechanismen der Informationsverarbeitung analysiert und auf der zellulären bzw. molekularen Ebene mit Hilfe einfacher Modellvorstellungen beschrieben. Die Auseinanderstzung mit Grundlagen der biologischen Regelung gibt den Schülern Einblicke in das komplexe Zusammenwirken von Organsystemen, das letztlich immer hinter den beobachtbaren Lebensäußerungen steht. Die Schüler erfassen mögliche Folgen der Einflußnahme auf neurophysiologische Prozesse und erkennen hieraus auch die Gefährlichkeit von Suchtmitteln in ihrer physischen und psychischen Dimension.

Grundstrukturen und Leistungen des Nervensystems beim Menschen	Wiederholen und Vertiefen von Grundlagen
– das Neuron als Grundbaustein: Nervenzelle mit markhaltiger bzw. markloser Nervenfaser	exemplarische Darstellung des Bauplans; Ansprechen der jeweiligen Grundfunktion der Bauteile; Synapse als interzelluläre Kontaktstelle
– animales Nervensystem	anatomische und funktionelle Gliederung des Zentralnervensystems im Überblick; Bedeutung des peripheren Nervensystems: Afferenz und Efferenz; Gedächtnis als Leistung des Gehirns: einfache Versuche zum Lernen und zur Merkfähigkeit
– autonomes Nervensystem: antagonistische Wirkung von Sympathikus und Parasympathikus	exemplarische Darstellung; Hinweis auf Möglichkeiten der Beeinflussung, z. B. autogenes Training, Psychopharmaka
elektrochemische Vorgänge in Nervenzellen und Synapsen	Veranschaulichen durch Einsatz von Modellen; Vorstellen von Meßmethoden und Auswerten von Experimentalbefunden
– Entstehung und Aufrechterhaltung des Ruhepotentials: Ionentheorie, Natrium-Kalium-Pumpe	relative Ionenkonzentrationen; Diffusionsvorgänge in Abhängigkeit von der selektiven Membranpermeabilität, den Konzentrationsgefällen und dem elektrischen Potentialgefälle
– Entstehung und Weiterleitung des Aktionspotentials: Auslösebedingungen; Potentialumkehr, Refraktärphase	Erläutern des Ablaufs; schematische Darstellung der kontinuierlichen und saltatorischen Erregungsleitung; Bewußtmachen ihrer biologischen Bedeutung

Informationsverarbeitung	Durchführen und Auswerten einfacher reizphysiologischer Versuche;
– Erregungsübertragung an der neuromuskulären Synapse und Muskelkontraktion	Prinzip der chemischen Erregungsübertragung durch Neurotransmitter (Acetylcholin); exemplarisches Aufzeigen der Wirkung von Synapsengiften; Vorstellen des Sarkomers als funktioneller Einheit des quergestreiften Muskels; Beschreiben der Kontraktion mit Hilfe der Filament-Gleit-Theorie (vereinfachte Darstellung)
– Gesundheitsgefährdung durch Suchtmittelmißbrauch	Aufzeigen von Angriffspunkten und neurophysiologischer Wirkung an einem Beispiel; Besprechung von Auswirkungen (akute Gefahren, Langzeitwirkungen) an ausgewählten Beispielen; Suchtprävention, ggf. in Zusammenarbeit mit entsprechenden Fachleuten
Grundlagen biologischer Regelung	Wiederholen und Erweitern der Vorkenntnisse; Durchführen und Auswerten einfacher Versuche;
– Prinzip der Selbststeuerung mit negativer Rückkoppelung	Erarbeiten des Wirkungsgefüges eines Regelkreises unter Verwendung der regeltheoretischen Grundbegriffe
– Regelung über das Nerven- und Hormonsystem	Anwenden des Regelkreisschemas an je einem Beispiel; Hinweis auf die Notwendigkeit biologischer Regelung und das Zusammenspiel von Nerven- und Hormonsystem

2 Verhalten bei Tier und Mensch

So wichtig Erkenntnisse im Bereich anatomischer und physiologischer Grundlagen für die Verhaltenslehre sind, so deutlich wird auch, daß Verhaltensabläufe nicht allein als Summe physiologischer Prozesse zu beschreiben sind. Vor diesem Hintergrund verstehen die Schüler die Bedeutung der biologischen Fragestellungen und Methoden, mit deren Hilfe das Instinktverhalten von Tieren und seine erfahrungsbedingten Erweiterungsmöglichkeiten analysiert und interpretiert werden.

Sie begreifen, daß die vergleichende Verhaltensforschung keine undifferenzierte Übertragung ethologischer Erkenntnisse auf den Menschen anstrebt, sondern vielmehr gemeinsame Wurzeln und auffällige Parallelen herausstellt und daß man der Komplexität menschlichen Verhaltens nur in der Zusammenschau mit anderen Humanwissenschaften hinreichend gerecht werden kann.

Insbesondere die Auseinandersetzung mit Phänomenen aus dem Bereich des Sozialverhaltens ermöglicht es den Schülern, das eigene Verhalten und damit verbundene mögliche Auswirkungen auf andere besser zu verstehen.

erbbedingte Verhaltensanteile	Einbeziehen von Filmen und Texten zur Verdeutlichung wichtiger Methoden und Fragestellungen der Verhaltensforschung;
– unbedingter Reflex	Wiederholen der Vorkenntnisse (Reflexbogen); Erarbeitung und schematische Darstellung des Reiz-Reaktions-Zusammenhangs an einem Beispiel; Hervorheben der biologischen Bedeutung
– Instinkthandlung: Phasen und Voraussetzungen	Analysieren von ungerichtetem und gerichtetem Appetenzverhalten, Endhandlung sowie Handlungsbereitschaft, Schlüsselreiz;
Prinzip der doppelten Quantifizierung	Aufzeigen an einem Beispiel; Vorstellen der Methode der Attrappenversuche zur Analyse von Schlüsselreizen und Auslösemechnismen;
Sonderformen	Interpretieren und Unterscheiden von Leerlaufhandlung, Übersprunghandlung, umorientierter Handlung;
Handlungskette	Vorstellen an einem Beispiel
– Nachweis angeborener Verhaltensweisen	Herausstellen von Ergebnissen und Grenzen am Beispiel von Kaspar-Hauser-Versuchen; Hinweis auf andere Methoden;
– erbbedingte Verhaltensanteile beim Menschen	Vorstellen ausgewählter Verhaltensweisen von Säuglingen und taubblind geborenen Kindern; homologe Verhaltensweisen in verschiedenen Kulturen; angeborener Auslösemechanismus, z. B. Kindchenschema, Mann-Frau-Schema; Bewußtmachen seiner Bedeutung, auch in der Werbung
erfahrungsbedingte Verhaltensanteile	exemplarisches Aufzeigen der biologischen Bedeutung obligatorischen und fakultativen Lernens bei Tieren; Verschränkung mit erbbedingten Verhaltensanteilen;
– Prägung – Kriterien und biologische Bedeutung	Erarbeiten am Beispiel der Nachfolgeprägung; Hinweis auf die sexuelle Prägung; Eingehen auf die Mutter-Kind-Bindung (personale Bindung) als prägungsähnliche Fixierung; Hinweis auf Hospitalismus
– reiz- und verhaltensbedingte Konditionierung bedingter Reflex, bedingte Appetenz, bedingte Aversion bedingte Aktion, bedingte Hemmung	Versuche zur Entstehung eines bedingten Reflexes, z. B. Lidschlagreflex; Erarbeiten des jeweiligen Prinzips; Analysieren von Kombinationen dieser Lernvorgänge; Funktionsschaltbilder nicht erforderlich; Eingehen auf die Bedeutung dieser Lernvorgänge beim Menschen

Erscheinungsformen des Sozialverhaltens und ihre Bedeutung	Aufgreifen von Vorkenntnissen
– Kommunikation und soziale Bindung	Besprechen von Beispielen für einfache Signale und ritualisierte Verhaltensweisen aus dem Fortpflanzungsverhalten; Gespräch über sozialbindende Mechanismen beim Menschen
– innerartliche Aggression und Aggressionskontrolle: Imponier-, Droh- und Demutsverhalten, Komment- und Beschädigungskampf Rangordnung und Territorialität	Herausstellen des Funktionszusammenhangs mit dem Fortpflanzungsverhalten und dem Nahrungserwerb
sozialer Streß	Hinweis auf Ursachen und Folgen; Bewußtmachen von Parallelen und Unterschieden zu Verhaltensweisen des Menschen; Gespräch über Hypothesen zur Entstehung menschlicher Aggression

3 Evolution

Die Schüler begreifen die Evolutionslehre als eine leistungsfähige wissenschaftliche Theorie, die für zahlreiche im bisherigen Unterricht behandelte Phänomene eine plausible Erklärung geben kann. Vor dem Hintergrund, daß der biologischen eine chemische Evolution vorausgegangen ist, wird den Schülern die Gültigkeit naturwissenschaftlicher Gesetzmäßigkeiten sowohl für den Bereich der molekularen Bausteine wie für die sich daraus entwickelnden Lebensformen bewußt.

Ausgehend vom natürlichen System der Lebewesen und von der Veränderlichkeit der Arten werden die Schüler mit verschiedenen Antworten auf die Frage nach der Entstehung der Arten vertraut und erfassen hierbei, wie stark das Weltbild des nach Erkenntnis strebenden Menschen durch das Werk Darwins verändert worden ist.

Belege für die stammesgeschichtliche Entwicklung	Wiederholen von Grundlagen
– Ordnung der Arten im natürlichen System	Formenvielfalt und abgestufte Verwandtschaftsbeziehungen; Eingehen auf den biologischen und den morphologischen Artbegriff; Bestimmungsübungen bzw. Auswerten von Sammlungsmaterial
– Homologien: vergleichende Anatomie	Vorstellen der Homologiekriterien an Beispielen; Abgrenzen zu Analogien; Hinweis auf konvergente Entwicklung; Aufzeigen von Rudimenten und Atavismen sowie ihrer Bedeutung;
– Serologie vergleichende Molekularbiologie, Embryologie und Ethologie	Beschreiben und Deuten des Präzipitintests Behandlung je eines Beispiels; Diskussion der Aussagen Haeckels

– fossile Formen: Pferdestammbaum Archaeopteryx	Vorstellen einer Abwandlungsreihe; exemplarisches Erarbeiten von Merkmalen und Bedeutung als fossile Zwischenform; Hinweis auf das erdgeschichtliche Auftreten der Wirbeltierklassen; Aufzeigen paläontologischer Ansätze bei der Datierung
Erklärungen für den Artenwandel – Darwinsche Evolutionstheorie	Hinweis auf die historische Entwicklung des Evolutionsgedankens; Darstellen der Grundaussagen; Hinweis auf weltanschauliche Folgen; Diskussion über den Mißbrauch der Lehre Darwins
– Zusammenspiel von Evolutionsfaktoren aus der Sicht der erweiterten Evolutionstheorie: Mutation, Rekombination, Selektion, Gendrift, Isolation	modellhafte Veranschaulichung durch "Evolutionsspiele", ggf. Computersimulation; genetische Variabilität; Aufzeigen von Genfrequenzänderungen infolge der selektierenden Wirkung abiotischer und biotischer Faktoren an Beispielen; Ansprechen von Zufallswirkungen in kleinen Populationen; Rassen- und Artbildung als Folge geographischer und reproduktiver Isolation; Eingehen auf die adaptive Radiation am Beispiel der Darwinfinken bzw. der Beuteltiere
chemische Evolution und Anfänge des Lebens	Vorstellungen zur abiotischen Entstehung organischer Moleküle; Prinzip der chemischen Evolution: Entwicklung selbstreproduzierender Systeme; hypothetischer Protobiont als Basis biologischer Evolution; Hinweis auf die Entwicklung von Hetero- und Autotrophie
Möglichkeiten und Grenzen wissenschaftlicher Erkenntnis	Ausblick auf Aspekte neuerer Wissensgebiete, z. B. Soziobiologie, evolutionäre Erkenntnistheorie

Abiturprüfungen

Leistungskurs Biologie: Abiturprüfung 1983 - Aufgabe I

BE

1. Ein Stichlingsmännchen wirbt mit einem ausgeprägten Zick-Zack-Tanz um ein Weibchen. Folgt dieses Weibchen nicht zum Nest, das vom Männchen angeboten wird, führt das Männchen weit weg vom Nest intensiv fächelnde Brutpflegebewegungen aus.

1.1 Wie ist diese Handlungsweise des Männchens aus ethologischer Sicht zu erklären?   4

   (Culp 12/1: 2.1)

1.2 Beschreiben Sie das Instinktmodell nach Konrad Lorenz, und erörtern Sie, ob das Modell auf die obengeschilderte Handlung des Stichlings angewendet werden kann!   6

   (Culp 12/1: 2.1)

2. Um die wachsende Bevölkerung der Erde mit ausreichender Nahrung zu versorgen, wird Landwirtschaft heute notwendigerweise in großem Maßstab in Monokulturen betrieben.

2.1 Erörtern Sie mögliche negative ökologische Folgen von Monokulturen!   5

   (Culp 12/2: 5.3)

2.2 Erläutern Sie anhand jeweils eines Beispiels, welche Auswirkungen die chemische und welche die biologische Schädlingsbekämpfung auf ein Ökosystem haben können!   4

   (Culp 12/2: 5.3)

2.3 Erklären Sie den Begriff "ökologische Nische", und beschreiben Sie anhand bestimmter Tierarten drei Möglichkeiten der Einnischung!   5

   (Culp 12/2: 5.1)

3. Aufgrund von Lernvorgängen meiden mögliche Freßfeinde nicht nur die stachelbewehrte Hornisse (Vespa crabro) und die ähnlich gefärbte Mittlere Wespe (Dolichovespula media), sondern auch den harmlosen Hornissenschwärmer (Aegeria apiformis), einen Schmetterling, der in Gestalt, Färbung und Summtönen überraschend der Hornisse gleicht.

3.1 Welchen biologischen Ähnlichkeitskategorien sind die genannten Ähnlichkeitspaare zuzuordnen, und worin liegt die allgemeine Bedeutung dieser Ähnlichkeitskategorien für die Evolutionstheorie?   4

   (Culp 13/2: 1.1)

3.2 Erörtern Sie detailliert die Ursachen und Vorgänge, die im Laufe der Evolution zur Ähnlichkeit zwischen Hornissenschwärmer und Hornisse geführt haben könnten!   7

   (Culp 13/2: 2)

3.3 Welche Auswirkungen könnte ein Aussterben der im gleichen Biotop lebenden Hornissen und Wespen langfristig auf den Phänotyp des Hornissenschwärmers haben? Begründen Sie Ihre Ansicht!   4

   (Culp 13/2: 2)

4. Von eineiigen Zwillingen bzw. Mehrlingen abgesehen, hat jeder Mensch einen einzigartigen Genotyp. Dieser kann auf grundlegende cytologische Vorgänge zurückgeführt werden.

83-1

BE

4.1 Erläutern Sie den obengenannten Sachverhalt!   4

(Culp 13/1: 2.2)

4.2 Erklären Sie an einem selbstgewählten Beispiel das Auftreten und die Auswirkung
eines überzähligen Chromosoms im Chromosomensatz des Menschen!
Geben Sie Einblick in ein Verfahren, das zur Feststellung einer solchen Mutation
angewendet werden kann!   4

(Culp 13/1: 2.4; 2.1; 2.3)

4.3 Welche Arten struktureller Chromosomenaberrationen (Chromosomenmutationen)
kennen Sie?
Zeichnen Sie ein Riesenchromosom, bei dem eine dieser Veränderungen zur Auswirkung kommt, und erläutern Sie das Bild!   3

(Culp 13/1: 2.4; 2.1)   50

(erweiterter) Erwartungshorizont

1.1 Übersprungshandlung: weiteres Werbeverhalten kann wegen fehlender Antwort des
Weibchens nicht ausgeführt werden, reaktionsspezifische Energie springt auf anderen Funktionskreis über (Übersprungshypothese).   4

1.2 Darlegung des Instinktmodells nach Lorenz;
eine Anwendung des Modells ist nicht möglich, da nur eine Instinkthandlung dar-
stellbar ist.   6

2.1 Monokulturen sind als instabile, genetisch sehr einheitliche Pflanzengesellschaf-
ten sehr anfällig gegen Schadinsekten, Krankheiten und Witterungseinflüsse
(hier: Wind- und Wassererosion).
Gleichförmigkeit der Vegetation verhindert die Ausbildung vieler ökologischer
Nischen und führt zu Artenarmut. Starke Vermehrung verbleibender Arten läßt
diese u.U. zu Schädlingen werden.
Natürlicher ökologischer Stoffkreislauf ist durch Abtransport geernteter Biomasse
unterbrochen.
Als Folge davon wird der Einsatz von Biociden und Mineraldünger notwendig
(evtl. Überdosierung und deren Folgen).   5

2.2 Beispiele je nach Unterricht.
Chemische Schädlingsbekämpfung: Kumulierung toxischer Stoffe bzw. ihrer
Abbauprodukte in Nahrungsketten.
Regelkreis der Räuber-Beute-Beziehung wird empfindlich gestört. Auftauchen
resistenter Schädlingsrassen; geringe Spezifität vieler Pestizide führt zur Aus-
rottung nichtschädlicher Arten.
Biologische Schädlingsbekämpfung: Störung des Ökosystems durch Einbürgerung
fremder Nützlinge, z.B. des polyphagen Mungos auf Jamaika.   4

2.3 Möglichkeit der Aufteilung eines Biotops auf verschiedene Arten (Verminderung
des Konkurrenzdrucks) durch spezifische Nutzung bestimmter abiotischer und
biotischer Umweltgegebenheiten durch die einzelnen Arten.
Beispiele je nach Unterricht, z.B. für Hauptaktivität zu verschiedenen Tages-
zeiten (Schleiereule/Mäusebussard), unterschiedliche Art und Größe der Nahrung
(Sperber/Habicht), unterschiedlichen Ort der Nahrungssuche (Drossel/Specht/
Goldhähnchen im Fichtenwald) oder Spezialisierung bei Parasiten auf verschiedene
Körperteile des Wirtes (Kopflaus/Filzlaus).   (vgl. 1979 IV. 3.2)   5

83-2

3.1 Hornisse - Mittlere Wespe: Homologie; Hinweis auf gemeinsame Abstammung. BE
Hornisse - Hornissenschwärmer: Analogie (bzw. Konvergenz); Hinweis auf
Wirksamkeit der Selektion. 4

3.2 Durch Mutation und Rekombination in der Hornissenschwärmer-Population zufällig Gene und Genkombinationen für Hornissenähnlichkeit.
Für die hornissenähnlichen Phänotypen des Schmetterlings besteht ein Selektionsvorteil, da mögliche optisch orientierte Freßfeinde abgeschreckt werden.
Durch die Freßfeinde wirkt ein negativer Selektionsdruck auf Phänotypen des
Schmetterlings mit fehlender oder geringer Hornissenähnlichkeit; daraus ergeben
sich entsprechende Veränderungen der Genfrequenzen in der Hornissenschwärmer-Population. 7

3.3 Da kein Lernprozeß bei den Freßfeinden mehr erfolgt, ergibt sich ein veränderter Selektionsdruck auf die Hornissenschwärmer-Population mit entsprechender
Auswirkung auf die Genfrequenzen. Dies führt zur Abnahme der Hornissenähnlichkeit in der Schmetterlingspopulation zugunsten unauffälligerer Phänotypen.
(Eine Selektion in Richtung Hummel-Mimikry wie bei manchen Fliegenarten
wäre ebensogut denkbar.) 4

4.1 Paarung der homologen Chromosomen bei der Meiose und zufallsgemäße Verteilung bei der Reduktion; Genaustausch bei der Chiasmabildung (crossing over);
zufallsgemäßes Zusammentreffen von je einer Samenzelle und Eizelle bei der
Befruchtung. 4

4.2 Darstellung des Phänotyps bei einer ausgewählten numerischen Chromosomenaberration, z.B. Trisomie 21, XXX-, XXY-, oder XYY-Zustand. Erklärung
der ausgewählten Mutation aus Störung der Reifeteilung (Nondisjunction) bei
Mann oder Frau.
Methode der Anfertigung eines Karyogramms. (Beim XXX- bzw. XXY-Syndrom
evtl. Feststellen der Aberration durch Darstellung des Barr-Körperchens; beim
XYY-Syndrom evtl. durch Darstellung des Y-Chromatins/F-Körpers mit fluoreszierenden Kernfarbstoffen.) (Vgl. 1979 III. 2. und 3.1) 4

4.3 Deletion, Duplikation, Inversion und Translokation.
Eine der folgenden Zeichnungen mit Erläuterung: (vgl. 1980 III. 2.3)

1. Deletion 1.1 endständig 1.2 mittelständig
(heterozygot)

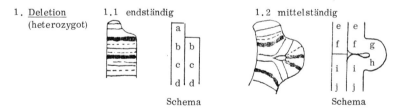

Schema Schema

2. Duplikation 2.1 homozygot 2.2 heterozygot

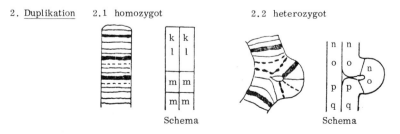

Schema Schema

3. Inversion
   (heterozygot)

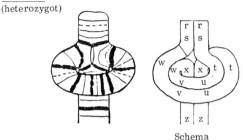

Schema

4. Translokation, invers
   (heterozygot)

Schema

Leistungskurs Biologie: Abiturprüfung 1983 - Aufgabe II

BE

1. Bei den Wirbeltieren werden Informationen über die Umwelt mit den Sinnesorganen aufgenommen und im Zentralnervensystem verarbeitet. Über efferente Axone werden dann Befehle an die Skelettmuskulatur gegeben, bestimmte Bewegungen auszuführen.

1.1 Beschreiben Sie unter Mitverwendung einer beschrifteten Skizze den morphologischen Aufbau einer markhaltigen Nervenfaser, und erläutern Sie hierbei das Prinzip der Erregungsleitung! 6
(Culp 12/1: 3.1; 3.2)

1.2 Erläutern Sie unter Mitverwendung einer beschrifteten Skizze die Vorgänge bei der Erregungsübertragung von der Nervenzelle zur Muskelfaser! 6
(Culp 12/1: 3.4)

2. Hefe wird in Glucoselösung suspendiert. Jeweils gleiche Mengen der Hefesuspension werden in zwei verschließbare Gefäße eingebracht.
Die Atmosphäre in dem einen abgeschlossenen Gefäß (System I) ist Luft, in dem anderen Gefäß (System II) besteht sie nur aus Stickstoff.

2.1 Erörtern Sie, wie sich - bei sonst gleichen Bedingungen - die unterschiedlichen anfänglichen Gasverhältnisse im Reaktionsraum auf den Glucoseverbrauch in den beiden Suspensionen pro Zeiteinheit auswirken werden, und formulieren Sie jeweils die entsprechenden Summengleichungen 5
(Culp 12/2: 3.1)

83-4

		BE

2.2 Beschreiben Sie die wichtigsten Reaktionen, die im Verlauf der alkoholischen Gärung in Hefezellen beim Abbau der Glucose auftreten! (Chemische Formeln sind nicht verlangt.)   6
(Culp 12/2: 3.1)

3. Abhängig von der Tiefe und der Entfernung des Wassers vom Ufer sind in unseren Seen verschiedene Pflanzen- und Tiergesellschaften zu beobachten.

3.1 Entwerfen Sie ein Schema, das die Gliederung eines ökologisch intakten Süßwassersees in verschiedene Lebensräume wiedergibt, und charakterisieren Sie kurz die einzelnen Lebensräume!   7
(Culp 12/2: 5.2)

3.2 Stellen Sie unter Mitverwendung eines Schemas den Stoffkreislauf in dem unter Nr. 3.1 beschriebenen See dar!   4
(Culp 12/2: 5.2)

3.3 Erörtern Sie die Gründe dafür, warum ein Ökologe größte Bedenken anmeldet, wenn in einen großen See ständig stark erwärmtes Kühlwasser aus einer Industrieanlage eingeleitet wird!   4
(Culp 12/2: 5.2; 5.3)

3.4 Warum kann im genannten Fall das zusätzliche Einleiten von Haushaltsabwässern gravierende Folgen haben?   3
(Culp 12/2: 5.3)

4. Untersuchungen an Lebewesen und Zeugnisse aus der Erdgeschichte stützen durch eine Fülle indirekter Beweise die Evolutionstheorie.

4.1 Welche allgemeinen Erkenntnisse liefert die Untersuchung von Fossilien für die Evolutionstheorie? Belegen Sie Ihre Aussagen durch die kurze Beschreibung eines kennzeichnenden Beispiels!   5
(Culp 13/2: 1.1)

4.2 Erläutern Sie an zwei selbstgewählten Beispielen aus der vergleichenden Anatomie der Wirbeltiere Gegebenheiten, die für eine stammesgeschichtliche Verknüpfung der Wirbeltiere sprechen!   4
(Culp 13/2: 1.1)

                                           50

(erweiterter) Erwartungshorizont

1.1 Skizze: Nervenfaser (Axon) umgeben von Markzellen (bzw. Markscheide); Ranviersche Schnürringe; saltatorische Erregungsleitung: Ionenaustausch und Aufbau von Ruhepotential bzw. Aktionspotential nur an den freiliegenden Axonabschnitten (Schnürringen). Durch den großen Querwiderstand und die geringe Kapazität der Markzellen kann sich ein Aktionspotential durch geringe Ionenverschiebung (Kreisströmchen) ohne wesentliche Abschwächung bis zum nächsten Schnürring ausbreiten und dort wieder die Bildung eines Aktionspotentials auslösen. Da bei dieser Art der Leitung der größte Teil des Weges durch rein elektrische Vorgänge zurückgelegt wird, pflanzt sich die Erregung mit hoher Geschwindigkeit fort. (vgl. 1982 I. 5.1; 2)   6

1.2 Beschriftete Skizze zur Modellvorstellung der chemischen Erregungsübertragung an einer neuromuskulären Synapse; Erläuterung der einzelnen Schritte: präsynaptisches Aktionspotential, Freisetzung und Diffusion des Transmitters (Acetylcholin),

Reaktion des Transmitters mit Rezeptoren der subsynaptischen Membran, Permeabilitätsänderung, Depolarisation, Muskelkontraktion; enzymatische Spaltung des Transmitters (durch Cholinesterase) und Resynthese,Repolarisierung. (vgl. 1982, I. 5.3)

BE

6

2.1 System I: Aerober Abbau der Glucose liefert relativ viel ATP; daher zur Energiegewinnung geringer Glucoseverbrauch.

$$C_6H_{12}O_6 + 6\ O_2\ (+ 38\ ADP + 38\ \textcircled{P})\ \longrightarrow\ 6\ H_2O + 6\ CO_2\ (+ 38\ ATP)$$

System II: Anaerobe Bedingungen: bei der Glycolyse (zur alkoholischen Gärung) verhältnismäßig geringer Energiegewinn, daher hoher Glucoseverbrauch.

$$C_6H_{12}O_6\ (+ 2\ ADP + 2\ \textcircled{P})\ \longrightarrow\ 2\ C_2H_5OH + 2\ CO_2\ (+ 2\ ATP)$$

5

(vgl. 1979 II.2. und 1978 II.2.)

2.2 Spaltung der Glucose in zwei C_3-Moleküle (Triose); Oxidation (Dehydrierung) der Triosemoleküle zur Carbonsäure (Glycerinsäure) unter Bildung von Reduktionsäquivalenten (NADH/H$^+$); Weiterreaktion zur Ketocarbonsäure (Brenztraubensäure) unter Bildung von ATP.
Decarboxylierung zu Ethanal, das mit NADH/H$^+$ zu Ethylalkohol (Ethanol) reduziert wird.

6

3.1 Benthal (Seeboden), Litoral (Uferregion des Seebodens), evtl. Profundal (Tiefenzone des Seebodens), Pelagial (Freiwasserzone).
Kurze Darlegung der Licht-, Temperatur- und Sauerstoffverhältnisse (Pelagial während der Sommerstagnation: durchlichtete, infolge von Photosynthese sauerstoffreiche Nährschicht/erwärmte Deckschicht; Sprungschicht; dunkle, sauerstoffarme Zehrschicht/kühle (4^0C) Tiefenschicht).
Charakteristische Bewohner (Pelagial: Phytoplankton, Zooplankton, Nekton; Litoral: Pflanzengürtel;
Profundal: Wirbellose und Bakterien als Destruenten).

7

3.2 Das Schema soll enthalten:

Produzenten (autotrophes Phytoplankton der Nährschicht) liefern energiereiche organische Verbindungen und Sauerstoff.
Konsumenten: Um- und Abbau von Biomasse über Nahrungsketten, die zu Nahrungsnetzen verknüpft sind.
Destruenten: Abbau der abgestorbenen Organismen durch bakterielle Zersetzung.
Gelöste Nährsalze stehen den Produzenten wieder zur Verfügung. (vgl. 1978 II.3.)

4

3.3 Sauerstofflöslichkeit temperaturabhängig (indirekt proportional); Herbst- und Frühjahrszirkulation nur bei einheitlicher Temperatur (4^0C) im See möglich; permanente Erwärmung führt zu ständiger Stagnation: Oberflächen- und Tiefenwasser werden nicht mehr umgewälzt, Sauerstoffmangel im Hypolimnion tritt auf.

4

3.4 Haushaltabwässer bringen Phosphate und organische Substanzen: Gefahr der Eutrophierung, oxidativer Abbau durch Destruenten erforderlich; es herrscht ohnehin Sauerstoffmangel, "Umkippen" des Gewässers.

3

4.1 Z.B. Brückentiere als Übergangsformen zwischen verschiedenen Tiergruppen (Beispiel: Archaeopteryx) und Auffinden von Entwicklungsreihen (Beispiel: Pferdeartige) als Beweis für eine Evolution der Lebewesen von einfachen, wenig spezialisierten Formen zu stets komplexeren und hochspezialisierten Organismen.

5

4.2 Z.B. Ausführungen über Homologien (Extremitätenskelett, Blutkreislauf, Gehörknöchelchen), Rudimente (Gliedmaßenreduktion bei Schleichen, Walen), Atavismen (überzähliger Huf bei Pferden); Darlegung der Beispiele je nach Unterricht.

4
___
50

Leistungskurs Biologie: Abiturprüfung 1983 - Aufgabe III

BE

1. Die von einer Erbinformation im Zellkern zur Ausbildung eines bestimmten Merkmals führenden Stoffwechselvorgänge werden in den Zellen durch Enzyme gesteuert.

1.1 Erläutern Sie unter Mitverwendung einfacher Skizzen den Weg, der in der Zelle von der genetischen Information zur Primärstruktur eines Apoenzyms führt!

(Culp 13/1: 4.4)

8

1.2 Charakterisieren Sie unter Mitverwendung von Schemazeichnungen den Bau der verschiedenartigen, für die Synthese eines Proteins erforderlichen Nukleinsäuremoleküle!

(Culp 13/1: 4.2)

4

1.3 Erklären Sie mit Hilfe Ihrer Kenntnisse über den Bau der DNS, über den Bau und die Funktion der Proteinmoleküle und über den genetischen Code, warum sich der überwiegende Teil der Mutationen auf den Stoffwechsel der Mutationsträger ungünstig auswirkt!

(Culp 13/1: 4.2; 4.3; 4.4; 4.5)

5

2. Die Sequenz der Aminosäuren in Proteinen ist ein erbliches Merkmal. Die Eiweißforschung liefert Hilfsmittel für die Aufklärung entwicklungsgeschichtlicher Zusammenhänge.

2.1 Erläutern Sie an einem selbstgewählten Beispiel die Durchführung und die Vorgänge bei einem serumdiagnostischen Experiment zur Ermittlung der biologischen Verwandtschaft von Lebewesen!

(Culp 13/2: 1.1)

5

2.2 Welche Schlüsse lassen sich aus den Versuchsergebnissen serumdiagnostischer Experimente ziehen?
Wenden Sie Ihre Aussagen auf das von Ihnen gewählte Beispiel an!

(Culp 13/2: 1.1)

4

3. Die Kohlenstoffdioxid-Assimilation in den Zellen der grünen Pflanzen ist heute der grundlegende Stoffwechselprozeß für das Leben auf unserer Erde.

3.1 Zeichnen Sie das lichtoptische Bild einer Zelle aus dem photosynthetisch aktiven Gewebe einer grünen Pflanze, und beschriften Sie die Skizze!

(Culp 12/2: 1.1)

4

3.2 An welche Strukturen sind die photosynthetischen Vorgänge in den Pflanzenzellen gebunden?
Gehen Sie in diesem Zusammenhang auch auf die elektronenoptischen Befunde ein, und fertigen Sie Skizzen an!

(Culp 12/2: 4.1)

4

3.3 Erläutern Sie in Grundzügen die wesentlichen Vorgänge der Lichtreaktion der Photosynthese!

(Culp 12/2: 4.3)

6

3.4 Beschreiben und begründen Sie, welche Bedingungen man schaffen müßte, um in einem Treibhaus den maximal möglichen Ernteertrag erzielen zu können!

(Culp 12/2: 4.2)

5

83-7

		BE

4. Analysieren Sie nachfolgend beschriebenes Verhalten eines Stichlingsmännchens, das am Ende der Brutpflegezeit den Schwarm der Jungfische zusammenhält: Entfernt sich ein Jungtier, so nimmt das Männchen das langsam wegschwimmende Tier ins Maul und spuckt es wieder in den Schwarm zurück. Fängt es den Jungfisch aber weit außerhalb des Schwarmes, so frißt es ihn auf.   5

(Culp 12/1: 2.1; 2.5)   50

___

(erweiterter) Erwartungshorizont

1.1 Erläuterung mit Skizzen der Vorgänge bei der Transkription der genetischen Information der DNS in m-RNS und der Translation der Nukleotidsequenz der m-RNS in eine bestimmte Aminosäuresequenz (Primärstruktur) mit Hilfe der t-RNS an den Ribosomen. (vgl. 1982 III.2.2)   8

1.2 Unterschiede in den Bausteinen, Doppelhelix, Einsträngigkeit, Größe der Makromoleküle; Skizzen. (s. 1982 III. 2.1)   4

1.3 Das Zusammenspiel der Stoffwechselvorgänge in den Zellen der Organismen wurde im Lauf der Evolution optimiert.
Veränderungen am codogenen Strang, d.h. an den Basen der DNS bzw. deren Reihenfolge, führen zu veränderten Codons der m-RNS und somit zu veränderter Aminosäuresequenz in Proteinen (s. Codelexikon), die z.B. als Enzyme im Zellstoffwechsel katalytische Wirkung hatten. Mögliche Folgen: Durch Austausch oder Verlust einer bestimmten Aminosäure bzw. durch Änderung der Aminosäurereihenfolge kann sich die gesamte Raumstruktur eines Proteinmoleküls ändern oder die Substrat-Enzym-Kontaktstelle inaktiviert werden; Stoffwechselstörungen (Stoffwechselblocks!) treten auf.   5

2.1 Gewinnung der Antikörper, Darlegung der Präzipitinreaktion, z.B. Antigen-Antikörper-Reaktion bei Mensch - Schimpanse - Orang-Utan - Pavian, mit abnehmendem Ausfällungsgrad. (vgl. 1981 IV. 1.2)   5

2.2 Je ähnlicher die Proteine, um so ähnlicher die genetische Information, um so näher verwandt sind die untersuchten Lebewesen, d.h., unter den Primaten ist der Schimpanse näher mit dem Menschen verwandt als z.B. der Gorilla, der Orang-Utan. Die noch erkennbare Ausfällung beim Pavian zeigt auch hier noch gewisse Verwandtschaftsbeziehungen an. (vgl. 1981 IV. 1.2)   4

3.1 Beschriftete Skizze einer Pflanzenzelle, z.B. aus dem Palisadenparenchym mit Zellwand, Cytoplasma, Zellsaftvakuole von Plasmasträngen durchzogen, Zellkern (Kernhülle, Chromatingerüst, Nucleolus), Chloroplasten, Mitochondrien. (vgl. 1981 II. 1.1)   4

3.2 Chlorophyllmoleküle in Grana eingebettet, die im farblosen Plastidenstroma liegen. Granastruktur: Thylakoidstapel. (vgl. 1981 II. 2.1)   4

3.3 Lichtabsorption, Photolyse des Wassers, Elektronentransport über Redoxsysteme, Bildung von $NADPH/H^+$ und ATP. (vgl. 1981 II. 2.2)   6

3.4 Genügende Wasserzufuhr (siehe Summengleichung der Photosynthese);
Zufuhr von benötigten Mineralsalzen, z.B. Phosphate, Mg-Salze, Nitrate zur Bildung von ATP, $NADP^+$, Chlorophyll, Enzymen;
Optimale Lichtquantität: optimale Photosyntheseintensität;
Optimale Lichtqualität (Blaulicht/Rotlicht): größte Absorptionsfähigkeit der Blattfarbstoffe;

BE

Steigerung des begrenzenden CO_2-Gehalts bis 0,2 %;
Temperaturerhöhung (bis 30^0C): nach RGT-Regel Steigerung der Photosynthese.
(vgl. 1981 II. 2.3)   5

4.   Brutpflege- und Freßtrieb hemmen sich gegenseitig;
Nestnähe bzw. Schwarmschwimmen hemmt Freßverhalten,
einzeln entfernt schwimmendes Jungtier löst Freßverhalten aus (Schlüsselreiz,
AAM, Handlung).   5
$$\overline{}$$
50

Leistungskurs Biologie: Abiturprüfung 1983 - Aufgabe IV

1.   Die Selektionstheorie von Charles Darwin stellt einen beachtenswerten Versuch
dar, die Evolution der Lebewesen kausal zu erklären.

1.1   Stellen Sie kurz die wesentlichen Grundgedanken der Selektionstheorie Darwins
und mögliche Selektionsfaktoren heraus!   8

(Culp 13/2: 1.2; 2.)

1.2   Belegen Sie mit zwei Beispielen aus dem Tierreich den Wert der Selektionstheorie für die Erklärung von Evolutionsvorgängen!   4

(Culp 13/2: 2.)

2.   Ein Kind besitzt die Blutgruppe 0 und den Rhesusfaktor negativ. Die Mutter besitzt indes die Blutgruppe A und den Rhesusfaktor positiv, der Vater die Blutgruppe B und den Rhesusfaktor positiv.

2.1   Welchen Genotyp müssen die Eltern demnach besitzen?
Begründen Sie Ihre Ansicht!   4
(Culp 13/1: 3.3)

2.2   Stellen Sie ein Schema des vorliegenden Erbgangs auf! Mit welcher Wahrscheinlichkeit tritt die Kombination von Blutgruppe 0 und Rhesusfaktor negativ beim vorliegenden Erbgang auf?   5
(Culp 13/1: 3.1; 3.3)

2.3   Legen Sie dar, wie es bei einem Kind zu Rhesus-Unverträglichkeit kommen kann!
Welche Auswirkungen kann die Rhesus-Unverträglichkeit auf das betroffene Kind
haben?   3
(Culp 13/1: 3.3)

3.   Die Regelung der Blutgaskonzentrationen läßt sich stark vereinfacht folgendermaßen beschreiben:
In den Kopfschlagadern befinden sich Chemorezeptoren, die auf Änderungen der
Konzentration der Blutgase ansprechen (Normalkonzentration: 20 ml O_2 und 51 ml
CO_2 pro 100 ml arterielles Blut). Verändern sich die Gaskonzentrationen, etwa
durch willkürliche Hemmung der Atmung, wird dies über Nervenimpulse dem im
Nachhirn gelegenen Atmungszentrum signalisiert, das dann seinerseits die Tätigkeit der Atmungsmuskulatur entsprechend beeinflußt.

3.1   Stellen Sie das oben angesprochene Regelgeschehen vereinfacht in einem Block-
schaltbild dar, und ordnen Sie den aus der Beschreibung resultierenden biologischen Regelelementen die jeweils entsprechenden regeltheoretischen Begriffe zu!   8

(Culp 12/1: 3.5)

83-9

BE

3.2 Beschreiben Sie die physikalischen und chemischen Aspekte des Atemgastrans-
ports im Blut!   6
(Culp 12/2: 3.3)

4. Hirsche erheben sich beim Angriff eines Raubtieres auf die Hinterbeine und
schlagen mit den scharfkantigen Hufen der Vorderbeine zu. Die Brunftkämpfe
tragen sie jedoch mit ihren Geweihen aus, wobei sie einander hin- und herschieben.

4.1 Wie erklärt sich dieser Unterschied im Kampfverhalten der Hirsche?   3
(Culp 12/1: 2.5)

4.2 Im Laufe der Stammesgeschichte der Wirbeltiere haben sich Kontroll- und Hemmungsmechanismen entwickelt, um ein schädliches Übermaß an Aggression innerhalb eines Verbandes von Artgenossen zurückzudrängen oder zu verhindern.
Beschreiben Sie kurz drei Möglichkeiten an je einem Beispiel!   5
(Culp 12/1: 2.5)

4.3 Welche biologischen Vorteile bringt einer Tierpopulation innerartliches aggressives
Verhalten?   4
(Culp 12/1: 2.5; 13/2: 2.)   ――
   50

(erweiterter)Erwartungshorizont

1.1 Organismen haben mehr Nachkommen als zur Erhaltung der Art notwendig, trotz-
dem bleiben Populationen über Generationen hinweg relativ konstant; Individuen
einer Art weisen erbliche Varietäten (heute Mutationen genannt) auf; es herrscht
ein ständiger Wettbewerb miteinander um Nahrung, Lebensraum, Geschlechtspartner, Entkommen von Freßfeinden ("struggle for life", "survival of the
fittest"); die Gewandtesten, Instinktsichersten, am besten Geschützten überleben
und gelangen zur Vermehrung, die Schwächeren sterben nach und nach aus
("natural selection").
So findet eine allmähliche Umbildung der Arten durch natürliche Zuchtwahl statt.
Evolutionsfaktoren: Mutation, Selektion, Isolation, Zufallswirkung.   8

1.2 Zwei Beispiele, evtl. aus dem Gebiet der Tarnfärbungen und Tarnformen, Warn-
farben-Mimikry oder Organverkümmerungen (keine Ausmerzung der betroffenen
Individuen, wenn kein Selektionswert vorhanden wie z.B. bei Höhlentieren; oder:
Selektionsvorteil, z.B. bei flügellosen Insekten auf windreichen Inseln).
(vgl. 1983 I. 3., 1981 IV. 4., 1980 IV. 4.)   4

2.1 Mögliche Genotypen der Eltern:

Mutter: a) AADD   b) AODD   c) AADd   d) AODd
Vater: a) BBDD   b) BODD   c) BBDd   d) BODd

Unter Berücksichtigung von Dominanz und Rezessivität bei der Vererbung der Blutgruppen und des Rhesusfaktors (A und B dominant gegenüber 0, A und B kodominant; D dominant gegenüber d) erkennt man, daß nur die Kombination der unter d)
genannten Typen einen Phänotyp des Kindes mit Blutgruppe 0 und Rhesusfaktor
negativ zuläßt. (vgl. 1976 IV. 1.)   4

BE

2.2 Erbschema des dihybriden Erbgangs AODd x BODd:

mögliche Gameten	BD	Bd	OD	Od
AD	ABDD	ABDd	AODD	AODd
Ad	ABDd	ABdd	AODd	AOdd
OD	BODD	BODd	OODD	OODd
Od	BODd	BOdd	OODd	OOdd

Mit der Wahrscheinlichkeit von 1 : 16 wird der genannte Fall eintreten   5

2.3 Mutter Rh- (Genotyp dd), Vater Rh+ (Genotyp DD oder Dd); dominante Erbanlage D
führt zur Bildung von Rhesus-Antigen. Während der Schwangerschaft Übertritt von
Fetus-Erythrozyten mit dem Rh-Antigen in den mütterlichen Kreislauf: Antikörperbildung. Bei einer weiteren Schwangerschaft können diese Antikörper durch die
Plazenta in den kindlichen Kreislauf gelangen: Erythrozytenzerstörung.
Symptome der hämolytischen Anämie: je nach dem Grad der Blutzerstörung mehr
oder minder schwere Gelbsucht und Schädigung des Gehirns. (vgl. 1977 III. 4.)   3

3.1 Schaltbild mit folgenden Elementen: Führungsglied (übergeordnetes Zentrum im
ZNS), Regelglied $\hat{=}$ Regler (Atemzentrum im verlängerten Mark), Stauglied $\hat{=}$
Regelstrecke (Blut), Regelgröße (konstant zu haltende Konzentration der Atemgase im Blut), Meßglied $\hat{=}$ Fühler (Chemorezeptoren an der Kopfschlagader),
Istwert (gerade vorherrschende Konzentration der Atemgase im Blut), Sollwert
(optimaler Sauerstoff- und Kohlenstoffdioxidgehalt im Blut), Vergleich der Ist-/
Sollwertmeldung, Meldung an Stellglied (Zwischenrippen-, Zwerchfell- und Bauch-
muskulatur), Störgröße (z.B. Atemunterbrechung beim Tauchen).
(vgl. 1976 I. 3.)   8

3.2 $\underline{O_2\text{-Transport:}}$ Komplexbindung je eines Sauerstoffmoleküls an das zentrale Eisen-
atom in den jeweils vier Untereinheiten des Hämoglobinmoleküls (schnelle Bin-
dung und Lösung möglich): $Hb + 4 O_2 \rightleftharpoons Hb \cdot (O_2)_4$.

Bei normalem pH-Wert des Blutes: Abhängigkeit der Sauerstoffsättigung vom
Sauerstoffpartialdruck im umgebenden Medium (Hämoglobin-Sauerstoffbindungs-
kurve).

$\underline{CO_2\text{-Transport:}}$ Kohlenstoffdioxid zu 88 % in der Blutflüssigkeit als Hydrogen-
carbonat, zu 5-6 % physikalisch gelöst und zu ca. 6 % an freie Aminogruppen aus
dem Proteinanteil des Hämoglobins gebunden (Carbaminohämoglobin).
(vgl. 1976 III. 1.)   6

4.1 Zwischenartliche Aggression: Einsatz tödlicher Waffen gegenüber dem Feind zum
individuellen Schutz bzw. Schutz der Population.
Innerartliche Aggression: Reines Kräftemessen im Kommentkampf ohne Einsatz
tödlicher Waffen.   3

4.2 Z.B. Beachtung festgelegter Territorialverhältnisse (Wölfe, viele Vögel) und einer
Rangordnung (Wölfe, Hühner),
Begrüßungszeremonien (Wölfe, Störche) Droh- bzw. Imponiergehabe (Wölfe, Hähne),
Kommentkampf (Hirsche, Meerechsenmännchen), Demuts- und Beschwichtigungs-
gebärden (Wölfe, Truthähne); drei Beispiele je nach Unterricht.   5

4.3 Arterhaltende Vorteile, z.B. Regulierung der Populationsdichte, Ausbreitung der
Art, positive Selektionswirkung führt zu erhöhter Leistungsfähigkeit der Population. 4

50

Leistungskurs Biologie: Abiturprüfung 1984 - Aufgabe I

BE

1. Bei verhaltensbiologischen Experimenten zum Lernvermögen von Tieren
   wurde folgendes beobachtet:

   Versuchsgruppe A
   Bei mehrfach wiederholten Attrappenversuchen nahmen Entenküken in der
   13. bis 16. Stunde nach dem Schlüpfen alle Objekte als Muttertier an, die sich
   in ihrer Nähe bewegten und Laute von sich gaben. Sie reagierten mit Nach-
   laufen.

   Versuchsgruppe B
   Hühnerküken wurden in einen kleinen Raum eingeschlossen, dessen Tür durch
   einen speziellen Hebelmechanismus geöffnet werden konnte. Die planlos umher-
   laufenden Küken traten dabei unabsichtlich auf einen Hebel: Die Tür öffnete sich,
   und die Tiere konnten ins Freie gelangen.

   Bei weiteren Versuchen wurde die Zeitspanne bis zur selbständigen Befreiung
   immer kürzer, bis schließlich nur noch Bewegungen zu beobachten waren, die
   zielgerichtet zum Öffnen der Tür führten.

1.1 Wie nennt man die beiden in Versuchsgruppe A und B dargestellten Lernpro-
    zesse? Kennzeichnen Sie die Unterschiede in den beiden Lernvorgängen!   6

    (Culp 12/1: 2.2)

1.2 Erläutern Sie das Verhalten der Hühnerküken (Versuchsgruppe B) aus verhaltens-
    biologischer Sicht!   6

    (Culp 12/1: 2.2)

2. Zwischen zwei mitotischen Zellteilungen findet in der Interphase die Verdoppelung der genetischen Information statt.

2.1 Beschreiben Sie den Vorgang der Verdoppelung der Träger genetischer Infor-
    mation auf molekularer Ebene!
    Wie kann während dieses Vorgangs eine Genmutation entstehen?
    Nennen Sie eine Möglichkeit!   6
    (Culp 13/1: 4.2)

2.2 Erläutern Sie an einem selbstgewählten Beispiel den Zusammenhang zwischen
    einer Genmutation und einem Enzymdefekt!   6

    (Culp 13/1: 4.4/4.5)

3. Trotz größerer morphologischer Unterschiede sind die Wale zu den land-
   lebenden Huftieren näher verwandt als zu den Robben, die wie die Wale sekundäre
   Wassertiere sind.

3.1 Stellen Sie anhand des obengenannten Beispiels das Prinzip des serologischen
    Tests zur Aufklärung der stammesgeschichtlichen Verwandtschaft von Lebe-
    wesen dar!   5
    (Culp 13/2: 1.1)

		BE

3.2 Erörtern Sie am Beispiel der Bartenwale den Aussagewert von Rudimenten und der biogenetischen Grundregel für die Klärung von Fragen zur stammesgeschichtlichen Entwicklung der Lebewesen!   8

(Culp 13/2: 1.1)

4. Die pflanzliche Atmung wurde beim Studium des Stoffwechselgeschehens der Pflanzen lange übersehen, da sie sich nicht so offensichtlich abspielt wie die tierische Atmung.

4.1 Beschreiben Sie kurz die Durchführung eines Versuchs, mit dessen Hilfe Sie nachweisen können, daß grüne Pflanzen nicht nur zur Photosynthese, sondern auch zur Atmung befähigt sind!   4

(Culp 12/2: 1.2/3.1/3.2)

4.2 Stellen Sie, ausgehend von Glucose, eine Summengleichung der Zellatmung auf! Welche Rolle spielt das Coenzym Adenosintriphosphat bei der Atmung in den Zellen der Lebewesen?   4

(Culp 12/2: 2.1/3.2)

4.3 Worin besteht die Bedeutung der Atmungskette im Zellstoffwechsel und dem damit zusammenhängenden Energiehaushalt der Zelle?   5

(Culp 12/2: 3.1)   50

(erweiterter) Erwartungshorizont

1.1 <u>Bei A:</u> Prägung (Objekt- oder Nachfolgeprägung); einmaliges, schnelles Lernen während einer sensiblen Phase, irreversibel. (Vgl. 1982 I.3 und 1980 I.4.1)

<u>Bei B:</u> Lernen durch gute Erfahrung, bedingte Appetenz und bedingte Aktion; keine zeitliche Begrenzung des Lernens, erfordert Wiederholung, variabel, unterliegt der Extinktion.   6

1.2 Zunächst ungerichtetes Suchverhalten (Appetenzverhalten) aufgrund des Antriebs freizukommen; schließlich wird ein neues Verhaltenselement ("Treten auf den Hebel") mit der antriebsbefriedigenden Endhandlung (Freikommen) verknüpft, das Appetenzverhalten richtet sich auf den Hebel (bedingter Reiz).

Voraussetzungen: zeitliche Aufeinanderfolge von Verhaltenselement und Antriebsbefriedigung (= Belohnung oder Bekräftigung des Verhaltens), mehrmalige Wiederholung.   6

2.1 Ablauf der semikonservativen Replikation: Enzymatische Öffnung der Doppelhelix; Ergänzung jedes Teilstrangs zum Doppelstrang jeweils durch enzymatische Verknüpfung der entsprechenden Nucleotide.

Replikationsfehler z.B. durch Änderung der Basensequenz. (Vgl. 1982 III. 3.)   6

2.2 Ein-Gen- ein-Enzym-Hypothese; Veränderung in der Basensequenz führt zu Änderung der Aminosäuresequenz, die eine Konformationsänderung (z.B. im aktiven Zentrum des Enzyms) bewirkt; dadurch Beeinträchtigung oder Ausfall der Enzymwirkung. Beispiel je nach Unterricht (z.B. Phenylketonurie). (Vgl. 1980 III. 3.2)   6

3.1   Herstellung von Anti-Wal-Präzipitin im Versuchstier;

BE

Anti-Wal-Präzipitin   +   Serum $\longrightarrow$ Präzipitinreaktion
(Antikörper)   (Antigen)

                    von Wal $\longrightarrow$ 100 % Ausfällung

                    von Huftier $\longrightarrow$ geringere Ausfällung

                    von Robbe $\longrightarrow$ noch geringere Ausfällung

Je deutlicher die Fällungsreaktion, um so größer ist die Übereinstimmung der Aminosäuresequenzen der Serumproteine, um so geringer ist der durch Mutationen hervorge-
rufene Unterschied im Genbestand. (vgl. 1983 III.2.)   5

3.2   Rudimentäre Organe als Indizien aus der vergleichenden Anatomie für den evolutiven
Wandel der Organismen im Zusammenhang mit einer Änderung der Lebensweise
bzw. des Lebensraumes: z.B. sind von den Hintergliedmaßen bei den erwachsenen
Walen nur funktionslose Reste vorhanden, an die Stelle der Zähne treten Barten, die
Halswirbel sind manchmal verwachsen, Hals und Haarkleid sind verschwunden.
Die Embryonen besitzen dagegen Anlagen für Hintergliedmaßen und für Zähne, sie
haben einen Hals mit sieben freien Halswirbeln und weisen ein Haarkleid auf.
Gemäß dem Inhalt der biogenetischen Grundregel ("Die Ontogenese ist eine kurze
und schnelle Rekapitulation der Phylogenese") kann man schließen, daß Wale von
Vorfahren abstammen, bei denen die genannten Organe noch nicht rudimentär waren;
es läßt sich eine Rekapitulation aber nur bei der ontogenetischen Entwicklung einzelner
Organe, nicht des gesamten Organismus feststellen; der Aussagewert für den Grad
der Verwandtschaft mit anderen Säugern ist gering. (Die Einschränkung der biogenetischen Grundregel durch Eigenanpassungen des Keims an seine spezifische Umwelt - z.B. Eihüllen, Nabelschnur - ist bei dieser Fragestellung nicht berührt.)
(Vgl. 1980 IV. 2.3)   8

4.1   Z.B. Nachweis der CO_2-Produktion im Dunkeln, Messung des O_2-Verbrauchs in
einem dunklen, abgeschlossenen Raum oder Nachweis der Verringerung des Stärke-
gehalts in grünen Blättern während der Dunkelheit.   4

4.2 $C_6H_{12}O_6$ + 6 O_2 $\longrightarrow$ 6 CO_2 + 6 H_2O; $\Delta H < 0$.

Der Energieüberträger ATP speichert freiwerdende Energie in energiereichen
Bindungen. (Vgl. 1983 II. 2. 1)   4

4.3   Der auf Coenzyme übertragene Wasserstoff kann in der an den Citratzyklus an-
schließenden Atmungskette unter ATP-Gewinn zu Wasser oxidiert werden;
Regeneration der Coenzyme. (Vgl. 1982 II. 5) $\underline{5}$

                                                               50

Leistungskurs Biologie: Abiturprüfung 1984 - Aufgabe II

BE

1   Durch intrazelluläre Potentialmessung am Riesenaxon einer Tintenfischart wurde festgestellt, daß das Zellinnere gegenüber dem Außenmedium ein Ruhepotential von - 68 mV aufweist.

1.1   Erläutern Sie, wie es zur Ausbildung des Ruhepotentials in einer Nervenzelle kommt und wie das Ruhepotential von der Nervenzelle auch während eines längeren Zeitraumes aufrechterhalten wird !   11

(Culp 12/1: 3.2)

1.2   Welche Wirkung auf das Ruhepotential hat eine experimentelle Erhöhung der Kalium-ionenkonzentration im Außenmedium ? Begründen Sie Ihre Aussage !   4

(Culp 12/1: 3.2)

2   Unter der katalytischen Mitwirkung von Enzymen entsteht bei der Verdauung der Kohlenhydrate insbesondere das Monosaccharid Glucose, das im Zellstoffwechsel weiter abgebaut wird.

2.1   Welche Bedeutung kommt bei diesem enzymatischen Kohlenhydratabbau

a) der Glykolyse und
b) dem Citratzyklus

im Stoffwechselgeschehen der Zellen zu ?   6

(Culp 12/2: 3.1)

2.2   Die Aktivität von Enzymen ist im Stoffwechselgeschehen der Zellen reversibel hemmbar.
Beschreiben Sie zwei Arten dieser Hemmung !
Wie kann die Hemmung rückgängig gemacht werden?
Erläutern Sie eine Möglichkeit !   6

(Culp 12/2: 2.2)

3   Bei einem Kreuzungsexperiment mit einer Fruchtfliegenart wurden in der F_2-Generation bei der Auszählung der Nachkommen von durchwegs wildfarbenen normalflügeligen F_1-Individuen vier verschiedene Phänotypen in folgender Individuenzahl festgestellt:

wildfarben/normalflügelig: 3136,
wildfarben/stummelflügelig: 1086,
schwarz/normalflügelig: 1020,
schwarz/stummelflügelig: 348.

3.1   In welchem Aufspaltungsverhältnis liegen die vier Phänotypen in der F_2-Generation vor?
Welche Art von Erbgang wurde durch dieses Kreuzungsexperiment aufgedeckt ?
Welcher Genotyp kann den wildfarbenen normalflügeligen Individuen der F_1-Generation zugeordnet werden ?
Verwenden Sie zur Kennzeichnung der Erbanlagen folgende Symbole: e^+ bzw. e für die Körperfarbe, vg^+ bzw. vg für die Flügelform.   3

(Culp 13/1: 3.1)

                                                                                    BE
3.2   Wie viele verschiedene Genotypen liegen den vier Phänotypen der F_2-Generation
       zugrunde?
       Erstellen Sie das Kombinationsquadrat für den Erbgang!   6

                           (Culp 13/1: 3.1)

3.3   Was kann aus dem Kreuzungsergebnis über die Lage der Gene für die Ausbildung
       der Körperfarbe und der Flügelform im Genom der Fruchtfliegen ausgesagt werden?
       Geben Sie die inhaltliche Aussage der Mendelschen Regel wieder, die durch dieses
       Kreuzungsexperiment bestätigt wird!   4

                           (Culp 13/1: 3.1)

4   Der Mensch wird in der Systematik der Lebewesen den Primaten zugeordnet.

4.1   Versuchen Sie anhand dreier Beispiele aus verschiedenen Forschungsbereichen
       der Biologie zu beweisen, daß der Mensch in die nähere Verwandtschaft der heute
       lebenden Menschenaffen, insbesondere des Schimpansen gestellt werden kann!   6

                           (Culp 13/2: 3.2)

4.2   Sobald man bei Menschen- und Schimpansensäuglingen die Handinnenflächen be-
       rührt, läuft in gleicher Weise ein Klammerreflex ab.
       Welche Bedeutung kommt dieser gleichartigen Verhaltensweise aus stammesge-
       schichtlicher Sicht zu?   4
                           (Culp 13/2: 1.1/3.2)   ___
                                                                                    50

_____

                           (erweiterter) Erwartungshorizont

1.1   Konzentrationsunterschiede von K^+- und Na^+-Ionen zwischen Innen- und Außen-
       seite der Axonmembran; selektive Permeabilität der Membran für K^+-
       (und Cl^--) Ionen; durch Diffusion von K^+-Ionen nach außen (und von Cl^--Ionen
       nach innen) entsteht im Außenmedium Kationenüberschuß, Potentialdifferenz wird
       aufgebaut; K^+-Ionen-Diffusionsgleichgewicht, treibende Kräfte: Potentialgefälle,
       Konzentrationsgefälle; Dauereinstellung durch "Kalium-Natrium-Ionenpumpe"
       notwendig, da "Leckströme" von Na^+-Ionen. (Vgl. 1980 I. 1.1)   11

1.2   Hinausdiffundieren von K^+-Ionen aus dem Axon wird erschwert bzw. K^+-Ionen
       diffundieren in das Axon, die negative Ladung im Inneren wird abgeschwächt. 4

2.1   a) Bildung von Brenztraubensäure als Schlüsselsubstanz des anaeroben und
          aeroben Abbaus; anaerobe Energiegewinnung (ATP); Bildung von Reduktions-
          äquivalenten ($NADH/H^+$).

       b) Abbau der aus Brenztraubensäure gebildeten "aktivierten Essigsäure" unter
          Bildung von CO_2 und Reduktionsäquivalenten. (Vgl. 1982 II. 5)   6

2.2   Z.B.: Darlegung der kompetitiven Hemmung, Substrathemmung, allosterischen
             Hemmung. (Vgl. 1982 II. 3)

       Z.B.: Aufhebung der Hemmung durch Erhöhung der Substratkonzentration;
             Weiterverarbeitung des Hemmstoffs (Rückkoppelungseffekt) u.a.   6

BE

3. Vorbemerkung: Die mutierten Allele sind rezessiv gegenüber den Wildtyp-/Normal-Allelen. Dementsprechend wäre auch eine andere Benennung möglich:

A statt e^+:   Allel für Wildfarbe
a statt e (ebony):   Allel für schwarze Körperfarbe
B statt vg^+:   Allel für normale Flügel
b statt vg (vestigial):   Allel für Stummelflügel

3.1 F_2-Spaltungsverhältnis 9 : 3 : 3 : 1; dihybrider dominant-rezessiver Erbgang; F_1 doppelt heterozygot $e^+e\ vg^+ vg$.   3

3.2 F_1 : $e^+e\ vg^+vg \times e^+e\ vg^+vg$

F_1-Gameten (Kz) jeweils: e^+vg^+, e^+vg, $e\ vg^+$, $e\ vg$

F_2-Kombinationsquadrat:

F_1-Kz	e^+vg^+	e^+vg	$e\ vg^+$	$e\ vg$
e^+vg^+	$e^+e^+vg^+vg^+$	$e^+e^+vg^+vg$	$e^+e\ vg^+vg^+$	$e^+e\ vg^+vg$
e^+vg	$e^+e^+vg^+vg$	e^+e^+vgvg	$e^+e\ vg^+vg$	$e^+e\ vgvg$
$e\ vg^+$	$e^+e\ vg^+vg^+$	$e^+e\ vg^+vg$	$ee\ vg^+vg^+$	$ee\ vg^+vg$
$e\ vg$	$e^+e\ vg^+vg$	$e^+e\ vgvg$	$ee\ vg^+vg$	$ee\ vgvg$

9 verschiedene Genotypen:

wildfarben/normalflügelig:

$e^+e^+vg^+vg^+$, $e^+e\ vg^+vg$, $e^+e\ vg^+vg^+$, $e^+e^+vg^+vg$;

wildfarben/stummelflügelig: schwarz/normalflügelig:

e^+e^+vgvg, $e^+e\ vgvg$; $ee\ vg^+vg^+$, $ee\ vg^+vg$;

schwarz/stummelflügelig:

$ee\ vgvg$.   6

3.3 Gene in verschiedenen Chromosomen; bei Genkoppelung anderes Phänotypenverhältnis in F_2. (Vgl. 1981 III. 2)

3. Mendelsche Regel von der Unabhängigkeit der Erbanlagen oder Neukombination der Gene. (Vgl. 1980 III. 1. 4)   4

4.1 anatomische Ähnlichkeiten:
verbreiterter, abgeflachter Brustkorb, Steißbein, Zahnformel mit "Weisheitszahn", Ohrmuschel, Greifhände;

serologische Ähnlichkeiten:
mit Anti-Human-Serum 85% Ausfällungsgrad bei Schimpansenserum, bei Gorilla- und Orang-Utan-Serum 64% bzw. 42%, gleiche Blutgruppenantigene des ABO-Systems beim Schimpansen

chromosomale Ähnlichkeiten:
Menschenaffen 48, Mensch 46 Chromosomen, wobei zwei einschenkelige Chromosomen des Schimpansen im Bandenmuster mit je einem Schenkel des Chromosom Nr. 2 beim Menschen übereinstimmen;

BE

ethologische Ähnlichkeiten:
Greif-Reflex, ähnliche mimische Äußerungen, Symptome des Hospitalismus;

parasitologische Ähnlichkeiten:
Läuse der Gattung Pediculus (Kopf-/Kleiderlaus) nur auf Menschen und
Schimpansen. (Vgl. 1981 IV. 2. 1)   6

4. 2   Im Gegensatz zum Klammerreflex beim Affenjungen, der u. a. zur Transport-
und Sturzsicherung dient, stellt die homologe, angeborene Verhaltensweise beim
Menschen nur ein Rudiment von gemeinsamen behaarten Vorfahren dar und ist
von geringer Bedeutung. (Vgl. 1982 I. 1)   4

―――
50

Leistungskurs Biologie: Abiturprüfung 1984 - Aufgabe III

1   Der amerikanische Nobelpreisträger Luria bezeichnete die Viren als "Parasiten
auf dem Niveau der Gene".

1. 1   Inwiefern hat das obenstehende Zitat seine Berechtigung?

(Culp 13/1: 4. 1)   5

1. 2   Wie kann man sich vorstellen, daß Bakteriophagen bestimmte Eigenschaften ihres
Wirtsbakteriums auf einen anderen Bakterienstamm übertragen können?   6

(Culp 13/1: 4. 1)

2   Im Gegensatz zu den bräunlich gefärbten Individuen einer Leguanart des westlichen
Nordamerika findet man auf einigen Inseln vor der kalifornischen Küste kleine
Populationen dieses Leguans, in denen die einzelnen Individuen entsprechend dem
Lavaboden schiefergraue bis schwarze Körperfarbe haben.

Auf anderen Inseln wiederum, die einen hellen Granituntergrund und fast keinen
Pflanzenbewuchs aufweisen, stellt man kleine Populationen dieser Leguanart fest,
in denen alle Individuen leuchtend grün gefärbt sind.

2. 1   Wie könnte man das Auftreten der beiden abweichend gefärbten Rassen der Leguanart auf den Inseln vor der Küste Nordamerikas aus der Sicht der Evolutionstheorie
erklären?   7

(Culp 13/2: 2)

2. 2   Welche Vorgänge können im Verlauf der Erdgeschichte zur Aufspaltung einer Population einer Art in zwei oder mehrere neue Arten von Lebewesen führen?

(Culp 13/2: 2)   6

3   Die Photosynthese der grünen Pflanzen wird von mehreren Außenfaktoren beeinflußt, die in enger Wechselwirkung miteinander stehen.

3. 1   Wie wirkt sich der Faktor Temperatur auf die Photosyntheseleistung einer grünen
Pflanze aus?
Erläutern Sie Ihre Aussagen anhand einer schematischen Graphik!

(Culp 12/2: 4. 2)   5

  BE

3.2   Erklären Sie unter Mitverwendung beschrifteter Skizzen die Arbeitsweise der
       Schließzellen der Spaltöffnungen in der Laubblattepidermis!

                           (Culp 12/2: 4.1)   8

4   Ein Hecht "steht" unbeweglich zwischen Pflanzen im Uferbereich eines Gewässers.
       Beim Erscheinen eines Beutefisches schwimmt er blitzartig auf den Fisch zu und
       verschlingt ihn.

4.1   Analysieren Sie den Ablauf des beobachteten Ernährungsverhaltens des Hechtes!
       Verwenden Sie die entsprechenden ethologischen Fachausdrücke!

                           (Culp 12/1: 2.1)   7

4.2   Beschreiben Sie, welche Auswirkungen die zunehmende Erhöhung des inneren An-
       triebes für eine Instinkthandlung aus dem Bereich des Ernährungsverhaltens

       a) auf die betreffende antriebsspezifische Instinkthandlung und
       b) auf Instinkthandlungen aus anderen Funktionskreisen

       haben kann!
                           (Culp 12/1: 2.1)   6
                                                                           ─────
                                                                            50

1.1   Viren sind nicht in der Lage ihre eigenen Proteine zu synthetisieren, da u.a. die
       Ribosomen fehlen. Sie benützen hierbei den Proteinsyntheseapparat der Wirtszelle,
       den sie mit der Information ihrer eigenen Gene "füttern".   5

1.2   Z.B. Transduktion: Temperente Phagen können beim Übergang vom Prophagenstadium
       in den aktiven Zustand in die eigene DNS auch Stücke der Bakterien-DNS ihres Wirtes
       einbauen; Infektion von Bakterien des neuen Stamms; durch Rekombination Über-
       tragung auf die DNS des neuen Wirtes. (Vgl. 1982 III. 4)   6

2.1   Fall 1: In ursprünglich braungefärbten Populationen sind die schiefergrauen bis
       schwarzen Mutanten durch Selektion ausgelesen worden: größere Überlebenschancen
       der farblich angepaßten Tiere und dadurch bessere Fortpflanzungsmöglichkeit
       (Freßfeinde als Selektionsfaktor).

       Fall 2: Inseln geographisch isoliert; grüne Farbe nur möglich, da z.B. keine
       (optisch orientierten) Freßfeinde vorhanden. Das Fehlen brauner Tiere ist durch
       Gendrift in kleinen Populationen erklärbar (Sewall-Wright-Effekt).
       (Vgl. 1982 IV. 4.1)   7

2.2   Z.B. durch geographische Separation entstandene Teilpopulationen unterliegen
       einem unterschiedlichen Selektions- und Anpassungsdruck; Mutation und Selektion
       führen zu unterschiedlichen Veränderungen des Genbestandes der separierten
       Populationen und zu phänotypischen Unterschieden, die z.B. als Fortpflanzungs-
       barrieren wirken. (Vgl. 1982 IV. 3.1)   6

3.1   Grafik: Die Temperaturabhängigkeit der Photosynthese bei Starklicht folgt, wie
       bei allen enzymatischen Prozessen, einer Kurve mit Optimum; bei Schwachlicht
       anderer Verlauf (kein Optimum!). (Vgl. 1980 II. 2)   5

BE

3.2 Öffnen und Schließen des Spaltes durch reversible Turgorschwankungen in den Schließzellen infolge Verdunstung in Abhängigkeit vor allem der Luftfeuchtigkeit und Temperatur und durch die in diesem Zusammenhang bedeutsamen lokal unterschiedlich dicken Zellwände. Skizze (als Querschnitt oder Flächenansicht) der zwei verschiedenen Funktionszustände. (Vgl. 1981 II. 3.)   8

4.1 Aktivierter innerer Antrieb (Hunger);
ungerichtete (spontane, allgemeine) Appetenz (Lauern);
AAM als Filter für Schlüsselreizmuster (Beutefisch);
richtende Wirkung der Schlüsselreize - gerichtete Appetenz/Taxis (Zuwendung/ Drehbewegung zur Beute hin);
auslösende Wirkung der Schlüsselreize - Endhandlung/Erbkoordination (Zustoßen/Verschlingen).   7

4.2 a) Auftreten von ungerichtetem (spontanem, allgemeinem) Appetenzverhalten (ungerichtetes Suchen/Lauern);
infolge doppelter Quantifizierung: Intensitätssteigerung der Instinkthandlung, Reizschwellensenkung, umorientierte Handlung, Leerlaufhandlung.

b) Z.B. Hemmung anderer, gleichzeitig aktivierter Verhaltenstendenzen; bei z.B. gleich stark aktivierter Fluchttendenz (Konfliktsituation) Aktivierung anderer Verhaltenstendenzen (Übersprungshandlung).   6
_____
50

Leistungskurs Biologie: Abiturprüfung 1984 - Aufgabe IV

1 Die vergleichende Anatomie liefert wichtige Beweise für die Evolutionsforschung.

1.1 Entscheiden Sie, ob es sich bei folgenden Organpaaren um homologe oder analoge Organe handelt:

a) Fledermausflügel/Vogelflügel;
b) Fischkiemen/Kiemen des Flußkrebses.

Begründen Sie Ihre Entscheidungen!   4

(Culp 13/2: 1.1)

1.2 Welche Bedeutung kommt homologen und analogen Erscheinungsformen im Tier- und Pflanzenreich für die Evolutionsforschung zu?   6

(Culp 13/2: 1.1)

2 Gibt man in ein mechanisch zerkleinertes Zellmaterial (Zellhomogenat), aus dem die Desoxyribonucleinsäuren entfernt wurden, gleiche Mengen an Triphosphaten des Adenosins, Guanosins, Thymidins und Cytidins sowie eine geringe Menge einer bestimmten Desoxyribonucleinsäure, so setzt die Synthese von Desoxyribonucleinsäure ein.

2.1 Vergleichen Sie unter Mitverwendung von Skizzen das Bauprinzip der Desoxyribonucleinsäure mit dem der Proteine! (Darstellung der Bausteine in Form von Symbolen.)   5
(Culp 13/1: 4.2/4.3)

84-9

BE

2.2 Erklären Sie, warum

a) die Geschwindigkeit des Nucleotidverbrauchs im Verlauf der unter Ziffer 2
beschriebenen Synthese zunächst ansteigt, und warum

b) die Nucleotide nicht in dem Mengenverhältnis verbraucht werden, in dem sie
angeboten werden!

(Culp 13/1: 4.2)   6

3   Die Kontraktion der Skelettmuskulatur der Wirbeltiere wird durch Nervenimpulse
ausgelöst.

3.1 Fertigen Sie eine beschriftete Schemazeichnung des Bereichs, in dem die Erregungsübertragung von einer Nervenzelle auf eine Muskelfaser erfolgen kann, und
beschreiben Sie in groben Zügen die Vorgänge, die sich bei der Erregungsübertragung von einer Nervenzelle auf eine Muskelfaser abspielen!   10

(Culp 12/1: 3.4)

3.2 Beschreiben Sie den Schaltkreis des "Kniesehnenreflexes" als Beispiel eines
Muskeldehnungsreflexes!   6

(Culp 12/1: 3.1)

4   Durch Aufnahme, Abbau, Umbau, Einbau und Abgabe chemischer Substanzen durch
Lebewesen herrscht in einem intakten Ökosystem ein ständiger Materiefluß.

4.1 Welche Stellung nehmen die grünen Pflanzen aufgrund ihres Stoffwechsels in einem
Ökosystem ein?   2

(Culp 12/2: 5.2)

4.2 Erläutern Sie, warum ein Gewässer durch fortwährende Einleitung von Abwasser,
das organische Reststoffe in relativ großem Umfang enthält, belastet wird!
Wo liegt die Grenze der Belastbarkeit?   6

(Culp 12/2: 5.3)

4.3 Erörtern Sie, warum die Menschheit vielleicht einmal gezwungen sein wird, aus
Algen gewonnenes Eiweiß zu essen, anstatt Meeresfische wie z.B. den Thunfisch
oder den Kabeljau!   5

(Culp 12/2: 5.2)

84-10

(erweiterter) Erwartungshorizont

BE

1.1 Begrünung mit Hilfe der definierten Aussagen über homologe und analoge Organe:

a) homolog, gemeinsamer Bauplan des Armskeletts, Homologiekriterium der Lage;

b) analog, Funktionsgleichheit bei unterschiedlichem Bauplan (Fisch/Wirbeltier - Krebs/Gliederfüßler).

(Vgl. 1981 II. 1.1)   4

1.2 Auffindung homologer Organe dient der Beweisführung eines Entwicklungsprozesses aus einer gemeinsamen Grundform. Im Gegensatz dazu stellen Analogien keinen Beweis für stammesgeschichtliche Verwandtschaft dar; sie sind das Ergebnis einer gleichgerichteten Anpassung an die gleiche Umwelt bei nicht verwandten Organismen (Konvergenz).   6

2.1 Gemeinsamkeit: Lineare Anordnung der Bausteine.
Unterschiede: 4 Nucleotide, aber 20 verschiedene Aminosäuren; strenge Basenpaarung bei der DNS (Watson-Crick-Modell), verschiedene Möglichkeiten der Kettenkonformation bei den Proteinen.   5

2.2 a) Matrizenfunktion der DNS: Selbstvermehrung durch identische Replikation; hohe Enzymaktivität infolge hoher Substratkonzentration.

b) Nucleotidverbrauch abhängig vom Mengenverhältnis der vier Nucleotide in der zugesetzten DNS; dieses Mengenverhältnis ist bei natürlicher DNS in der Regel nicht 1:1:1:1.   6

3.1 Beschriftete Skizze einer neuromuskulären Synapse;
Vorgänge der chemischen Erregungsübertragung: präsynaptisches Aktionspotential, Freisetzung und Diffusion des Transmitters (Acetylcholin), Reaktion des Transmitters mit Rezeptoren der subsynaptischen Membran, Permeabilitätsänderung, Depolarisation, Muskelkontraktion; enzymatische Spaltung des Transmitters (durch Cholinesterase) und Resynthese, Repolarisierung. (Vgl. 1983 II. 1.2)   10

3.2 Darstellung des Reflexbogens mit den entsprechenden neurophysiologisch-histologischen Begriffen:

Reiz:	Dehnung der Muskelspindel
Rezeptor:	Muskelspindel im Streckmuskel
Afferenz:	afferente/sensible Faser des Rezeptorneurons
ZNS:	Rückenmark
Umschaltung:	zentrale erregende Synapse zwischen Rezeptor- und (α-) Motoneuron
Efferenz:	efferente/motorische Faser des (α-) Motoneurons, neuromuskuläre Synapsen
Effektor:	Streckmuskel
Reaktion:	Kontraktion des Streckmuskels.

(Vgl. 1982 I. 1.1/4.1)   6

4.1 Sonderstellung: als autotrophe Lebewesen Primärproduzenten; Sauerstofflieferanten, Kohlenstoffdioxidverbraucher.   2

	BE

4. 2 Organische Stoffe bieten Nahrung für Destruenten ⟶ starke Vermehrung ⟶ gesteigerter Sauerstoffverbrauch; Mineralisierung der organischen Stoffe ⟶ gesteigertes Wachstum der photosynthetisierenden Pflanzen ⟶ Eutrophierung.

Sauerstoffschwund führt zum "Umkippen" des Gewässers (Verlust der Selbstreinigungskraft). (Vgl. 1983 II. 3. 4)

6

4. 3 Denkbare Überlegung, z. B.: Bevölkerungsexplosion; Nahrungsknappheit, Verlust von Biomasse von Trophieebene zu Trophieebene; Konzentration von Giften in der Nahrungskette.

5

50

Leistungskurs Biologie: Abiturprüfung 1985 - Aufgabe I

BE

1   Traubenzucker (Glucose) ist der Betriebsstoff für die physiologischen Vorgänge in unserem Körper.

1.1   Erklären Sie in den Grundzügen, wie der Organismus eines gesunden ruhenden Menschen auf eine erhöhte Zufuhr von Traubenzucker reagiert!   5

(Culp 12/1: 3.5)

1.2   Erläutern Sie die Hauptschritte des aeroben Glucoseabbaus in unseren Körper-zellen! (Chemische Gleichungen sind nicht verlangt.)   12

(Culp 12/2: 3.1)

2   Fehlende Nahrungskonkurrenz bietet in pflanzlichen Monokulturen tierischen Schädlingen u. a. die Möglichkeit zur ungehemmten Vermehrung. Schädlings-bekämpfung tut daher Not.

2.1   Beschreiben Sie anhand eines selbstgewählten Beispiels eine Möglichkeit der biologischen Schädlingsbekämpfung, und erläutern Sie allgemein die Vorteile biologischer gegenüber chemischen Methoden!   6

(Culp 12/2: 5.3)

2.2   Erklären Sie die Beobachtung, daß bei der chemischen Schädlingsbekämpfung oft schon nach relativ kurzer Zeit ein bestimmtes Insektizid seine Wirksamkeit ver-liert und daß die Schädlinge schneller gegen ein Gift resistent werden als die Freßfeinde!   6

(Culp 12/2: 5.3)

3   Karyogramme des Menschen werden z. B. mittels Chromosomen sich mitotisch teilender Lymphocyten erstellt.

3.1   Stellen Sie unter Mitverwendung beschrifteter Skizzen den Ablauf der Mitose für einen Organismus mit einem diploiden Chromosomensatz von $2n = 4$ dar! Welches Mitosestadium eignet sich besonders gut zur Auswertung eines Karyo-gramms? Begründen Sie kurz Ihre Antwort!   4

(Culp 13/1: 2.1; 2.2)

3.2   Erklären Sie unter Mitverwendung von Skizzen an einem selbstgewählten Beispiel, wie es zum Auftreten eines überzähligen Chromosoms im diploiden Chromosomen-satz der Körperzellen eines Menschen kommen kann! Schildern Sie in groben Zügen die Auswirkungen, die die von Ihnen genannte nume-rische Chromosomenaberration auf ihren Träger hat!   5

(Culp 13/1: 2.4)

4   Die heute auf den Galapagos-Inseln mit unterschiedlicher Lebensweise vorkommenden vierzehn Finkenarten sind das Ergebnis adaptiver Radiation.

4.1   Definieren Sie den Begriff "adaptive Radiation", und erklären Sie, warum sich die Ergebnisse adaptiver Radiation besonders eindrucksvoll auf bestimmten Insel-gruppen zeigen!   6

(Culp 13/2: 2)

4.2   Stellen Sie die Grundgedanken der historischen Selektionstheorie Darwins dar! Belegen Sie die einzelnen Aussagen Darwins mit Beispielen aus dem Tier- oder Pflanzenreich!   6

(Culp 13/2: 1.2)

———

50

(erweiterter) Erwartungshorizont

BE

1.1 Erhöhung der Glucosekonzentration im Blut: Insulinausschüttung aus den Langer-
hansschen Inseln (B-Zellen) der Bauchspeicheldrüse; Insulin fördert die Glucose-
aufnahme verschiedener Gewebe (Leber-, Muskel-, Fettgewebe) und Glykogen-
aufbau.   5

1.2 Anaerobe Vorgänge der Glykolyse (Aktivierung zu Fructose-1,6-diphosphat,
Spaltung in Triosephosphat, Reaktion zu Brenztraubensäure unter Bildung von ATP
und $NADH/H^+$, oxidative Decarboxylierung zu aktivierter Essigsäure);
Abbau der aktivierten Essigsäure (Acetyl-CoA) im Citratzyklus: Abspaltung von
Wasserstoff und Kohlenstoffdioxid unter Rückbildung des Akzeptors für aktivierte
Essigsäure;
Vorgänge in der Atmungskette: Redoxkaskade, ATP-Bildung.   12

2.1 Beispiel je nach Unterricht (Einsatz spezifischer Schädlingsfeinde wie Schlupf-
wespen gegen Schildläuse, Einsatz spezifischer Krankheitserreger wie Bacillus
thuringiensis gegen Kohlweißlings-Raupen oder Sterile-Männchen-Methode gegen
Schraubenwurmfliege);
selektive Wirkung zielt auf Wiederherstellung des biologischen Gleichgewichts ab;
keine Resistenz-, Rückstands- und Anreicherungsprobleme in Nahrungsketten.   6

2.2 Durch Spontanmutation treten in Populationen resistente Individuen auf (Präadaption),
Möglichkeit transformierender Selektion bezüglich Giftresistenz.
Schädlinge: Niedrigere Trophiebene, stets zahlenmäßig größer als ihre natürlichen
Feinde, daher größere Wahrscheinlichkeit einer Präadaption.   6

3.1

Zentriol   Kernmembran   Teilungsspindel   Chromatiden

Prophase   Metaphase   Anaphase   Telophase

Prophase: Spiralisierung der Zweichromatid-Chromosomen, Teilung des Zentriols,
              Ausbildung der Teilungsspindel, Auflösen der Kernmembran;

Metaphase: Maximal kontrahierte Zweichromatidchromosomen in Äquatorebene,
              je eine Spindelfaser Kontakt mit Zentromeren;

Anaphase: Zentromere geteilt, Schwesterchromatiden wandern mit Hilfe der
              Spindelfasern zu je einem Pol der Zelle;

Telophase: Entspiralisierung der Chromosomen, Neubildung der Kernmembran,
              Rückbildung der Spindelfasern, Teilung des Zellplasmas.

Metaphasestadium: Chromatiden noch nicht getrennt, durch starke Spiralisierung
maximal verkürzte Chromosomen.   4

	BE

3.2 Numerische Aberration von Autosomen (z. B. Trisomie 21) oder Gonosomen
(Turner-, Poly-X-, Klinefelter- oder XYY-Syndrom) durch Störung der Reifeteilung (Nondisjunction) bei Frau oder Mann mit entsprechenden Skizzen.

Phänotypische Auswirkungen je nach Beispiel.   5

4.1 Auffächerung einer Ausgangsart durch mehrfache disruptive Selektion in voneinander abweichende Arten, wobei jede neue Art den Lebensraum in besonderer
Weise nutzt (ökologische Nischen!).

Mutation, unterschiedlicher Selektionsdruck oder Gendrift führen bei geographisch
isolierten Teilpopulationen einer Grundart zu unterschiedlichen Veränderungen des
Genbestandes der separierten Populationen und letztlich zu reproduktiver Isolation;
aufgrund geringer Artenzahl sind ökologische Nischen weitgehend frei, können von
neuen Rassen bzw. Arten besetzt (gebildet) werden; Spezialisierung vermeidet
zwischenartliche Konkurrenz.   6

4.2 Überproduktion von Nachkommen, erbliche Varietäten, "struggle for life", "survival
of the fittest": allmähliche Umbildung der Arten durch natürliche Zuchtwahl;
Belege je nach Unterricht (z. B. Giraffenhals, Tarnfärbung oder sexuelle Auslöser).   6

                                                                           50

Leistungskurs Biologie: Abiturprüfung 1985 - Aufgabe II

	BE

1   Treten Artgenossen einer Tierart in irgendeiner Form miteinander in Konkurrenz
oder gehen von ihnen im Zuge von Rangordnungsbeziehungen belastende Reize auf
andere Artgenossen aus, so äußert sich das Verhalten der Tiere in Aggression
oder in Erscheinungen von sozialem Streß.

1.1 Erläutern Sie an zwei selbstgewählten Beispielen innerartlicher Aggression, die aus
zwei verschiedenen Antrieben gespeist sind, wie sich diese Verhaltensweisen für
die Gesamtpopulation der jeweiligen Tierart auswirken!   8

(Culp 12/1: 2.5)

1.2 Stellen Sie an einem selbstgewählten Beispiel Folgen von sozialem Streß bei Säuge-
tieren dar, und erklären Sie kurz den zugrundeliegenden Sachverhalt!   6

(Culp 12/1: 2.5)

2   Fast alle Organismen dieser Erde ernähren sich direkt oder indirekt von den Produkten der Photosynthese.

2.1 Beschreiben Sie die Aufgaben des Chlorophylls bei der Photosynthese, und entwerfen Sie ein einfaches Übersichtsschema der Vorgänge während der sogenannten
"Lichtreaktion" der Photosynthese!   7

(Culp 12/2: 4.3)

2.2 Erläutern Sie die Abhängigkeit der Photosynthese vom Wirkungsgefüge der Umweltfaktoren!   7

(Culp 12/2: 4.2)

BE

3   Die heutigen Weizensorten besitzen in ihren Zellen 42 Chromosomen, während bei
den wildwachsenden Stammformen nur 14 Chromosomen nachgewiesen werden
können.

3.1   Erläutern Sie, inwiefern derartige Polyploidisierungen für die Ertragspflanzen-
züchtung besondere Bedeutung haben !
Beschreiben Sie kurz eine Methode zur künstlichen Erzeugung von polyploiden
Genomen !   5
(Culp 13/1: 2. 4)

3.2   Begründen Sie, warum bei der Züchtung von Nutzpflanzen in der Regel eine
wesentlich höhere Evolutionsgeschwindigkeit auftritt als bei natürlich verlaufenden
Evolutionsvorgängen !   4
(Culp 13/2: 2)

4   Immer noch bestehen bei vielen Menschen Vorbehalte gegenüber der entwicklungs-
geschichtlichen Tatsache, mit "Affen" verwandt zu sein.

4.1   Belegen Sie die systematische Zuordnung des Menschen zu den Primaten mit drei
beweisführenden Beispielen aus verschiedenen Forschungsgebieten der Biologie !   7

(Culp 13/2: 3. 2)

4.2   Legen Sie in groben Zügen die Erkenntnisse aus fossilen Funden über die stammesgeschichtlichen Beziehungen zwischen den rezenten Menschenaffen und dem Menschen dar !
Auf die humane Phase der Stammesgeschichte des Menschen ist dabei nicht mehr
einzugehen.   6
(Culp 13/2: 3. 2)   ———
                                          50

(erweiterter) Erwartungshorizont)

1.1   Arterhaltende Vorteile z. B. des Komment- (Turnier-) kampfes und Beschädigungs-
kampfes: Positive Selektionswirkung führt zu erhöhter Leistungsfähigkeit der
Population, Regulierung der Populationsdichte, Förderung der Ausbreitung und
gleichmäßigen Verteilung über das Areal, Erschließung neuer Lebensräume;
Beispiele je nach Unterricht (z. B. Kommentkämpfe bei horn- und geweihtragenden
Huftieren, durch Flucht beendete Beschädigungskämpfe bei Tauben, Kampffischen).   8

1.2   Z. B. Untersuchungsergebnisse bei Spitzhörnchen (Tupajas) oder Ratten: Übermäßige
Sozialkontakte durch Übervölkerung des Reviers, Verhaltensänderungen (gesteigerte
Aggressivität, Auffressen der Jungen, verändertes Kopulationsverhalten) und
körperliche Störungen (verringerte Wachstumsrate, verspätete Pubertät, Unfrucht-
barkeit, Nierenversagen) durch starke Erregung des sympathischen Nervensystems
mit vermehrter Adrenalinausschüttung. Sozialer Streß wirkt als Regelmechanismus
für Populationsdichte, da weniger Nachkommen gezeugt, geboren oder großgezogen
werden.   6

2.1   Lichtabsorption in den Pigmentsystemen des Chlorophylls.
Schematische Darstellung der Photosysteme I und II mit Photolyse des Wassers
und Sauerstofffreisetzung, ATP- und $NADPH/H^+$-Bildung.   7

		BE

2.2 Licht, Wasser, Mineralsalze, Luft- (und evtl. Boden-)temperatur, Kohlenstoffdioxidgehalt der Luft (begrenzender Faktor) als Photosynthesefaktoren mit Hinweis
auf eine lichtabhängige, temperaturunabhängige und eine temperaturabhängige Teil-
reaktion.   7

3.1 Polyploidisierung führt zu größerem Kernvolumen, zur Vergrößerung der Zellen
und meist zur Vergrößerung der Organe einer Pflanze.
Z.B. Colchicinbehandlung: die Bildung der Teilungsspindel wird gehemmt, dadurch
keine Chromatidentrennung, somit tetraploide Zellen; in der Keimbahn entstehen
diploide Keimzellen.   5

3.2 Künstliche Erhöhung der genetischen Variabilität, gezielte Neukombinationen von
Erbanlagen, optimale Selektion nach bestimmten Merkmalen, bessere Fürsorge
für die Nachkommen mit den erwünschten Eigenschaften als unter natürlichen
Bedingungen.   4

4.1 Hinweise auf Verwandtschaft, insbesondere vom Schimpansen, aus folgenden
Forschungsgebieten: Vergleichende Anatomie (Greifhand, Augenhöhlen, Zahnformel, Backenzahnkronenmuster, Brustraum, Steißbein), Serologie (85 %, 64 %,
42% Übereinstimmung der Serumproteine zwischen Mensch und Schimpansen,
Gorilla bzw. Orang-Utan), Untersuchung der Chromosomenbestände (gleiche Anzahl der Chromosomenschenkel, Menschenaffen 2 n = 48, Mensch 2 n = 46,
wobei zweischenkeliges menschliches Chromosom Nr. 2 anhand des Banden-
musters homologisierbar ist mit zwei einschenkeligen Chromosomen der
Menschenaffen), Ethologie (Greifreflex, Suchautomatismen bei Säuglingen) oder
Parasitologie (gleiche Madenwürmer und Filzlaus bei Mensch und Schimpanse). 7

4.2 Oligozän mit ältesten Zeugnissen gemeinsamer Vorfahren (evtl. Propliopithecus,
Aegyptopithecus), Auftrennung der jeweiligen Vorfahren im Miozän; Hominisation
im Tier-Mensch-Übergangsfeld des Pliozäns.   6
                                                                           ―――
                                                                            50

Leistungskurs Biologie: Abiturprüfung 1985 - Aufgabe III

BE

1 Durch biokatalytisch wirkende Enzyme laufen im Zellplasma in der Regel nur ganz
spezielle Reaktionen zwischen der Vielzahl chemischer Verbindungen ab.

1.1 Beschreiben Sie den chemischen Grundbauplan der beiden Stoffgruppen, denen die
Enzyme je nach ihrer Zusammensetzung zugeordnet werden !   3

                        (Culp 12/2: 2.2)

1.2 Erläutern Sie unter Mitverwendung geeigneter Skizzen die spezifischen Eigenschaften
und die Arbeitsweise der Enzyme sowie zwei verschiedene Möglichkeiten für deren
reversible Hemmung !   6
                        (Culp 12/2: 2.2)

2 Jeder einzelne Schritt in einer Stoffwechsel-Reaktionskette wird von einem Enzym
katalysiert, und die Synthese dieser Biokatalysatoren wiederum von einer spezifischen Erbanlage bewirkt.

BE

2.1 Erläutern Sie unter Mitverwendung einer Schemazeichnung an einem selbstge-
wählten Beispiel eines Auf- oder Abbauvorgangs einer organischen Substanz im
Rahmen des Stoffwechselprozesses einer Bakterienart, auf welche Weise die
Regelung der Genaktivität für die entsprechende Enzymsynthese in Bakterien-
zellen erfolgt!
(Culp 13/1: 4. 6)   9

2.2 Stellen Sie den m-RNS-Kreislauf in einer Zelle unter dem Aspekt der Proteinbiosynthese dar!
Start und Ziel: Freie Nucleotide im Zellplasma.   6

(Culp 13/1: 4. 4)

3 Bewegung ist das augenfälligste Kennzeichen tierischer Organismen. Sie ist stets
an das Vorhandensein kontraktiler Strukturen gebunden.

3.1 Erläutern Sie in groben Zügen unter Mitverwendung von Skizzen die Modellvorstellung des molekularen Mechanismus der Muskelkontraktion!   6

(Culp 12/1: 3. 4)

3.2 Beschreiben Sie unter Mitverwendung einer Schemazeichnung die Vorgänge, die
sich bei der Erregungsübertragung von einer Nervenzelle auf eine Muskelfaser
abspielen!
(Culp 12/1: 3. 4)   9

4 Die Individuen innerhalb einer Population einer Tier- oder Pflanzenart zeigen einen
oft recht unterschiedlichen Phänotyp.

4.1 Erläutern Sie mögliche Ursachen für das Auftreten von verschiedenen Formen innerhalb einer Population artgleicher Lebewesen, und geben Sie je ein Beispiel an!   6

(Culp 13/1: 2. 2; 3. 5)

4.2 Erörtern Sie die Bedeutung der durch die von Ihnen unter Nr. 4.1 angeführten verschiedenen Ursachen bedingten unterschiedlichen Phänotypen in einer Population
für das Evolutionsgeschehen!   5
(Culp 13/2: 2)   ——
50

(erweiterter) Erwartungshorizont

1.1 Proteine, Proteide (Apenzym + Coenzym).   3

1.2 Anhand von Grafiken: Herabsetzung der Aktivierungsenergie, Wirkungs- und
Substratspezifität; Schlüssel-Schloß-Prinzip der Enzymwirkung.
Z. B. kompetitive und allosterische Hemmung (Enzym-Hemmstoff-Komplex).   6

2.1 Voraussetzung: Strukturgene   (S)
                    Operatorgen   (O)   Operon
                    Promotor   (P)   - Transkriptase
                    Regulatorgen   (R)
Endprodukt-Repression der Enzymsynthese: Histidin(His-)-Synthese in 11 Schritten,
hier vereinfacht:
a) His-Synthese bei His-Mangel: Repressor inaktiv, Strukturgene aktiv
b) His-Zufuhr von außen: Aktivierung des Repressors, Blockierung des
                                 Operatorgens/der Transkription

Schema nach Jacob-Monod:

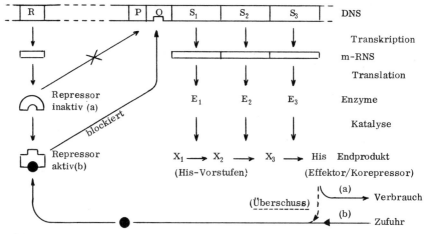

oder
Substrat-Induktion der Enzymsynthese:
a) blockierte Produktion von z.B. Lactose-abbauenden Enzymen bei Glucose-abbauenden E. coli-Bakterien: Repressor blockiert Operatorgen, Strukturgene inaktiviert;
b) bei Zugabe von Lactose (neues Substrat) Inaktivierung des Repressors, Aktivierung der Strukturgene;
Schema nach Jacob-Monod:

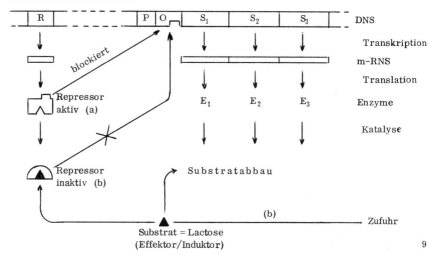

BE

2.2 Nucleotide gelangen aus dem Cytoplasma durch Membranporen in den Zellkern (bei Bakterien/Prokaryoten keine Kernmembran!); Transkription der Information der DNS; Anlagerung der m-RNS an Ribo- bzw. Polysomen, Translation; Abbau der m-RNS zu freien Nucleotiden. 6

3.1

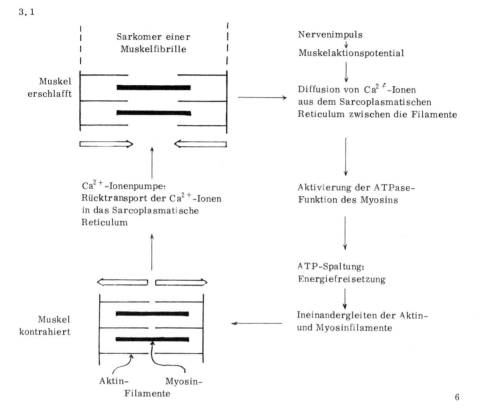

6

3.2 Beschriftetes Schema einer neuromuskulären Synapse:
Vorgänge der chemischen Erregungsübertragung: ankommendes Aktionspotential, Ausschüttung von Acetylcholin, Diffusion zu den Rezeptorstellen, Permeabilitätsänderung und Depolarisierung der Muskelfasermembran, enzymatische Spaltung des Acetylcholins, Repolarisierung. 9

4.1 Z.B.:
a) Modifikation der Merkmalsausbildung innerhalb eines genetisch festgelegten Rahmens durch Umwelteinflüsse. (Z.B. Hautfärbung bei Europäern, Flachland- und Gebirgsform des Löwenzahns.)

BE

b) Sprunghafte Erbänderungen (Mutationen) im Gen-Pool können zu unterschiedlichen Merkmalsausbildungen führen. (Z. B. Industriemelanismus beim Birken-
spanner.)

c) Rekombination bereits vorhandener Gene, z. B. bei der Meiose, und die Neukombination bei der Zygotenbildung. (Z. B. Herausmendeln neuer Phänotypen/
Rekombinanten bei dihybridem Erbgang; siehe 1984 IV. 3.)

Jeweils ein Beispiel zu a), b) und c) je nach Unterricht.   6

4.2   Transformierende und stabilisierende Selektion greifen an den unterschiedlichen
Phänotypen an.

Modifikatorische Variabilität: keine Änderung der Genfrequenzen, kein direkter
Beitrag zur Evolution (aber: Modifikabilität ist ggf. Selektionsvorteil).

Genetisch bedingte Variabilität: Änderung der Genfrequenzen, daher Beitrag zur
Evolution einer Art.   5

                                                                                            50

Leistungskurs Biologie: Abiturprüfung 1985 – Aufgabe IV

BE

1   Seit ältester Zeit führt der Mensch mit Hilfe von Mikroorganismen verschiedene
Gärungsvorgänge durch.

1.1   Definieren Sie den Begriff "Gärung"!
Formulieren Sie die Bruttogleichung für die alkoholische Gärung, ausgehend von
Glucose, und erläutern Sie die wesentlichen biochemischen Vorgänge dieses
Prozesses!
Chemische Formeln sind dabei nicht verlangt.   10

(Culp 12/2: 3.1)

1.2   Geben Sie eine Erklärung dafür, weshalb im Verlauf der Evolution der Lebewesen
der Atmungsstoffwechsel gegenüber Gärungsvorgängen begünstigt wurde!   3

(Culp 12/2: 3.1; 13/2: 2)

2   Die Verschlechterung der Wassergüte belastet vielerorts die ökologische Funktion
der Gewässer in bedrohlichem Maße, so daß deren Regenerierung unser aller
Anstrengung bedarf.

2.1   Erklären Sie, ausgehend von möglichen Ursachen, wie sich ein ursprünglich
oligotropher See (Reinwassersee) Schritt für Schritt zu einem Gewässer mit starker
Vermehrung anaerober Bakterien wandeln kann!   8

(Culp 12/2: 5.3)

2.2   Erläutern Sie die Maßnahmen, die zur optimalen Abwasserreinigung in kommunalen
und industriellen Kläranlagen notwendig sind!   7

(Culp 12/2: 5.3)

	BE

3   In einer Familie weist ein Ehepartner Kurzfingrigkeit auf. Er ist homozygoter
Träger der dominanten Anlage für dieses Erbleiden.

Beim anderen Ehepartner ist die Ausbildung des Handskeletts normal, aber er
besitzt eine sogenannte Hasenscharte (gespaltene Oberlippe). Dies ist ein
rezessives Erbleiden. Der kurzfingrige Ehepartner zeigt normale Oberlippen-
ausbildung und ist homozygoter Träger der entsprechenden Erbanlage.

3.1   Erstellen Sie für die beiden Merkmale das Erbbild der Ehepartner, und zeigen
Sie an diesem Beispiel unter Mitverwendung eines Kombinationsquadrates den
dihybriden Erbgang zweier nicht gekoppelter Allelpaare bis einschließlich der
F_2-Generation (Verwandtenehe bei gleichem Erbbild) auf!
Verwenden Sie zur Kennzeichnung der entsprechenden Allele die Anfangs-
buchstaben des Alphabets.   (Culp 13/1: 3.1)   6

3.2   Schlüsseln Sie das unter Nr. 3.1 erhaltene Ergebnis in der F_2-Generation nach
Phänotypen und Genotypen auf, und erläutern Sie anhand der möglichen Geno-
und Phänotypen, inwiefern die Neukombination von Erbanlagen sowohl bedeutende
Vorteile mit sich bringen als auch in negativer Richtung ausschlagen kann!   5

(Culp 13/1: 3.1)

4   Immunbiologische Untersuchungen haben ein Indiz dafür erbracht, daß die Hasen
trotz ihres nagetierähnlichen Gebisses näher mit den Huftieren als mit den
Nagetieren verwandt zu sein scheinen.

4.1   Beschreiben Sie an diesem Beispiel das Prinzip serologischer Tests!   5

(Culp 13/2: 1.1)

4.2   Erklären Sie, wie und weshalb die Ergebnisse solcher Tests Aufschluß über den
Grad stammesgeschichtlicher Verwandtschaft von Lebewesen geben können!   6

(Culp 13/2: 1.1)   50

(erweiterter) Erwartungshorizont

1.1   Anaerobe Spaltung energiereicher organischer Moleküle in energieärmere Bruchstücke mittels Mikroorganismen (aber auch im Muskel bei der Milchsäuregärung)
oder freier Enzyme;

$$C_6H_{12}O_6 \longrightarrow 2\ C_2H_5OH\ +\ 2\ CO_2\ (+\ E)$$

Hauptschritte der Glykolyse bis zur Brenztraubensäure/Pyruvat (s. 1984 I, 1.2),
Decarboxylierung zu Ethanal, Reduktion mit $NADH/H^+$ zu Ethanol.   10

1.2   Die Oxidation energiereicher organischer Substanzen zu Kohlenstoffdioxid und
Wasser liefert eine wesentlich höhere Energieausbeute und damit eine bessere
Ausnützung der verfügbaren Nährstoffe als der anaerobe Abbau zu relativ energie-
reichen Endprodukten.   3

	BE

2.1 Abwassereinleitung (Fäkalien, Waschmittelphosphate), Einschwemmung von Dünger aus der Landwirtschaft und evtl. zusätzliche Erwärmung führen zu Eutrophierungserscheinungen und deren Folgen: Vermehrung von Phytoplankton und Konsumenten, Anwachsen (abgestorbener) Biomasse, Vermehrung der Destruenten (aerober Bakterien) unter Sauerstoffverbrauch. Der dadurch verursachte Sauerstoffschwund verbessert die Lebensbedingungen für Anaerobier. 8

2.2 Kennzeichnende Vorgänge der mechanischen Vorreinigung (Sand, Grobteile), der biologischen (Mineralisierung organischer Stoffe durch aerobe/anaerobe Mikroorganismen) und der chemischen (Phosphat- und evtl. Schwermetallfällung) Reinigungsstufe. 7

3.1 Ehepartner z.B.   AABB, kurzfingrig, normale Oberlippe ('AB'),
                      aabb, normalfingrig, Hasenscharte ('ab')

   F_1-Generation: AaBb, kurzfingrig, normale Oberlippe ('AB')
                      Gameten: AB, Ab, aB, ab (Gameten, Keimzellen = Kz)

Kombinationsquadrat für die F_2-Genotypen:

F_1-Kz	AB	Ab	aB	ab
AB	AABB	AABb	AaBB	AaBb
Ab	AABb	AAbb	AaBb	Aabb
aB	AaBB	AaBb	aaBB	aaBb
ab	AaBb	Aabb	aaBb	aabb

3.2 AABB AaBB AABb AaBb   AAbb Aabb   aaBB aaBb   aabb (Genotypen)

     _____/   _____/   _____/   ____/
            'AB'   'Ab'   'aB'   'ab'   (Phänotypen)

              9   :   3   :   3   :   1   (Verhältnis)

'Ab' (kurzfingrig + Hasenscharte):   Minusvariante, da beide nachteilige Merkmale;

'aB' (normale Finger und Oberlippe):   Plusvariante, da beide normale Merkmale. 5

4.1 Gewinnung von Anti-Hasen-Präzipitin: Hasenserum z.B. in Hund injiziert; nach Antikörperbildung Präzipitinreaktion:

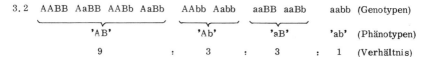

5

BE

4.2 Korrelation Ausflockungs-/Verwandtschaftsgrad; Korrelation Primärstruktur (Aminosäuresequenz) der entsprechenden Proteine/genetische Information.

Frühe stammesgeschichtliche Trennung: Durch größere Zahl von Mutationen stärker divergierende Aminosäuresequenz, geringerer Verwandtschaftsgrad.

6

50

Leistungskurs Biologie: Abiturprüfung 1986 – Aufgabe I

BE

1 Berühren wir mit der Hand unbeabsichtigt eine heiße Herdplatte, so
   ziehen wir die Hand unwillkürlich blitzartig zurück.

1.1 Kennzeichnen Sie die oben beschriebene Verhaltensweise! Erläutern Sie
    die Besonderheiten dieses Verhaltens genau! (Culp 12/1 : 2.1)   4

1.2 Geben Sie in Form einer beschrifteten Skizze einen Überblick über die
    anatomischen Strukturen, die zum Ablauf der unter Nr. 1 geschilderten
    Verhaltensweise unbedingt notwendig sind! (Culp 12/1 : 3.1)   4

1.3 Erläutern Sie, wie eine Erregung von Nervenzellen auf Muskelfasern
    übertragen werden kann!
    Entwerfen Sie eine beschriftete Skizze der Verbindungsstelle
    Nervenzelle/Muskelfaser! (Culp 12/1 : 3.4)   8

2 Die Stoffwechselreaktionen der Zelle werden durch Enzyme katalysiert.

2.1 Geben Sie die Stoffgruppen an, denen die Enzyme zuzuordnen sind!
    Beschreiben Sie den Aufbau eines Enzyms aus jeder der von Ihnen
    angegebenen Stoffgruppen!
    Chemische Formeln sind nicht verlangt. (Culp 12/2 : 2.2)   2

2.2 Stellen Sie die Temperaturabhängigkeit der Enzymaktivität graphisch
    dar, und erläutern Sie diese! (Culp 12/2 : 2.2)   5

2.3 Beschreiben Sie zwei Arten reversibler Hemmung der Enzymaktivität und
    jeweils eine Möglichkeit, diese Rückgängig zu machen!
                                        (Culp 12/2 : 2.2)   4

3 Beim Menschen wird mit der Befruchtung das genetische Geschlecht des neu
   entstehenden Lebewesens festgelegt. Wissenschaftliche Untersuchungen zeigen, daß "männliche" Zygoten und "weibliche" Zygoten im Verhältnis von
   136:100 stehen. Das Zahlenverhältnis bei den Neugeborenen beträgt aber
   106 Buben zu 100 Mädchen.

3.1 Beschreiben sie den Mechanismus der genetischen Geschlechtsbestimmung
    beim Menschen, und leiten Sie das theoretische Geschlechtsverhältnis
    ($\hat{=}$ theoretischem Befruchtungsverhältnis) beim Menschen ab!
    Diskutieren Sie mögliche Ursachen für die beobachtete Verschiebung des
    Geschlechtsverhältnisses! (Culp 13/1 : 2.3)   4

3.2 Erläutern Sie unter Mitverwendung von Skizzen den Verlauf der Meiose
    bei der Spermienbildung!
    Welche Auswirkungen haben die Vorgänge der Meiose auf das Erbgut?
                                        (Culp 13/1 : 2.2)   6

3.3 Aus der Ehe einer rotgrünblinden Frau mit einem farbentüchtigen Mann
    gehen zwei farbentüchtige Töchter und ein rotgrünblinder Sohn hervor.
    Stellen Sie das entsprechende Erbschema auf! Was kann über die Eltern
    der Frau in bezug auf die Anlagen für Rotgrünblindheit geschlossen
    werden! (Culp 13/1 : 3.3)   4

4 Von einer nordamerikanischen Echsenart sind mehrere Populationen bekannt, die sich vorwiegend in der Färbung unterscheiden. Auf einigen Inseln im Golf von Kalifornien tragen die Tiere dieser Art aber nicht die übliche Tarnfarbe, sondern heben sich mit einem leuchtenden Grün deutlich vom hellen Gesteinsboden ab.

4.1 Definieren Sie den Begriff "Population"! (Culp 13/2 : 1.1)   2

4.2 Erläutern Sie Faktoren und Vorgänge, die im Laufe der Evolution zur Ausbildung der auffallenden Grünfärbung bei dieser Echsenpopulation geführt haben könnten! (Culp 13/2 : 2.)   4

4.3 Erörtern Sie die Frage, inwiefern der Grad der modifikatorischen Veränderbarkeit einer Population den Evolutionsprozeß beeinflussen kann!
(Culp 13/2 : 2.)   3

(erweiterter) Erwartungshorizont

1.1 Unbedingter Reflex als angeborener Verhaltensanteil;
Reiz-Reaktionszusammenhang: bei Überschreiten der Reizschwelle erfolgt volle Reaktion (Alles-oder-Nichts-Gesetz).

1.2 Reflexbogen:

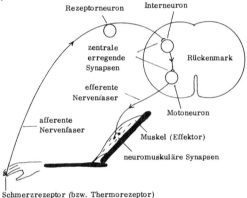

An diesem Fremdreflex sind noch weitere Interneurone (Schaltneurone) und Muskeln (Handgelenk; Schultergelenk) beteiligt, welche nicht dargestellt sind.

1.3 Beschriftete Skizze (Axonendknopf mit synaptischen Bläschen, präsynaptischer Membran; synaptischer Spalt; subsynaptische Membran mit Rezeptoren, postsynaptische Membran);
Vorgänge der chemischen Erregungsübertragung: ein ankommendes präsynaptisches Aktionspotential bewirkt über den Einstrom von Ca^{2+}-Ionen eine Ausschüttung von Acetylcholin; Diffusion des Transmitters; Reaktion mit den Rezeptoren; Permeabilitätsänderung und Depolarisierung der subsynaptischen Muskelfasermembran; postsynaptisches Muskelaktionspotential, Muskelkontraktion; Spaltung des Transmitters durch Cholinesterase und Repolarisierung der subsynaptischen Membran; evtl. Rückdiffusion der Transmitterspaltstücke und Resynthese in der präsynaptischen Zelle.

2.1 Proteine: reine Eiweißkörper aus Aminosäureketten;
Proteide: Eiweiß- und Nichteiweißkomponente (Apo- und Coenzym).

2.2 Graphik: Kurvenverlauf mit Temperaturoptimum.
    Aktivitätszunahme aufgrund der Temperaturabhängigkeit chemischer Reaktionen
    (RTG-Funktion); Aktivitätsabnahme infolge Denaturierung der Enzymproteine
    bei höherer Temperatur.

2.3 Z.B. kompetitive, allosterische oder Substrathemmung.
    Aufhebung oder Minderung der Hemmung:

    Kompetitive Hemmung: Das Ausmaß der Hemmung hängt vom molaren Verhältnis
        Inhibitor (I) - Substrat (S) ab. Nach Le Chatelier kann man durch eine
        Erhöhung der Substratkonzentration die Hemmung mindern
        (EI + S $\rightleftharpoons$ ES + I; EI = gehemmtes Enzym; ES = Enzym-Substrat-Komplex).
    Allosterische Hemmung: Weiterverarbeitung des Hemmstoffs im Stoffwechsel
        (Rückkopplungseffekt, wenn das Endprodukt einer Synthesekette (alloste-
        rischer Inhibitor am Kettenanfang ist).
    Substrathemmung: Das Ausmaß der Substrathemmung hängt vom molaren Verhältnis
        Enzym - Substrat ab. Nach einiger Zeit nimmt die Hemmung durch die sin-
        kende Substratkonzentration von selbst ab, wenn die Hemmung nicht abso-
        lut ist und kein weiteres Substrat zugegeben wird; nach Le Chatelier
        kann man durch eine Erhöhung der Enzymkonzentration die Hemmung mindern
        (ESS + E $\rightleftharpoons$ 2 ES; ESS = gehemmtes Enzym).

3.1 XY-Mechanismus (XX $\female$; XY $\male$); bei gleicher Zahl und Befruchtungswahr-
    scheinlichkeit von X- und Y-Spermien und gleichen Entwicklungschancen für
    XX- und XY-Keime ist das theoretische Geschlechtsverhältnis 1:1.
    Mögliche Ursachen für die Abweichung sind: Konkurrenzvorteil der Y-Spermien
    gegenüber den X-Spermien: Y-Spermien sind leichter und daher schneller (ob-
    gleich kurzlebiger); höhere Sterblichkeit der XY-Keime, da defekte Gene auf
    dem X-Chromosom nicht kompensiert werden.

3.2

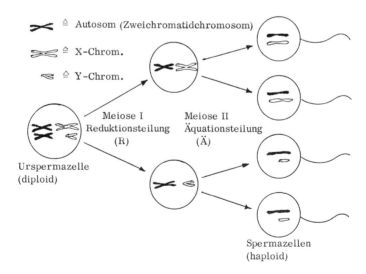

Auswirkungen: Haploidisierung; Umbau des Genoms durch Neukombination der Chromosomen; Umbau der Chromosomen durch crossing over (Stückaustausch, mikroskopisch belegbar durch Chiasmata).

Schema:

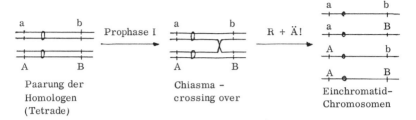

| Paarung der Homologen (Tetrade) | Chiasma - crossing over | Einchromatid- Chromosomen |

3.3 Erbschema eines gonosomal-rezessiven Erbgangs:

Mutter in bezug auf das Merkmal homozygot (X_aX_a), Vater erbgesund (X_AY):

                    Frau   Mann

Genotypen: X_aX_a x X_AY

Keimzellen: X_a X_A und Y

Kombinationsquadrat:

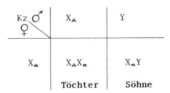

Alle Töchter sind phänotypisch gesunde Überträgerinnen, die Söhne rotgrünblind.

Eltern der Frau: Die Mutter ist Überträgerin oder homozygot krank, der Vater rotgrünblind:

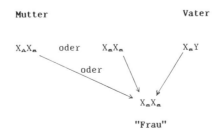

4.1 Gesamtheit der Individuen einer Art, die zur gleichen Zeit im gleichen Areal leben und eine Fortpflanzungsgemeinschaft bilden.

4.2 Z.B. Neumutation, geringer Selektionsdruck durch Fehlen von Feinden; starke Gendrift in kleiner Inselpopulation.

4.3 Modifikationen sind nicht erblich, daher besteht kein direkter Einfluß auf die Evolution; doch unterliegen Populationen, die sich leicht modifikatorisch anpassen, vermutlich nicht so stark der Selektion; insofern ist ein gewisser Einfluß wahrscheinlich.

Leistungskurs Biologie: Abiturprüfung 1986 – Aufgabe II

1 Die Informationsübertragung zur Steuerung und Regelung der Körperfunktionen erfolgt mit Hilfe des Nervensystems und des Systems der Hormone.

1.1 Vergleichen Sie in einer Gegenüberstellung die beiden obengenannten Systeme im Hinblick auf die Art und Weise der Informationsübertragung!
(Culp 12/1 : 3.2, 3.5) 4

1.2 Erstellen Sie ein Regelkreisschema zu einem selbstgewählten Beispiel einer hormonellen Regelung! (Culp 12/1 : 3.5) 7

1.3 Erläutern Sie am Beispiel eines inneren Organs des menschlichen Körpers das Prinzip der doppelten Innervierung durch das vegetative Nervensystem! (Culp 12/1 : 3.6) 4

2 Der als "Zellatmung" bezeichnete Abbau der Glucose in den Körperzellen läßt sich in mehrere Abschnitte gliedern.

2.1 Erläutern Sie anhand einer schematisierten Übersicht die wichtigsten Stoffwechselabschnitte des vollständigen Glucoseabbaus! Chemische Formeln sind nicht verlangt. (Culp 12/2 : 3.1) 10

2.2 Beschreiben Sie den Verlauf des Glucoseabbaus in stark beanspruchter Muskulatur bei mangelnder Sauerstoffversorgung!
Heben Sie den biologischen Sinn dieses Abbauweges hervor!
(Culp 12/2 : 3.1) 3

3. Bei der Eizellenbildung einer Frau haben sich in der 1. Reifeteilung die Gonosomen nicht getrennt. Die darauffolgende 2. Reifeteilung ist normal verlaufen.

3.1 Stellen Sie unter Mitverwendung einfacher Skizzen für das gegebene Beispiel den Verlauf der Meiose dar!
Geben Sie die möglichen Chromosomenbestände der gebildeten Eizellen an! (Culp 13/1 : 2.4) 5

3.2 Geben Sie an, welche gonosomalen Aberrationen in den Zygoten festgestellt werden können, wenn die unter Nr. 3.1 beschriebenen Eizellen von normalen Spermien befruchtet werden, und nennen Sie kurz die wichtigsten Symptome, die bei den Trägern derartiger Chromosomenzahlabweichungen beobachtbar sind! (Culp 13/1 : 2.4) 5

3.3 Beschreiben Sie eine Untersuchungsmethode, mit der diese Fehlverteilung der Gonosomen in Körperzellen festgestellt werden kann!
(Culp 13/1 : 2.1, 2.3) 2

4 Verwandtschaft im Pflanzen- und Tierreich wird durch gleiche oder ähnliche Merkmale offensichtlich.

4.1 Erläutern Sie je ein selbstgewähltes Beispiel aus der vergleichenden Anatomie und aus der Biochemie, das als Indiz für eine stammesgeschichtlich enge Verwandtschaft der Wirbeltiere angesehen werden kann!
(Culp 13/2 : 1.1)   6

4.2 Zeigen Sie anhand je eines Beispiels aus dem Tier- und Pflanzenreich auf, weshalb äußere Ähnlichkeit bei Lebewesen allein noch keinen Beweis für stammesgeschichtliche Verwandtschaft darstellt!
(Culp 13/2 : 1.1)   4

(erweiterter) Erwartungshorizont

1.1 <u>Hormone</u>: Transport in den Körperflüssigkeiten zu den Erfolgsorganen; Wirkung: Minuten/Tage; relativ langsame Nachrichtenübermittlung.
<u>Nerven</u>: Gezielte Informationsübermittlung durch bestimmte Nervenfasern; Impulsankunft löst sofort kurzzeitige Wirkung aus; hohe Geschwindigkeit der Nachrichtenübermittlung.

1.2 Regelkreisschema für ein Beispiel je nach Unterricht, z.B. Regelung des Grundumsatzes ($\hat{=}$ Thyroxinspiegel im Blut):

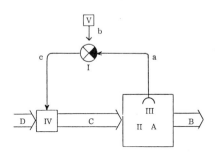

I Regelglied: Hypophysenvorderlappen (HVL)

II Stauglied: Blut

III Meßglied: Thyroxinsensible Zellen im HV

IV Stellglied: Schilddrüse

V Führungsglied: Zwischenhirn/Hypothalamus

A Regelgröße: Thyroxinspiegel

B Störgröße: Arbeit, Nahrungsmangel, Kälte (hier Vermaschung

C Stellgröße: abgegebene Thyroxinmenge
D Nachschubgröße: Nahrung, Iodzufuhr
a Meldung über Istwert: Innerhalb des HVL
b Meldung über Sollwert: TRH (Thyreotropin-Releasing-Hormon)
c Meldung über Stellwert: TSH (Thyreotropin = Thyreoidea-Stimulierendes Hormon)

1.3 Doppelte Innervierung: Sympathicus/Parasympathicus; Beispiel je nach Unterricht, z.B.: Herztätigkeit;
Der Sympathicus versetzt den Körper in den Zustand hoher Leistungsbereitschaft, regt Herztätigkeit an (Transmitter: Noradrenalin); der Antagonist Parasympathicus sorgt für Ruhe, Erholung des Organismus, vermindert die Herzfrequenz (Transmitter: Acetylcholin).

2.1 Wesentliche Schritte
- der **Glycolyse:** Aktivierung zu Fructose-1,6-bisphosphat, Spaltung in Triosephosphat, Oxidation (Dehydrierung) zur Carbonsäure (Glycerinsäurephosphat) unter Bildung von NADH/H$^+$ und ATP, Weiterreaktion zu Benztraubensäure (Pyruvat);
- der **oxidativen Decarboxylierung** zu aktivierter Essigsäure (Acetyl-CoA) unter Bildung von NADH/H$^+$;
- des **Citratzyklus:** Abspaltung von Wasserstoff (Bildung von NADH/H$^+$) und Kohlenstoffdioxid unter Rückbildung des Akzeptors für aktivierte Essigsäure;
- der **Atmungskette:** Redoxkaskade, ATP-Bildung.

2.2 Anaerober Abbau zu Milchsäure (Lactat):
Reduktion des aus der Glycolyse stammenden Pyruvats mittels NADH/H$^+$ zu Lactat. Rückgewinnung von NAD$^+$ als Voraussetzung für weiteren Glucoseabbau.

3.1

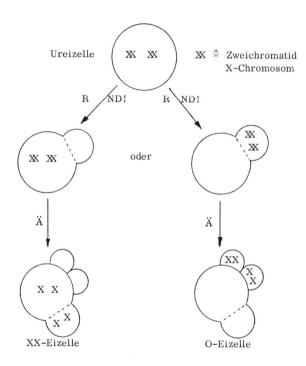

86-7

3.2 47 Chromosomen: XXY, Klinefelter-Mann, meist langbeinig, unterentwickelte Hoden, unfruchtbar, manchmal leichter Schwachsinn.

45 Chromosomen: XO, Turner-Frau, kleiner Wuchs, Ausbleiben der Menstruation, Fehlen sekundärer Geschlechtsmerkmale, manchmal "Fügelfell". YO, unbekannt.

3.3 Z.B. Karyogramme aus einer Lymphozytenkultur; auch Barr-Körperchen-Test mit Haarwurzel- oder Mundschleimhautzellen.

4.1 Beispiel aus der vergleichenden Anatomie:
Wirbeltierextremitäten besitzen den gleichen Bauplan (Homologiekriterium der Lage); gemeinsame genetische Information geht auf gemeinsamen Vorfahren zurück;
Z.B. sind alle Wirbeltier-Vorderextremitäten über den Schultergürtel mit dem Rumpf verbunden und gliedern sich in 3 Hauptabschnitte: 1 Oberarmknochen, 2 Unterarmknochen (Elle und Speiche), viele Handknochen (Handwurzel-, Mittelhand- und Fingerknochen); Abweichungen von der Fünfstrahligkeit oder Reduktion der Gliedmaßen lassen sich anhand von Übergangsreihen (rezent oder fossil) oder ggf. durch vergleichende Embryologie (Kriterium der Kontinuität) darstellen.

Beispiel aus der Biochemie:
Übereinstimmung in der Aminosäuresequenz von Proteinen beruht auf gemeinsamer genetischer Information; bei der Vielfalt der Kombinationsmöglichkeiten ist gemeinsame Abstammung die wahrscheinlichste Erklärung hierfür.
Der Proteinbestandteil des Cytochrom c (Atmungskette!) besteht bei Wirbeltieren aus 104 Aminosäuren; je größer die Verwandtschaft, desto geringer die Unterschiede in der Sequenz (Mensch-Rhesusaffe 1, Mensch-Hund 11 unterschiedliche Aminosäuren).

4.2 Je ein Beispiel aus dem Tier- und Pflanzenreich für Analogie als Anpassung an ähnliche Umweltgegebenheiten (Konvergenz); z.B. funktionsgleiche Grabbeine bei Maulwurf und Maulwurfsgrille (unterschiedlicher Bauplan von Wirbeltier bzw. Insekt); Stammsukkulenz als Anpassung an Wüstenklimate bei verschiedenen Pflanzenfamilien (unterschiedlicher Blütenbauplan, z.B. Kakteengewächse, Wolfsmilchgewächse).

Leistungskurs Biologie: Abiturprüfung 1986 - Aufgabe III

1 Im Laufe der Stammesgeschichte der Wirbeltiere haben sich Kontroll- und Hemmungsmechanismen entwickelt, die ein Übermaß an Aggression innerhalb eines Verbandes von Artgenossen zurückdrängen oder aggressive Verhaltensweisen weitgehend verhindern.

1.1 Zeigen Sie an zwei selbstgewählten Beispielen je eine Möglichkeit auf, wie das Ausmaß innerartlicher Aggression in einem Tierverband begrenzt wird! (Culp 12/1 : 2.5)   4

1.2 Innerartliches aggressives Verhalten bringt einem Tierverband auch biologische Vorteile.
Begründen Sie diese Behauptung! (Culp 12/1 : 2.5, 13/2 : 2)   3

86-8

2   Die Produktion pflanzlicher Biomasse erfolgt vor allem durch Photosynthese.

2.1 Zeichnen Sie einen schematischen Querschnitt durch ein Laubblatt einer
    grünen Pflanze, und beschriften Sie die Skizze! (Culp 12/2 : 4.3)   4

2.2 Erläutern Sie unter Mitverwendung von Schemata kurz die wesentlichen
    Teilvorgänge der Photosynthese grüner Pflanzen!
    Chemische Formeln sind nicht verlangt! (Culp 12/2 : 4.3)   12

2.3 Beschreiben Sie den Einfluß von Außenfaktoren auf den Ablauf der Photosynthese! (Culp 12/2 : 4.2)   4

3   Ein Ausschnitt aus der Nukleotidkette eines DNS-Stranges hat folgende
    Basensequenz:

                        GATAAAGCCAGCCTG

            A = Adenin, C = Cytosin, G = Guanin, T = Thymin

3.1 Zeichnen Sie, ausgehend von der oben angegebenen Basensequenz, unter
    Einsatz von Symbolen das Schema eines vollständigen DNS-Molekülausschnitts!
    Erläutern Sie kurz den Vorgang der Replikation für diesen kleinen Molekülausschnitt! (Culp 13/1 : 4.2)   5

3.2 Erörtern Sie anhand der nachfolgenden Tabelle den Begriff "genetischer
    Code"! (Culp 13/1 : 4.4)   3

Code der m-RNS:

		2. Nukleotid				
		U	C	A	G	
		Phenylalanin	Serin	Tyrosin	Cystein	U
		Phenylalanin	Serin	Tyrosin	Cystein	C
	U	Leucin	Serin	Abbruch	Abbruch	A
		Leucin	Serin	Abbruch	Tryptophan	G
1. Nukleotid		Leucin	Prolin	Histidin	Arginin	U
		Leucin	Prolin	Histidin	Arginin	C
	C	Leucin	Prolin	Glutamin	Arginin	A
		Leucin	Prolin	Glutamin	Arginin	G
		Isoleucin	Threonin	Asparagin	Serin	U
		Isoleucin	Threonin	Asparagin	Serin	C
	A	Isoleucin	Threonin	Lysin	Arginin	A
		Methionin = Start	Threonin	Lysin	Arginin	G
		Valin	Alanin	Asparaginsäure	Glycin	U
		Valin	Alanin	Asparaginsäure	Glycin	C
	G	Valin	Alanin	Glutaminsäure	Glycin	A
		Valin	Alanin	Glutaminsäure	Glycin	G

3.3 Gehen Sie von der unter Nr. 3 gegebenen Basensequenz aus, und erläutern Sie unter Mitverwendung von Skizzen und der Code-Tabelle von Aufgabe Nr. 3.2 die Biosynthese des entsprechenden Peptidabschnitts! (Culp 13/1 : 4.4)   6

4   Das in Südasien beheimatete "wandelnde Blatt" sitzt tagsüber zwischen den Blättern seiner Wohnpflanze und fügt sich täuschend in seine Umgebung ein. Körper, Flügel und Beine dieses mit unseren Heuschrecken verwandten Insekts sind blattartig gestaltet und gefärbt.

4.1 Erörtern Sie auf der Grundlage der Lehre Darwins die Faktoren, die im Laufe der Evolution diesem Insekt zu einer solchen perfekten Tarnung verholfen haben könnten! (Culp 13/2 : 1.2)   6

4.2 Erläutern Sie die Erkenntnisse der Genetik, die heute die Vorstellungen Darwins von der Evolution der Lebewesen erhärten können!
                                                              (Culp 13/2 : 2.)   3

(erweiterter) Erwartungshorizont

1.1 Zwei Beispiele je nach Unterricht, z.B. Territorialverhalten und Rangordnung; Begrüßungszeremonien, Droh-, Imponiergehabe, Kommentkampf, Demuts- und Beschwichtigungsgebärden.

1.2 Arterhaltende Vorteile, z.b. Regulierung der Populationsdichte, Ausbreitung der Art; positive Selektionswirkung führt zu erhöhter Leistungsfähigkeit der Population.

2.1 Beschriftete Skizze mit oberer Epidermis und Cuticula, Palisadengewebe (Zellen mit Chloroplasten), Schwammgewebe (Zellen mit Chloroplasten) mit Interzellularen, untere Epidermis mit Cuticula, Schließzellen und Spaltöffnung.

2.2 Grundlegende Prozesse der Licht- und Dunkelreaktion:

- "Lichtreaktionen": Schematische Darstellung der Photosysteme I und II, Lichtabsorption; Photolyse des Wassers und Sauerstofffreisetzung; Elektronentransport über Redoxsysteme; Bildung von NADPH/H$^+$ und ATP.

- "Dunkelreaktionen" (Calvin-Zyklus):
  Reaktion von CO_2 mit dem Akzeptor Ribulosebisphosphat (C_5) (6 C_1 + 6 C_5 6 C_6/instabil); Zerfall des C_6-Körpers in 2 C_3-Körper (Glycerinsäurephosphat) (6 $C_6 \longrightarrow$ 12 C_3); Reduktion des Glycerinsäurephosphats zu Glycerinaldehydphosphat unter Verbrauch von NADPH/H$^+$ und ATP aus der Lichtreaktion; Verknüpfung zweier Moleküle Glycerinaldehydphosphat zu Glucose (2 $C_3 \longrightarrow C_6$); Rückbildung des CO_2-Akzeptors unter ATP-Verbrauch (10 $C_3 \longrightarrow$ 6 C_5).

2.3 Auswirkungen der Umweltfaktoren Lichtquantität (Kompensationspunkt, Lichtsättigungspunkt; Sonnenpflanzen, Schattenpflanzen), Lichtqualität (Absorptionsmaxima im kurzwelligen blauen und langwelligen roten Spektralbereich von Chlorophyll, Absorption der akzessorischen Pigmente Carotinoide im blaugrünen Bereich), CO_2-Gehalt (Minimum, Optimum bei 0,2%, Maximum).

3.1 Zwei lineare Polynukleotidketten durch spezifische Basenpaarungen über Wasserstoffbrücken (A=T, G≡C) zum Doppelstrang verknüpft; Antiparallelität (hier willkürlich);

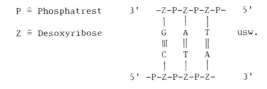

```
stark vereinfacht:    3' ─────────────────────────→ 5'
                         G A T A A A G C C A G C C T G
                         C T A T T T C G G T C G G A C
                      5' ←───────────────────────── 3'
```

Die identische Replikation erfolgt nach dem semikonservativen Mechanismus: Enzymatische Öffnung der Doppelhelix an bestimmten Startpunkten (hier an einem beliebigen Ende); Ergänzung jedes Teilstrangs zum Doppelstrang jeweils durch enzymatische Verknüpfung der entsprechenden, komplementären Nukleotide.

3.2 Basensequenz der m-RNS codiert Amonisäuresequenz in Proteinen (degenerierter Triplettcode, Start- und Abbruchcodons).

3.3 Transkription:
Vorbemerkung: In vitro werden in der Regel beide Stränge der DNS-Doppelhelix abgelesen, in der lebenden Bakterienzelle "erkennt" die Transkriptase an der Promotor-Region den codogenen Strang, den sie in 3'→5'-Richtung bis zu einer spezifischen Stop-Basensequenz abliest. (Vergleiche Regulation der Genaktivität nach Jacob-Monod Culp 13/1 : 4.6).

Die vorgegebene Basensequenz ist als Ausschnitt eines codogenen Strangs zu betrachten. Die m-RNS (=Code-Strang) wird dementsprechend in 5'→3'-Richtung komplementär aus (Ribo-) Nukleotiden gebildet (hierbei Uracil (U) anstelle von Thymin).

Schema:

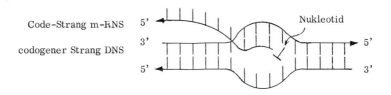

Die m-RNS verläßt den Zellkern (Eukaryoten: keine Kernmembran!) und dient als Matrize für die Proteinsynthese an den Ribosomen.

Translation:
Verknüpfung der Aminosäuren (AS.) zur Peptidkette gemäß der Basensequenz der m-RNS mit Hilfe der t-RNS an den Ribosomen (ab Startcodon in 5'⟶3'-Richtung).

Schema:

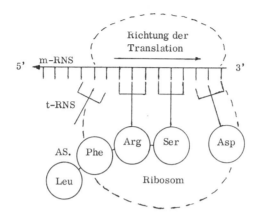

Übersicht:

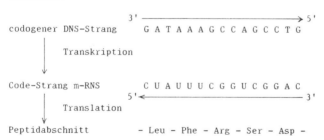

4.1 Wichtigste Aussagen Darwins: Variabilität innerhalb der hohen Zahl an Nachkommen führt zu Abweichungen von der bisherigen Körperform, -farbe und Verhalten; Kampf ums Dasein: natürliche Selektion durch die optisch orientierten Freßfeinde führt zu immer besserer Anpassung an die Umgebung (Mimese).

4.2 Variabilität beruht auf Mutation und Rekombination; Mutanten mit Selektionsvorteilen überleben in einer bestimmten Umwelt bevorzugt und haben dadurch einen größeren Fortpflanzungserfolg als ihre Artgenossen.

Leistungskurs Biologie: Abiturprüfung 1986 – Aufgabe IV

1 Die Reizbeantwortung bei Tier und Mensch setzt Erregungsleitung durch Nervenzellen voraus, die auf physikalisch-chemische Vorgänge an den Membranen der Zellen zurückzuführen ist.

1.1 Zeichnen Sie das Schema einer Nervenzelle, und benennen Sie die für ein Neuron typischen Zellbereiche! Stellen Sie dabei die Besonderheit der schnell-leitenden Wirbeltiernervenzelle heraus! (Culp 12/1 : 3.1) 3

1.2 Geben Sie die relative Ionenverteilung innerhalb und außerhalb einer unerregten Nervenzellenmembran an! Beschränken Sie sich dabei auf die für die Nervenzellenfunktion wesentlichen Ionen! (Culp 12/1 : 3.2) 4

1.3 Stellen Sie in einer beschrifteten Skizze die drei Phasen eines Aktionspotentials dar, und erläutern Sie die zugehörigen Ionenverteilungen! (Culp 12/1 : 3.2) 9

2 Die Organismen in einem ökologisch intakten Süßwassersee befinden sich im Zustand des biologischen Gleichgewichts. Sie stellen eine Lebensgemeinschaft dar.

2.1 Stellen Sie unter Mitverwendung einer schematischen Skizze den Stoffkreislauf in einem Süßwassersee dar! (Culp 12/2 : 5.2) 8

2.2 Erläutern Sie die chemischen und biologischen Veränderungen, die zum "Umkippen" eines bislang oligotrophen Süßwassersees führen können! (Culp 12/2 : 5.3) 4

3 Viren sind die einfachsten vermehrungsfähigen Gebilde im Bereich lebender Systeme. Entsprechend ihren Wirten werden sie in Tier-, Pflanzen- und Bakterienviren eingeteilt. Letztere nennt man auch Bakteriophagen oder kurz Phagen.

3.1 Beschreiben Sie anhand von Skizzen den Aufbau und die stoffliche Zusammensetzung eines Phagen! (Culp 13/1 : 4.1) 4

3.2 Stellen Sie unter Mitverwendung einfacher Skizzen den lytischen und den lysogenen Vermehrungszyklus von Phagen dar! (Culp 13/1 : 4.1) 8

3.3 Erläutern Sie die Tatsache, daß Bakteriophagen bestimmte Eigenschaften ihres Wirtsbakteriums auf einen anderen Bakterienstamm übertragen können! (Culp 13/1 : 4.1) 3

4 Die Ergebnisse naturwissenschaftlicher Forschung machen deutlich, daß der Ursprung lebender Systeme in der anorganischen Materie liegt.

4.1 Beschreiben Sie ein Experiment, mit dem man die Möglichkeit einer Entstehung organischer Substanz aus anorganischer Materie aufzeigen könnte! (Culp 13/2 : 3.1) 4

4.2 Nennen Sie mögliche organische Reaktionsprodukte eines solchen Simulationsexperimentes, und erörtern Sie ihre Bedeutung im Sinne der Evolutionstheorie! (Culp 13/2 : 3.1) 3

86-13

(erweiterter) Erwartungshorizont

1.1 Skizze, die Soma, Dendriten und Axon mit Synapsen enthält. Schnell leitendes Axon: Schwannsche Scheide (Myelinscheide) mit Ranvierschen Schnürringen.

1.2 Na^+- und Cl^--Ionen kommen überwiegend außerhalb der Zellmembran vor, K^+-Ionen überwiegend und organische Anionen ausschließlich im Zellinneren:

Konzentrationsverhältnisse:

Ionen	außen : innen
Na^+	9 : 1
Cl^-	11 : 1
K^+	1 : 40
Org^-	nur innen

1.3

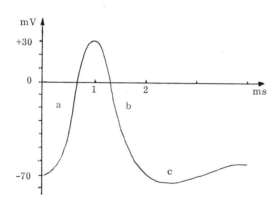

a **Anstiegsphase:** erhöhte Permeabilität für Na^+-Ionen, Potentialumkehr;

b **Abfallphase:** erhöhte Permeabilität für K^+-Ionen, Rückgang der Durchlässigkeit der Membran für Na^+-Ionen, Potential fällt ab;

c **Refraktärphase:** Wiederherstellung der ursprünglichen Ionenverteilung.

2.1 Stoffkreislauf, Skizze:

Produzenten, die energiereiche organische Verbindungen und Sauerstoff liefern;
Konsumenten, als Glieder des Um- und Abbaus über Nahrungsketten, die größtenteils zu Nahrungsnetzen verknüpft sind;
Destruenten, die für den Abbau des organischen Materials bis hin zu dessen Mineralisierung verantwortlich sind.

Diese gelösten Mineralsalze stehen den Produzenten wieder zur Verfügung.

2.2 Erhöhung des Mineralsalz-(Phosphat-)gehalts eines Gewässers ——→ Eutrophierung (extreme Zunahme der Produzenten) ——→ Sauerstoffbedarf der Destruenten ist durch hohen Anfall von zu zersetzender Biomasse nicht mehr gedeckt ——→ Zunahme der Anaerobier ——→ "Umkippen" des Gewässers aufgrund der Stoffwechselprodukte der Anaerobier.

3.1 Erläuterung und Skizze des morphologischen und chemischen Aufbaus eines Phagen:
Kopf und Schwanz (evtl., wie bei T2-Phagen, Schwanzfibern und -stachel);
im Kopf dicht gepackte DNS, alle übrigen Bestandteile aus Protein.

3.2 Lytische Vermehrung: Produktion von Phagen-DNS und Hüllproteinen; fertige Phagen entstehen, Lyse des Bakteriums.

Lysogene Vermehrung: Phagen-DNS wird in Bakterien-DNS aufgenommen, Prophage; Phagen-DNS wird mitvermehrt; temperente Phagen können durch äußeren Einfluß wieder in den lytischen Zyklus eintreten.

3.3 Temperente Phagen können beim Übergang vom Prophagenstadium in den infektiösen Zustand auch Stücke der Bakterien-DNS ihres Wirtes einbauen. Nach der Infektion von Bakterien des neuen Stamms kann durch Rekombination diese DNS in die des neuen Wirtes eingebaut werden.

4.1 Z.B. Versuch von Miller: Simulation von "Uratmosphäre" und "Ursuppe"
Kreislaufapparatur: 2 Kugelkolben, 1 Kühler;
Gase: z.B. Wasser, Methan, Ammoniak, Wasserstoff;
Energiezufuhr: Sieden des Wassers in einem Kolben, Funkenstrecke im zweiten Kolben.

4.2 Neben einfachen organischen Molekülen bilden sich je nach Variation der Versuchsbedingungen z.B. auch Aminosäuren, Zucker, Nukleotide.
Abiotischer Ursprung der wesentlichen Bestandteile lebender Systeme.

Notizen

Leerseiten verbilligen in diesem Fall die Herstellung des Heftes!

Leistungskurs Biologie: Abiturprüfung 1987 - Aufgabe I

BE

1 Kurzzeitige, wellenartig über die Membranen von Nervenzellen laufende Spannungsumpolungen stellen die meßbare Erscheinung der Erregungsleitung in den Nervensystemen vielzelliger Organismen dar.

1.1 Fertigen Sie eine beschriftete Skizze für eine Versuchsanordnung, mit der man am isolierten marklosen Axon Aktionspotentiale auslösen und ihre Ausbreitung registrieren kann! (Culp 12/1 : 3.2)   3

1.2 Erklären Sie die Vorgänge an der Membran eines marklosen Axons, an der man durch elektrische Reizung Aktionspotentiale auslöst! Dabei werden in diesem Experiment innerhalb biologisch vertretbarer Grenzen Stärke und Frequenz der Reizungen verändert. Veranschaulichen Sie Ihre Erklärungen durch schematische Skizzen! (Culp 12/1 : 3.2)   8

2 Die Photosynthese liefert energiereiche organische Substanzen, ohne die das Leben auf unserer Erde unmöglich wäre.

2.1 Erläutern Sie die Bildung von Glucose durch die Photosynthese anhand einfacher schematischer Übersichten für die lichtabhängigen und die lichtunabhängigen Reaktionen (keine Strukturformeln, C-Körperschema genügt)! (Culp 12/2 : 4.3)   9

2.2 Stellen Sie die Abhängigkeit der Photosyntheserate von drei verschiedenen Umweltfaktoren dar, und zeigen Sie dabei Möglichkeiten auf, das Wachstum von Pflanzen im Gewächshaus durch gezielte Maßnahmen zu fördern! (Culp 12/2:4.2)   4

3 Bakterien vom Typ Escherichia coli synthetisieren die Aminosäure Histidin mit Hilfe zelleigener Enzyme. Versetzt man unter experimentellen Bedingungen die Nährlösung dieser Bakterien reichlich mit Histidin, so wird die Bildung der zur Histidinsynthese notwendigen Enzyme eingestellt.

3.1 Erläutern Sie allgemein die molekularbiologischen Vorgänge, die bei der Synthese des Proteinanteils eines Enzyms in einer Bakterienzelle ablaufen! (Culp 13/1 : 4.4)   8

3.2 Beschreiben Sie unter Verwendung von Schemazeichnungen den Regulationsmechanismus für die Enzymsynthese in einer Bakterienzelle nach der Modellvorstellung von Jacob und Monod! Erklären Sie auch die unter Nr. 3 beschriebene Hemmung dieser Synthese mit Hilfe des genannten Modells! (Culp 13/1 : 4.6)   8

4 In den Küstengewässern Amerikas lebt der Dugong. Dieses Säugetier weist im Körperbau zahlreiche Ähnlichkeiten mit den Walen auf, z.B. fischähnliche Gestalt, Verlust der hinteren Extremitäten, rudimentäre Beckenknochen, Umbildung der vorderen Extremitäten zu Brustflossen, horizontale Schwanzflosse. In der wissenschaftlichen Systematik wird der Dugong aber den Seekühen zugerechnet, die mit den Elefanten näher verwandt sind als mit den Walen.

4.1 Beschreiben und erläutern Sie eine biochemische Untersuchungsmethode, deren Ergebnis diese Zuordnung rechtfertigt! (Culp 13/2 : 1.1)   6

4.2 Erklären Sie die Entstehung dieser Körpermerkmale beim Dugong im Laufe der stammesgeschichtlichen Entwicklung unter Zugrundelegung der heutigen Kenntnisse über das Evolutionsgeschehen! (Culp 13/2 : 2.)   4

                        (erweiterter) Erwartungshorizont   50

1.1

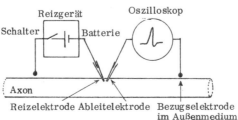

87-1

1.2 Die Reizung erfolgt in Form kurzer Stromstöße (Rechteckimpulse).
a) Variation von Polung und Reizstärke
Bei Verschaltung der intrazellulären Reizelektrode mit dem negativen Pol des Reizgeräts führt eine Reizung zur Erhöhung des Membranpotentials (Hyperpolarisation), wobei diese der Reizstärke proportional ist.
Bei umgekehrter Polung (Reizelektrode positiv) hat die Reizung eine Erniedrigung des Membranpotentials (Depolarisation), zunächst spiegelbildlich zur Hyperpolarisation, zur Folge. Ab einer bestimmten Reizstärke (Reizschwelle) wird ein Aktionspotential unabhängig von der Reizstärke mit konstanter Höhe und Dauer ausgelöst (jedoch umso rascher, je größer die Reizstärke): Alles-oder-Nichts-Gesetz.

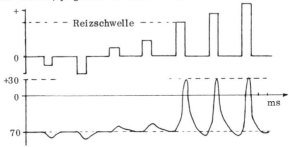

mV Hyperpolarisation Depolarisation Aktionspotentiale

b) Permeabilitätszyklus beim Aktionspotential
Ein überschwelliger Reiz führt zur
- kurzfristigen Erhöhung der Membranpermeabilität für Na$^+$-Ionen und deren
- Einstrom mit weiterer Depolarisation und schließlich Umkehr der Membranladung.
- Durch eine kurzzeitige Erhöhung der K$^+$-Permeabilität und deren Ausstrom ergibt sich die Repolarisation der Membran.

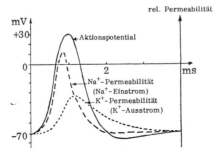

c) Variation der Reizfrequenz
Bei Verkürzung des zeitlichen Abstandes zwischen zwei überschwelligen Reizen wird ab ca. 5 ms Reizabstand das zweite Aktionspotential zunehmend kleiner: **relative Refraktärphase!** Ab 2 ms Abstand wird kein zweites Aktionspotential mehr ausgelöst: **absolute Refraktärphase!** Die absolute Refraktärphase begrenzt die maximale Impulsfrequenz auf ca. 500 Aktionspotentiale pro Sekunde.

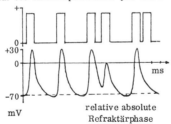

mV relative absolute
Refraktärphase

2.1 **Lichtreaktionen:** Anregung von Photosystem II (P. II), Elektronenabspaltung, Photolyse des Wassers und Sauerstoffabspaltung; Elektronentransport über Redoxsysteme; Anregung von Photosystem I (P. I), Elektronentransport über Redoxsysteme; Bildung von ATP und NADPH/H$^+$.

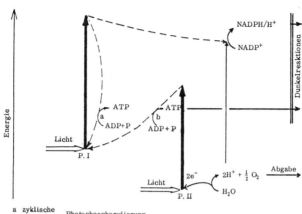

a zyklische
b nicht zykl. Photophosphorylierung

Dunkelreaktion (Calvin-Zyklus): C$_5$-Körper als Kohlenstoffdioxid-Akzeptor, Spaltung in zwei C$_3$-Körper, Reduktion zu Triosephosphat, Regeneration des Kohlenstoffdioxid-Akzeptors, Bildung von Glucose.

2.2 Auswirkung der Umweltfaktoren und Anwendung im Gewächshaus, z.B:
Kohlenstoffdioxidgehalt (Luft 0,03 %, CO$_2$-Optimum bei 0,2 %);
Temperatur (Minimum, Maximum, Optimum für Pflanzen verschiedener Klimazonen);
Lichtqualität (Absorptionsmaxima von Chlorophyll im kurzwelligen blauen und langwelligen roten Spektralbereich, Beleuchtung mit Speziallampen in der lichtarmen Jahreszeit);
Lichtquantität (Kompensationspunkt, Lichtsättigungspunkt, Sonnenpflanzen, Schattenpflanzen).
Die Bedeutung des Minimumfaktors ist in den Korrekturhinweisen nicht aufgeführt.

3.1 Transkription am Bakterienchromosom, Synthese von m-RNS; Prinzip der komplementären Basenpaarung; Kopplung von Aminosäuren an t-RNS im Plasma; Translation am Ribosom: Codon, Anticodon; Verknüpfung der Aminosäuren, Ausbildung der Proteinstruktur.

3.2 Endprodukt-Repression der Histidin(His)-Synthese (vereinfacht):
Regulatorgen (R), Synthese eines zunächst inaktiven Repressorproteins; Operon aus Promotor (P), Operatorgen (O) und Strukturgenen (S); freier Operator ermöglicht Ablesen durch Transkriptase, Enzymsynthese (vgl. a). Histidinüberschuß bewirkt allosterische Änderung des Repressorproteins, welches dann den Operator blockiert (vgl. b).

Schema nach Jacob-Monod:

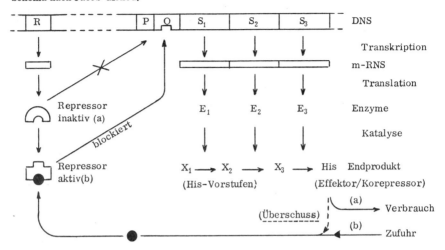

4.1 Serumdiagnose: Bildung spezifischer Antikörper gegen Dugong-Serumproteine im Blut des Testtiers, z.B. Kaninchen.
Isolierung des antikörperhaltigen Serums und Durchführung der Präzipitinreaktion:

Anti-Dugong-Präzipitin + Serum ————→ Präzipitinreaktion
(Antikörper)   (Antigen)
                           von Dugong ————→ 100 % Ausfällung
                           von Elefant ————→ < 100 % Ausfällung
                           von Wal   ————→ << 100 % Ausfällung

Je stärker die Fällungsreaktion, desto größer ist der Anteil gleicher Proteine bzw. Proteinstrukturen. Je größer die Übereinstimmung der Aminosäuresequenzen (Primärstruktur), desto größer ist die genetische Übereinstimmung.
Die Unterschiede in der genetischen Information kommen durch Mutationen zustande: Je geringer die Unterschiede, desto kürzer ist die Zeit der getrennten Entwicklung seit dem nächsten gemeinsamen Vorfahren. Also besteht eine Korrelation zwischen Fällungsgrad und Verwandtschaft.

4.2 Genetisch bedingte Variabilität (z.B. in der Ausbildung der Vorderextremitäten) und Überproduktion von Nachkommen ermöglichen das Überleben der Bestangepaßten (z.B. schnellere Flucht im Wasser); Selektion durch natürliche Auslese.

Leistungskurs Biologie: Abiturprüfung 1987 – Aufgabe II

BE

1 Mit der Höherentwicklung der vielzelligen Tiere entstanden deutliche Unterschiede im Aufbau ihrer Nervensysteme.
1.1 Beschreiben Sie den Aufbau von drei Grundtypen der Nervensysteme, und geben Sie jeweils eine Tiergruppe an, bei der der betreffende Typ verwirklicht ist! Stellen Sie die allgemeinen Entwicklungstendenzen bei der Höherentwicklung dieser Grundtypen fest! (Culp 12/1 : 3.1)   5
1.2 Erklären Sie unter Mitverwendung einfacher Skizzen die Erregungsleitung in den Nervenfasern der wirbellosen und in den markhaltigen Nervenfasern der Wirbeltiere! Vergleichen Sie beide Fasertypen hinsichtlich ihres Aufbaus und der Erregungsleitung! (Culp 12/1 : 3.2)   8

1.3 Erläutern Sie anhand einer beschrifteten schematischen Zeichnung die Modellvorstellung der Erregungsübertragung an einer neuromuskulären Synapse! (Culp 12/1 : 3.4) 8

2 Durch die katalytische Wirkung von Enzymen entstehen z.B. im Verdauungstrakt der Wirbeltiere aus den aufgenommenen Kohlenhydraten Monosaccharide, die im Zellstoffwechsel weiter abgebaut werden.
2.1 Erläutern Sie die grundlegenden Eigenschaften und die katalytische Wirkung von Enzymen! (Culp 12/2 : 2.2) 3
2.2 Beschreiben Sie unter Mitverwendung beschrifteter Schemazeichnungen zwei Möglichkeiten der reversiblen Hemmung der Enzymwirkung! (Culp 12/2 : 2.2) 6

3 Obwohl die Desoxyribonukleinsäure (DNS) schon 1869 entdeckt wurde, erkannte man erst 1944 ihre Bedeutung als Trägersubstanz genetischer Information.
3.1 Beschreiben Sie den Versuch, mit dem erstmals nachgewiesen wurde, daß genetische Information in der DNS enthalten ist! (Culp 13/1 : 4.1) 6
3.2 Erklären Sie anhand schematischer Skizzen die Verknüpfung der Bausteine der DNS und die räumliche Struktur der DNS! Legen Sie kurz dar, weshalb die DNS als Trägersubstanz genetischer Information besonders geeignet ist! (Culp 13/1 : 4.2) 5

4 In Tier- und Pflanzenpopulationen treten häufig Individuen einer Art auf, die sich im Phänotyp unterscheiden.
4.1 Erläutern Sie drei mögliche Ursachen für das Zustandekommen unterschiedlicher Phänotypen innerhalb von Populationen! Führen Sie je ein Beispiel an! (Culp 13/1 : 2.2, 2.4, 3.1, 3.5; 13/2 : 2) 6
4.2 Erklären Sie an einem Beispiel, weshalb bei der Züchtung von Haustieren bzw. Nutzpflanzen eine Veränderung der Art schneller erfolgt als unter natürlichen Bedingungen! (Culp 13/2 : 2) 3

50

(erweiterter) Erwartungshorizont

1.1 Diffuses Nervensystem (z.B. Hohltiere), Bauchmark mit Oberschlundganglion (z.B. Insekten), Rückenmark mit Gehirn (z.B. Wirbeltiere). Zunehmende Konzentration der Nervenzellen im Kopfbereich, Gliederung in verschiedene Funktionsbereiche, Volumenvergrößerung.

1.2 Marklose Faser der Wirbellosen: Durch Ionenverschiebung (vgl. Aufgabe I. 1) breitet sich das Aktionspotential als Umpolungswelle entlang der gesamten Axonmembran aus: kontinuierliche Erregungsleitung.

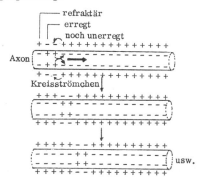

Markhaltige Faser mit Myelinscheide: Umpolung nur an den Schnürringen: saltatorische Erregungsleitung wesentlich rascher als bei marklosen Fasern gleichen Durchmessers.

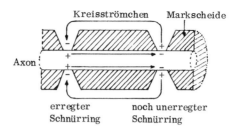

Kreisströmchen Markscheide
Axon
erregter   noch unerregter
Schnürring   Schnürring

1.3 1. Ein ankommendes präsynaptisches Aktionspotential (AP) bewirkt über den Einstrom von Ca^{2+}-Ionen eine Ausschüttung von Acetylcholin;
2. Diffusion des Transmitters und Reaktion mit den Rezeptormolekülen (R) der subsynaptischen Membran;
3. Permeabilitätsänderung und Depolarisierung (Endplattenpotential = EPP) der subsynaptischen Muskelfasermembran;
4. Postsynaptisches Muskel-AP führt zur Muskelkontraktion;
5. Spaltung des Transmitters durch Cholinesterase und Repolarisierung der subsynaptischen Membran;
6. Rückdiffusion der Transmitterspaltstücke, Resynthese und Speicherung des Transmitters in der präsynaptischen Zelle.

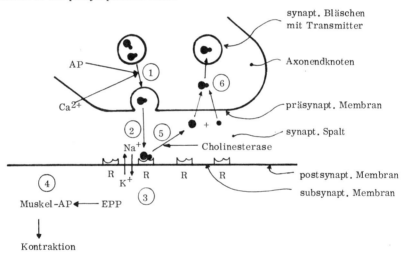

2.1 Substratspezifität durch Proteinanteil; Wirkungsspezifität durch Wirkgruppe oder Coenzym. Herabsetzung der Aktivierungsenergie ermöglicht in ökonomischer Weise die jeweils notwendige chemische Reaktion bei Körpertemperatur.

2.2 **Kompetitive Hemmung:** Strukturverwandter Stoff konkurriert mit Substrat am aktiven Zentrum. Das Ausmaß der Hemmung hängt vom molaren Verhältnis Inhibitor (I) − Substrat (S) ab. Nach Le Chatelier kann man durch eine Erhöhung der Substratkonzentration die Hemmung mindern (EI + S ⇌ ES + I; EI = gehemmtes Enzym; ES = Enzym-Substrat-Komplex; P = Produkt) (siehe Abb.).
Allosterische Hemmung: Inhibitor verändert Enzymstruktur, Substrat kann nicht mehr gebunden werden. Die Hemmung wird rückgängig gemacht, wenn der Inhibitor im Stoffwechsel durch ein Enzym (E_x) in einen anderen Stoff (I_x) umgewandelt wird

(EI ⇌ E + I $\xrightarrow{E_x}$ E + I_x) (siehe Abb.9)

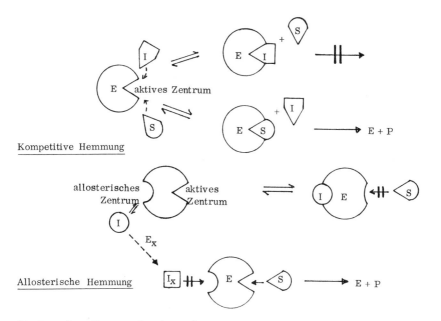

Kompetitive Hemmung

Allosterische Hemmung

3.1 Transformationsexperiment von Avery
Material: Pneumokokken mit Schleimkapsel rufen tödliche Lungenentzündung bei Mäusen hervor; Pneumokokken ohne Schleimkapsel sind nicht pathogen.
Methode: Isolierte DNS aus dem pathogenen Pneumokokkenstamm mit Schleimkapsel wird auf Pneumokokken des harmlosen Stamms ohne Schleimkapsel übertragen. In einem Parallelversuch wird anstelle der DNS isoliertes Pneumokokkenprotein verwendet.
Ergebnis: Im Fall der Übertragung von DNS treten in der Bakterienkultur pathogene Pneumokokken mit Schleimkapseln auf. Im Parallelversuch mit Protein tauchen keine pathogenen Pneumokokken auf.
Bedeutung des Versuchs: Die Übertragung blanker DNS liefert den Beweis dafür, daß die Information für ein bestimmtes Merkmal nur auf der DNS liegt und in dieser Form auf andere Zellen übertragen werden kann.

3.2
Bausteine: Zucker Desoxyribose, Phosphorsäure, organische Basen Adenin, Thymin, Guanin, Cytosin;
Nucleotide: Je ein Molekül Phosphorsäure, Desoxyribose und eine der vier organischen Basen sind zu einem Mononucleotid verknüpft (Anfangsbuchstaben der Bausteine verwendet!).

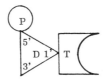

Primärstruktur: Über den Phosphatrest und die Desoxyribose sind die Nucleotide zu einem unverzweigten Polynucleotid-Einzelstrang verknüpft;
Sekundärstruktur: Aufgrund der komplementären Basenpaarung (A/T 2 Wasserstoffbrücken, G/C 3 Wasserstoffbrücken) bilden zwei komplementäre Einzelstränge einen DNS-Doppelstrang (zweidimensional vereinfacht als Leitermodell);

Primärstruktur

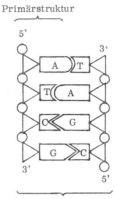

Sekundärstruktur

Tertiärstruktur: Dreidimensionale Anordnung des Doppelstrangs als Doppelhelix (Wendeltreppenmodell mit 10 Basenpaaren je Schraubenwindung).
Eignung als Trägersubstanz genetischer Information wegen z.B. Informationsspeicherung (Basentripletts), Möglichkeit der Kopierbarkeit (identische Replikation und Transkription in m-RNS).

4.1 **Modifikationen:** Schwankungsbreite von Merkmalen innerhalb genetischer Reaktionsmöglichkeiten durch Umwelteinwirkungen.
Mutationen: Sprunghafte Änderungen im Erbgut bewirken die Ausbildung anderer Eigenschaften.
Rekombination und Neukombination: Meiotisch bedingte Zufallsverteilung, crossing over, Kombination von Geschlechtszellen.
Beispiele je nach Unterricht.

4.2 Künstliche Ausweitung der genetischen Variabilität (Pflanzen), gezielte Neukombination von Genen, strenge Selektion im Hinblick auf erwünschte Merkmale, Begünstigung der Träger erwünschter Eigenschaften;
Beispiel je nach Unterricht.

Leistungskurs Biologie: Abiturprüfung 1987 – Aufgabe III

BE

1 Nach unserem heutigen Wissensstand lassen sich Ergebnisse von Kreuzungsexperimenten durch Berechnungen voraussagen; andererseits kann man experimentell gewonnene Zahlenergebnisse durch Anwendung von Regeln analysieren. Auch Ausnahmefälle von Regeln trugen zur Klärung genetischer Fragen bei. Dies sei an folgendem Beispiel gezeigt:
Im Versuch wurden zwei reinerbige Rassen einer Blütenpflanze gekreuzt: Gelbblühende Pflanzen mit einfachen Blüten und Pflanzen, die weiße, gefüllte Blüten hatten. In der F_1-Generation zeigten alle Blüten die Merkmale gelb-einfach. Von 402 Individuen der F_2-Generation waren 297 gelb-einfach, 99 weiß-gefüllt, 3 weiß-einfach und 3 gelb-gefüllt.

1.1 Stellen Sie die Gesetzmäßigkeiten fest, nach denen die Vererbung in der überwiegenden Zahl der Fälle erfolgte! Stellen Sie hierfür ein Schema auf!
Verwenden Sie für die Kennzeichnung der Genotypen Buchstaben und die üblichen Schreibweisen. (Culp 13/1 : 3.1) 7

1.2 Erklären Sie das Zustandekommen der weiß-einfachen und der gelb-gefüllten Blüten bei Pflanzen der F_2-Generation unter Mitverwendung schematischer Skizzen!
(Culp 13/1 : 2.2) 7

2   An der Membran eines nicht erregten Neurons wird ein Ruhepotential von
    - 70 mV gemessen.
2.1 Erläutern Sie die Ionenverteilung an der Membran eines Axons im unerregten Zu-
    stand und die sich daraus ergebenden Folgen! (Es genügt die Berücksichtigung
    der für die Funktion der Nervenzelle wesentlichen Ionen; genaue Zahlenwerte sind
    nicht verlangt.) (Culp 12/1 : 3.2)   4
2.2 Erörtern Sie anhand einer schematischen Skizze die Konstanthaltung des Zustan-
    des wie unter Nr. 2.1 angegeben! (Culp 12/1 : 3.2)   4
2.3 In einem Versuch wird dem Außenmedium, von dem das Axon umgeben ist, destil-
    liertes Wasser zugefügt. Erklären Sie die zu erwartenden Auswirkungen auf die
    Ionenverteilung zu beiden Seiten der Membran und die sich daraus ergebenden
    Folgen für das Ruhepotential! (Culp 12/1 : 3.2)   6

3   Am Cap Taillard (Côte d'Azur) beobachtet man gelegentlich Feldheuschrecken in
    großer Zahl. Sie springen erst weg, wenn sich ein möglicher Freßfeind auf kür-
    zeste Distanz genähert hat. In Ruhestellung sind die Tiere in ihrer Umgebung
    kaum zu erkennen. Bei der Flucht entfalten sie ihre Unterflügel, die leuchtend
    rot gefärbt sind. Nach kurzem Flug landen sie und nehmen wieder ihre Ruhestel-
    lung ein.
3.1 Legen Sie die biologische Bedeutung dieses Verhaltens dar! (Culp 13/2 : 2)   6
3.2 Deuten Sie die Entstehung dieser Heuschreckenform unter Zugrundelegung der
    Aussagen Darwins zur Evolution! (Culp 13/2 : 1.2)   6

4   Winterschläfer veratmen in der Ruheperiode vorzugsweise Fette. Andere Reserve-
    stoffe wären als Energieträger weniger geeignet.
4.1 Erstellen Sie die Gleichung für die Veratmung eines Fettes, dessen Moleküle die
    Fettsäurereste der Palmitinsäure ($C_{16}H_{34}O_2$), Stearinsäure ($C_{18}H_{36}O_2$) und Ölsäure
    ($C_{18}H_{34}O_2$) in stöchiometrisch gleichen Mengen enthalten! Berechnen Sie den re-
    spiratorischen Quotienten (RQ)! (Culp 12/2 : 3.2)   6
4.2 Erläutern und begründen Sie kurz die Möglichkeit, aus den unterschiedlichen Wer-
    ten für den respiratorischen Quotienten Rückschlüsse auf die Art der veratmeten
    Stoffe zu ziehen! (Culp 12/2 : 3.2)   4

                                                                                        50

───

                        (erweiterter) Erwartungshorizont

1.1 Dominant-rezessiver, dihybrider Erbgang; Genkoppelung; aus dem Phänotyp der F_1-
    Generation geht hervor, daß bei der Blütenfarbe 'gelb' und bei der Blütenform 'ein-
    fach' jeweils dominant vererbt wird.
    A = Allel für gelbe Blüten   a = Allel für weiße Blüten
    B = Allel für einfache Blüten   b = Allel für gefüllte Blüten
    " = Phänotyp   Kz = Keimzellen, Gameten
    Bei nicht gekoppeltem Erbgang wären in der F_2-Generation vier Phänotypen im Ver-
    hältnis 9 : 3 : 3 : 1 zu erwarten. Wenn man die bei insgesamt 402 Individuen geringe
    Zahl von 3 weiß-einfachen und 3 gelb-gefüllten Individuen vernachlässigt, stimmt der
    Befund von 297 gelb-einfachen : 99 weiß-gefüllten mit der Erwartung von 3 : 1 bei
    gekoppeltem Erbgang (annähernd) überein.

                                    $\overline{AB}$ = gelb-einfach⎫
                                                                  ⎬gekoppelt
Kreuzungsschemata: $\overline{ab}$ = weiß-gefüllt⎭

P $\overline{AB}\overline{AB}$ x $\overline{ab}\overline{ab}$
      'AB'   'ab'

F_1 P-Kz | $\overline{AB}$
       ──────┼──────────
       $\overline{ab}$ | $\overline{AB}\overline{AB}$ Das Ergebnis ("alle Blüten gelb-einfach")
             | 'AB'   steht im Einklang mit der 1. Mendelschen
                                                                Regel (Uniformitätsregel).

$\overline{ABab}$ x $\overline{ABab}$

F_2	F_1-Kz	$\overline{AB}$	$\overline{ab}$
	$\overline{AB}$	$\overline{ABAB}$ 'AB'	$\overline{ABab}$ 'AB'
	$\overline{ab}$	$\overline{ABab}$ 'AB'	$\overline{abab}$ 'ab'

Das Ergebnis der Kreuzung steht mit o.g. Einschränkung im Einklang mit der Erwartung bei gekoppelter Vererbung von 'AB' : 'ab' wie 3 : 1 (2. Mendelsche Regel).

1.2 Erklärung der Ausnahmefälle durch Genaustausch (crossing over): Wechselseitiger Austausch homologer Teilstücke von Nicht-Schwesterchromatiden während der Paarung der homologen Chromosomen in der Prophase der Meiose I (Tetradenstadium).
Aus der geringen Austauschrate könnte auf eine benachbarte Lage der Genorte geschlossen werden (in den Korrekturhinweisen nicht verlangt).

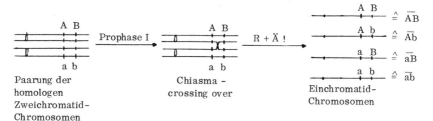

Paarung der homologen Zweichromatid-Chromosomen

Chiasma - crossing over

Einchromatid-Chromosomen

Geno- und Phänotypen der Austauschformen:
$\overline{Abab}$ = 'Ab' (gelb-gefüllte Blüten)
$\overline{aBab}$ = 'aB' (weiß-einfache Blüten)

2.1 Na$^+$- und Cl$^-$-Ionen kommen überwiegend außerhalb der Zellmembran vor, K$^+$-Ionen überwiegend und organische Anionen ausschließlich im Zellinneren. Wegen der selektiven Permeabilität für K$^+$- (und Cl$^-$-) Ionen diffundieren K$^+$-Ionen dem Konzentrationsgefälle gemäß nach außen (und Cl$^-$-Ionen nach innen), wodurch eine Potentialdifferenz an der Membran aufgebaut wird. Bei - 70 mV (innen negativ) herrscht ein dynamisches K$^+$-Ionen-Diffusionsgleichgewicht.

2.2 Wegen "Leckströmen" von Na$^+$-Ionen (und folglich auch von K$^+$-Ionen) ist ein aktiver Ionentransport nötig; unter Energieverbrauch werden die Konzentrationsunterschiede aufrecht erhalten: "Kalium-Natrium-Pumpe"

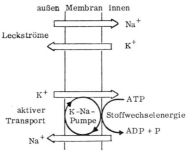

2.3 Infolge der Verringerung der K$^+$-Außenkonzentration kommt es wegen einer Vergrößerung des Konzentrationsgefälles zu einer Verstärkung des K$^+$-Ausstroms; das Ruhepotential wird dadurch stärker negativ (Einstellung eines neuen Diffusionsgleichgewichts). Wegen des jetzt stärkeren Potentialgefälles erhöht sich die Einströmtendenz für Na$^+$-Ionen: Vergrößerung des Na$^+$-Leckstroms. (Die Einströmtendenz der Na$^+$-Ionen wird allerdings durch den Verdünnungseffekt vermindert; für das Ruhepotential können - jedenfalls kurzfristig - die Na$^+$-Ionen wegen der geringen Membranpermeabilität vernachlässigt werden.)

3.1 Die Freßfeinde sind meist Augentiere. In Ruhestellung sind die Beutetiere durch Tarnung geschützt; bei Annäherung eines möglichen Freßfeindes unter eine bestimmte Fluchtdistanz wird die Schreckfärbung gezeigt und der Feind dadurch irritiert. Nach der Landung sind die Tiere wieder durch Tarnfärbung geschützt.

3.2 Überproduktion von Nachkommen; Variabilität; Selektion der Varianten durch Freßfeinde; größere Fortpflanzungschance für die besser geschützten Formen. Ergebnis: Gut getarnte Formen mit Schreckfärbung und entsprechendem Verhalten.

4.1 Die Formel für Palmitinsäure muß richtig lauten: $C_{16}H_{32}O_2$. Die Summenformel für das Fett ergibt sich dann aus der Esterbildung von je einem Mol(ekül) der drei Fettsäuren und einem Mol(ekül) Glycerin ($C_3H_8O_3$) unter Wasserabspaltung:
$$C_{16}H_{32}O_2 + C_{18}H_{36}O_2 + C_{18}H_{34}O_2 + C_3H_8O_3 \rightarrow C_{55}H_{104}O_6 + 3\ H_2O$$

Summengleichung für die Veratmung des Fettes $C_{55}H_{104}O_6$:
$$C_{55}H_{104}O_6 + 78\ O_2 \rightarrow 55\ CO_2 + 52\ H_2O$$

Berechnung des RQ: $RQ = 55\ (CO_2) : 78\ (O_2) = 0{,}7$

Mit $C_{16}H_{34}O_2$ für Palmitinsäure (aus der Angabe) ergäbe sich ein Fett mit der Formel: $C_{55}H_{106}O_6$.

Die Summengleichung für die Veratmung eines Fettes dieser Formel lautet dann:
$C_{55}H_{106}O_6 + 78{,}5\ O_2 \rightarrow 55\ CO_2 + 53\ H_2O$.
Berechnung des RQ: $RQ = 55\ (CO_2) : 78{,}5\ (O_2) = 0{,}7$

4.2 Rückschlüsse sind aufgrund der verschiedenen Werte des RQ möglich: z.B. ist der RQ für Kohlenhydrate = 1, gemäß $C_6H_{12}O_6 + 6\ O_2 \rightarrow 6\ CO_2 + 6\ H_2O$
$$RQ = 6\ (CO_2) : 6\ (O_2) = 1$$
Für Fette ist der RQ = 0,7 (Berechnung siehe 4.1), da Fette bzw. Fettsäuren im Vergleich zu Kohlenhydraten sauerstoffärmer sind, was einen höheren Sauerstoffverbrauch bei der Veratmung zur Folge hat. Da die Menge des verbrauchten Sauerstoffs als Divisor in die Rechnung eingeht, muß der RQ für Fette kleiner als der für Kohlenhydrate sein.

Leistungskurs Biologie: Abiturprüfung 1987 – Aufgabe IV

BE

1   In den letzten Jahren sind zahlreiche Versuche unternommen worden, die Wasserqualität von Seen zu verbessern. Eine besonders wirksame Maßnahme ist das Einpumpen von Druckluft.

1.1 Veranschaulichen Sie die Gliederung eines Süßwassersees in verschiedene Lebensräume durch eine beschriftete Skizze! (Culp 12/2 : 5.2)   3

1.2 Erläutern Sie unter Berücksichtigung der besonderen physikalischen Eigenschaften des Wassers die unterschiedliche thermische Gliederung eines Sees und die sich daraus ergebenden Auswirkungen auf diesen See während eines Jahres! Ergänzen Sie Ihre Ausführungen durch beschriftete Skizzen! (Culp 12/2 : 5.2)   6

1.3 Erörtern Sie die besondere Wirksamkeit des Einpressens von Luft in die Tiefenzonen eines stark belasteten Sees während der Sommermonate! (Culp 12/2 : 5.2)   5

2   Die Kontraktion von Muskelfasern und deren geordnetes Zusammenwirken bilden die Voraussetzung für die aktiven Bewegungsabläufe von Tieren und Menschen.

2.1 Beschreiben und erläutern Sie unter Mitverwendung einer einfachen Skizze den Feinbau einer Funktionseinheit der quergestreiften Muskelfaser! (Culp 12/1 : 3.1)   4

2.2 Beschreiben Sie den Mechanismus der Muskelfaserkontraktion anhand von schematischen Skizzen! (Culp 12/1 : 3.4)   6

2.3 Erläutern Sie an zwei selbstgewählten Beispielen die Wirkung von Giften, die zur Lähmung von Muskeln führen kann! (Culp 12/1 : 3.4)   4

3   Ein Erbleiden bedeutet für die betroffenen Personen meist eine lebenslange Beeinträchtigung von Körperfunktionen. Im Falle der Phenylketonurie aber kann man heute durch rechtzeitig eingeleitete Maßnahmen die Folgen weitgehend verhindern.
3.1 Beschreiben Sie die Symptome und die Diagnosemöglichkeiten der Phenylketonurie! Erläutern Sie die Wirkung des verursachenden Allelpaares unter Mitverwendung eines beschrifteten Schemas! (Culp 13/1 : 3.3, 3.4)   6
3.2 Ein phänotypisch gesundes Elternpaar bekommt ein an Phenylketonurie erkranktes Kind. Erstellen Sie hierfür ein Vererbungsschema! Stellen Sie durch Anwendung einschlägiger Regeln Überlegungen über die Wahrscheinlichkeit an, daß ein weiteres mit dem Leiden belastetes Kind dieses Paares geboren wird! (Culp 13/1 : 3.1, 3.3, 3.4)   4
3.3 Erläutern Sie die Maßnahmen, mit denen sich die Ausprägung dieser Erbkrankheit eindämmen bzw. weitgehend verhindern läßt! (Culp 13/1 : 3.4)   4

4   Eukaryontenzellen enthalten Mitochondrien als klar abgegrenzte Organellen; bei pflanzlichen Zellen treten außerdem ebenso abgegrenzte Chloroplasten auf.
4.1 Veranschaulichen Sie mit Hilfe von beschrifteten Skizzen den Feinbau eines Mitochondriums! Fertigen Sie eine entsprechende Skizze für den Feinbau eines Chloroplasten an! (Culp 12/2 : 3.1, 4.1)   2
4.2 Schildern Sie die wesentlichen Aussagen einer Theorie, die das Auftreten von Chloroplasten und Mitochondrien in Zellen höher entwickelter Organismen erklärt! Erörtern Sie vier Kriterien, die diese Theorie stützen! (Culp 13/2 : 3.1)   6

                                                                                              50

(erweiterter) Erwartungshorizont)

1.1
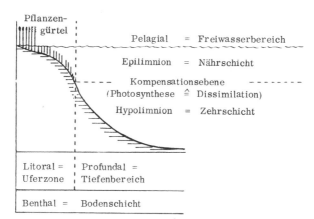

1.2 **Voraussetzungen:** besondere physikalische Eigenschaften des Wassers
- Dichteanomalie des Wassers: größte Dichte bei +4 °C, sowohl wärmeres als auch kälteres Wasser sind leichter; Schichtenbildung.
- Schlechte Wärmeleitfähigkeit: bei Schichtenbildung erfolgt kein wesentlicher Wärmeaustausch zwischen den Schichten; Temperaturkonstanz/Wärmespeicherung der 4 °C-Tiefenschicht.

Thermische Gliederung und Wasserzirkulation: gilt für nicht zu flache Seen unserer Breiten

Sommer: Zirkulation nur in der warmen Deckschicht; kaum Stoffaustausch zwischen Epi- und Hypolimnion, da isoliert durch Mesolimnion: **Sommerstagnation.**

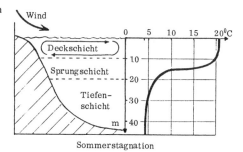

Sommerstagnation

Herbst: Abkühlung von der Oberfläche her, das kältere Wasser sinkt entsprechend der größeren Dichte ab, bis durchgehend eine Temperatur von 4° C erreicht ist: durch einheitliche Dichte **Vollzirkulation** möglich.

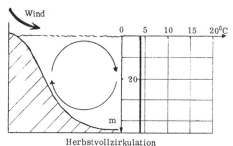

Herbstvollzirkulation

Winter: Durch weitere Abkühlung einer kälteren, leichteren Deckschicht, die von Eis bedeckt ist: **Winterstagnation.**

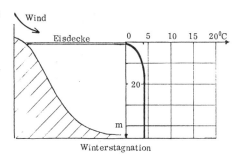

Winterstagnation

Frühjahr: Die Erwärmung von der Oberfläche her führt wieder zu einem Zustand einheitlicher Temperatur von 4 °C und Dichte: Stoffumwälzung durch **Vollzirkulation** möglich.

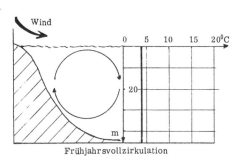

Frühjahrsvollzirkulation

1.3 Sommerstagnation; Sauerstoffarmut durch aeroben Abbau abgestorbener Biomasse in den Tiefenzonen, Behinderung der Tätigkeit aerober Bakterien, Ansammlung von Faulschlamm durch anaerobe Abbauvorgänge; durch die Luftzufuhr steht den aeroben Bakterien Sauerstoff zur Verfügung zur vollständigen Mineralisierung organischer Substanz.

2.1 Eine quergestreifte Muskelfaser ist zusammengesetzt aus Muskelfibrillen. Jede Muskelfibrille besteht aus hintereinander liegenden gleichförmigen Einheiten, den Sarkomeren. In diesen sind die fadenförmigen Proteine Aktin und Myosin als Muskelfilamente gebündelt regelmäßig angeordnet.

2.2

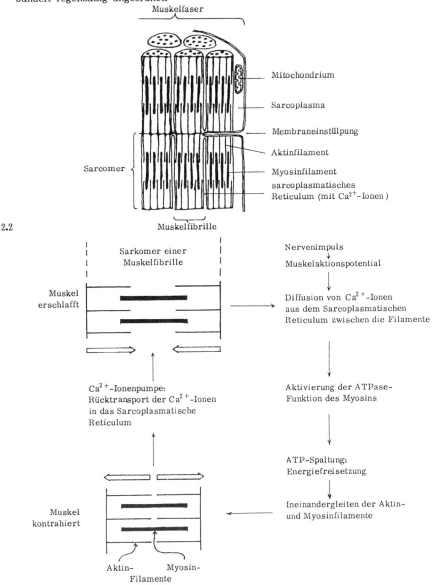

2.3 **Curare:** bindet wie Acetylcholin an die Rezeptormoleküle der subsynaptischen Membran, ohne diese zu depolarisieren; die Erregungsübertragung durch Acetylcholin wird verhindert: Muskellähmung.
Botulinusgift: hemmt die Freisetzung von Acetylcholin aus den synaptischen Bläschen.
Cholinesterase-Hemmer (Prostigmin, E 605): verhindern die Spaltung des Transmitters, die Erregung wird gefördert: Muskelkrämpfe.

3.1 Vergiftung durch Phenylbrenztraubensäure, von der vor allem die Gehirnzellen betroffen sind; Folge: Schwachsinn.
Nachweis von Phenzylbrenztraubensäure im Harn.
Da die Krankheit autosomal rezessiv vererbt wird, muß der Genotyp eines Erkrankten homozygot rezessiv (aa) sein.

Wirkungsschema:

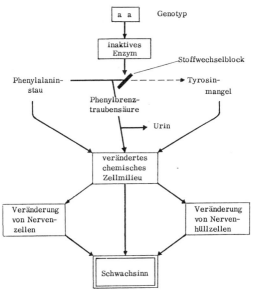

3.2 PKU: autosomal rezessiv
A = Normalallel   'A' = phänotypisch gesund
a = mutiertes Allel   'a' = krank
Wenn nur das Kind krank ist, müssen beide Eltern heterozygot sein.

Erbschema:

Eltern: Aa   x   Aa
            'A'   'A'

Kinder: Eltern-Kz	A	a
A	AA	Aa
	'A'	'A'
a	Aa	aa
	'A'	'a'

mit einer phänotypischen Aufspaltung
'A':'a' = 3 : 1 gehorcht der Erbgang
der zweiten Mendelschen Regel.

Damit ist die Wahrscheinlichkeit für das Auftreten eines weiteren kranken Kindes 1/4 ≙ 25 % (unabhängig davon, daß bereits ein krankes Kind geboren wurde).

3.3 Untersuchung des Urins von Neugeborenen auf Phenylbrenztraubensäure; die betroffenen Säuglinge werden mit einer phenylalaninarmen, tyrosinreichen Diät bis zur Ausreifung des Gehirns mit 8-10 Jahren ernährt; durch Kompensation der Folgen des Ezymmangels normale körperliche und geistige Entwicklung.

4.1 Mitochondrium:

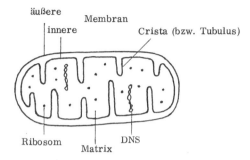

Chloroplast:

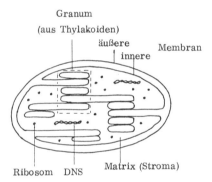

4.2 Abhandlung von vier Kriterien für die Endosymbiontentheorie, z.B.
   - **Größe** der Organellen in der Dimension von Bakterien;
   - beide Organellen entstehen nur durch **Teilung** aus ihresgleichen und können von der Zelle nicht völlig neu gebildet werden;
   - beide Organellen besitzen eine eigene, nackte **DNS**, oft ringförmig gebaut wie Bakterien-DNS, mit selbständiger Replikation;
   - beide Organellen enthalten **Ribosomen** von der Größe der Protocyten-Ribosomen; eigene Proteinbiosynthese, die wie bei Prokaryoten spezifisch durch einige Antibiotika gehemmt wird;
   - **Doppelmembran** verschiedener chemischer Zusammensetzungen; die innere Mitochondrienmembran enthält ein Phospholipid, das sonst nur in der Membran von Protocyten vorkommt; Vergleich mit Endocytose.

Leistungskurs Biologie: Abiturprüfung 1988 – Aufgabe 1

1   Konrad Lorenz widmete sein Lebenswerk der Erforschung tierischen Ver-   **BE**
haltens. Zu Beobachtungszwecken hielt er sich verschiedene Tiere. Über
das Verhalten eines in Gefangenschaft gehaltenen und regelmäßig aus
dem Futternapf gefütterten Stars berichtete er folgendermaßen:
"... Er flog stets auf den Kopf einer bestimmten Bronzebüste und ließ
sich dort nieder. Von diesem Sitze aus musterte er eingehend die Zimmerdecke. Obwohl an der Zimmerdecke keinerlei Erhebungen oder gar
Insekten zu sehen waren, hob er plötzlich den Kopf, vollführte mit
Augen und Kopf Bewegungen, als verfolge er ein bewegtes Objekt. Seine
Haltung straffte sich, er flog ab. Dann schnappte er zu, kehrte auf seine Warte, den Kopf der Bronzebüste, zurück und vollführte die seit-
lich schlagenden Schleuderbewegungen mit dem Schnabel, mit denen sehr
viele insektenfressende Vögel ihre Beute gegen die Unterlage, auf der
sie gerade sitzen, zu schlagen pflegen. Damit töten sie die Beute. Dann
vollführte er mehrmals Schluckbewegungen, worauf sich sein knapp an-
gelegtes Gefieder etwas lockerte und in vielen beobachteten Fällen auch
ein Schüttelreflex eintrat, ganz wie er nach einer wirklichen Sättigung
ausgeführt wird. ..."

(Textgrundlage: Lorenz, K.: Über tierisches und menschliches Verhalten,
Gesammelte Abhandlungen I, München 1965, S. 334 f.)

1.1 Benennen und definieren Sie das oben geschilderte Verhalten, und begründen Sie Ihre Entscheidung aus dem vorgegebenen Text!   6

1.2 Zur Interpretation von Verhaltensweisen entwarf Konrad Lorenz das hydraulische Instinktmodell. Erklären Sie dieses Modell allgemein unter Mitverwendung einer beschrifteten Skizze!   8

1.3 Wenden Sie das hydraulische Instinktmodell auf die unter Nr.1 beschriebene Verhaltensweise des Stars an!   4

2   Erfolgsorgane verschiedener Verhaltensweisen auf motorischer Basis sind
z.B. quergestreifte Muskeln.
Beschreiben Sie unter Mitverwendung beschrifteter schematischer Skizzen
den Mechanismus der Muskelkontraktion und die biochemischen Abläufe an
einem Abschnitt einer motorischen Einheit!
Chemische Formeln sind nicht verlangt.   10

3   Eine von einer bestimmten Tierart dicht besiedelte, ziemlich ausgedehnte
Region wird durch ein erdgeschichtliches Ereignis durch eine für die
Tierart unüberwindliche Barriere geteilt.

3.1 Erläutern Sie diesen Einfluß auf die möglichen Entwicklungen der Population über längere Zeiträume hinweg!   6

3.2 Welche Ergebnisse erwarten Sie, wenn die Schranke nach langer Zeit eine
Veränderung erführe und eine Mischung der beiden unter Nr.3 beschriebenen
Populationshälften möglich wäre?   4

4   Während man die Mitose als erbgleiche Zellteilung bezeichnet, spricht man
von der Meiose als einer erbungleichen Zellteilung.

4.1 Erläutern Sie diese Aussage über die Meiose im Hinblick auf den gesamten
Chromosomenbestand und im Hinblick auf ein Homologenpaar!   4

4.2 Zeichnen Sie zur Erläuterung Ihrer obigen Aussage für ein Homologenpaar jeweils die Anaphase des
a) ersten und
b) zweiten Schrittes
der Meiose!

BE

4

4.3 Vergleichen Sie anhand einer Tabelle Mitose und Meiose hinsichtlich der Vorgänge und Aufgaben in einem Organismus!

4

50

(erweiterter) Erwartungshorizont

1.1 Der Star führt eine **Leerlaufhandlung** aus. Darunter versteht man **Instinktbewegungen** bzw. **-handlungen**, die ausgeführt werden, ohne daß eine entsprechende Reizsituation gegeben ist. Der Star zeigt alle Verhaltensweisen des arttypischen Beutefangs aus dem Funktionskreis Nahrungserwerb (Anfliegen der Warte, Ausschauhalten, "Verfolgungsflug", Schnappen, "Töten" auf der Warte), obwohl die auslösende Reizsituation, d.h. ein Insekt, nicht vorhanden ist, bzw. auch keine Erhebungen der Zimmerdecke in Insektengröße auszumachen sind (könnten bei steigender Handlungsbereitschaft als Auslöser akzeptiert werden).

1.2 **Hydraulisches Instinktmodell**

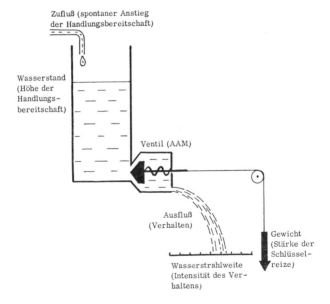

Der vom Wasserstand abhängige Druck/Höhe der Handlungsbereitschaft und die Zugkraft des Gewichts/Stärke der spezifischen Schlüsselreize greifen als zwei Kräfte (doppelte Quantifizierung) am Ventil/**AAM** an. Ausfließendes Wasser/Verhaltensreaktion senkt den Wasserstand und -druck/Handlungsbereitschaft. Ist der Wasserstand/Bereitschaft auf Null abgesunken, findet auch keine Verhaltensäußerung mehr statt.

1.3 Je länger ein Verhalten nicht ablaufen konnte, weil die auslösende Reizsituation nicht angeboten wurde, desto höher ist die Bereitschaft/Wasserstand. Schließlich erreicht die Handlungsbereitschaft/Wasserstand einen derart hohen Druck auf das Ventil, daß die Endhandlung auch ohne erkennbare Außenreize abläuft. Anwendung auf das Beispiel.

2 An mindestens zwei beschrifteten Skizzen ist der **Filament-Gleitmechanismus** in einer Modellvorstellung zu beschreiben:

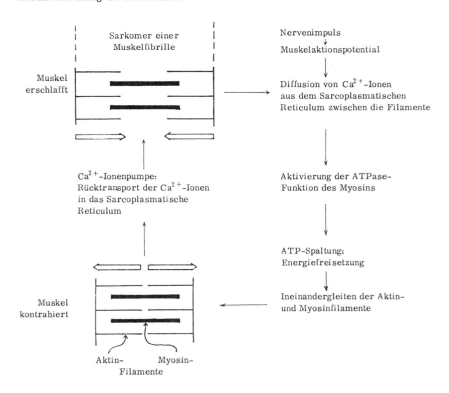

3.1 Durch die geographische **Separation** (Isolation) wird der Genfluß in der Gesamtpopulation unterbrochen; unterschiedliche Mutationen und Selektionsfaktoren bewirken die Ausbildung unterschiedlicher Genpools und können zur **Bildung** verschiedener **Rassen** und **Arten** führen.

3.2 Liegt reproduktive **Isolation** vor, ist keine genetische Mischung mehr möglich. Gegenseitige Einwanderung ist nur dann möglich, wenn noch **ökologische Nischen** frei sind bzw. der Konkurrenzdruck durch die andere Art nicht zu groß ist. Ist keine reproduktive Isolation gegeben, findet eine genetische Vermischung statt.

4.1 Ausgangspunkt der **Meiose** ist ein dipoloider Chromosomenbestand, wobei ein Satz vom mütterlichen, ein Satz vom väterlichen Organismus des Individuums stammt; in der Meiose I findet eine Zufallsverteilung der Chromosomen statt. Während des **Crossing-over** findet zusätzlich ein Stückaustausch zwischen den Homologen statt.

4.2 Schema für die Meiosephasen:

Anaphase I
(Crossing-over am
langen Schenkel)

Anaphase II
(nach der Telophase liegen
4 genetisch unterschiedliche
Zellen vor)

4.3

Mitose:	Meiose:
Keine Reduktion des (diploiden) Chromosomensatzes;	Reduktion des diploiden Chromosomensatzes;
ein Teilungsschritt zu 1-Chromatid-Chromosomen;	zwei Teilungsschritte mit 1. Trennung der Homologen und 2. Trennung der Chromatiden;
keine Neukombination;	Neukombination des Erbgutes;
Zellen mit identischem Erbgut	genetisch unterschiedliche, haploide Keimzellen.

Leistungskurs Biologie: Abiturprüfung 1988 – Aufgabe II

1 Auf einen im Wasser eines Mikropräparats liegenden Grünalgenfaden wird prismatisch zerlegtes Sonnenlicht projiziert. Im Verlauf der Belichtung wird folgende Ansammlung sauerstoffliebender Bakterien, die in diesem Lebendpräparat vorhanden sind, längs des Algenfadens beobachtet:

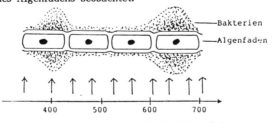

Einstrahlung von spektral zerlegtem Sonnenlicht

1.1 Erklären Sie die unterschiedliche Verteilung der Bakterien längs des Grünalgenfadens! BE
Welche Beziehung zwischen der Photosyntheserate und dem in die Spektralfarben zerlegten Sonnenlicht läßt sich daraus ableiten? 5

1.2 Geben Sie in Skizzen und begleitenden Erläuterungen eine kurze schematische Übersicht über die Vorgänge der Dunkelreaktionen der Photosynthese!
Chemische Formeln sind nicht verlangt, es genügt ein C-Körper-Schema. 5

2 Folgende Stammbaumskizze zeigt ein farbensehtüchtiges Ehepaar (I) mit vier Kindern (II). Zwei dieser Kinder sind farbenblind, eines davon zeigt zusätzlich das Klinefelter-Syndrom. Die Farbenblindheit tritt auch in der Enkelgeneration (III) auf.

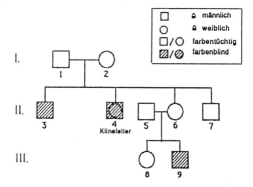

2.1 Leiten Sie anhand der Phänotypen der Parentalgeneration (I), der Filialgeneration (II) und der Enkelgeneration (III) den Vererbungsmodus des genannten Merkmals ab, und geben Sie für alle Beteiligten den bzw. die möglichen Genotyp(en) an! 7

2.2 Wie könnte der Klinefeltertyp (II.4) entstanden sein?
Begründen Sie Ihre Angaben ausführlich! 5

3 Vergleichen Sie unter Mitverwendung von beschrifteten Skizzen die saltatorische und die kontinuierliche Erregungsleitung an Axonen! 8

4 Der Zellkern enthält den Hauptanteil der genetischen Information des jeweiligen Lebewesens.
Beschreiben Sie detailliert die Verdopplung der genetischen Information im Zellkern und die experimentelle Bestätigung im Laborversuch! 10

5 Die Hornisse und der Hornissenschwärmer, ein Schmetterling, sind einander in Gestalt, Färbung und Summtönen relativ ähnlich.

5.1 Begründen Sie, weshalb mögliche Freßfeinde sowohl die Hornisse als auch den Hornissenschwärmer, der im gleichen Biotop vorkommt, meiden! 4

5.2 Interpretieren Sie die beschriebenen Ähnlichkeiten zwischen Hornisse und Hornissenschwärmer! Wenden Sie zur Erklärung die Aussagen der Evolutionshypothese an! 6

50

(erweiterter) Erwartungshorizont

1.1 Die Bakterien orientieren sich positiv chemotaktisch im Sauerstoffkonzentrationsgefälle. Somit sammelt sich die größte Zahl der sauerstoffliebenden Bakterien an den photosynthetisch aktivsten Stellen des Algenfadens an. Es ergibt sich ein Rückschluß auf die unterschiedliche Wirksamkeit der Wellenlängen des Sonnenlichts: Absorptionsmaxima im blauen und roten Bereich des Spektrums entsprechen den Maxima der jeweiligen Photosyntheserate.

1.2 C-Körper-Schema für die Dunkelreaktionen (Calvin-Zyklus):

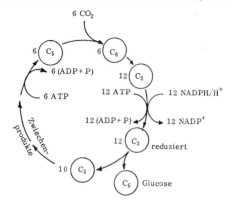

a) Reaktion von CO_2 mit dem Akzeptor Ribulosebisphosphat (C_5)
   (6 C_1 + 6 C_5 ———> 6 C_6);
b) Zerfall des C_6-Körpers in 2 C_3-Körper (Glycerinsäurephosphat)
   (6 C_6 ———> 12 C_3);
c) Reduktion des Glycerinsäurephosphats zu Glycerinaldehydphosphat unter Verbrauch von NADPH/H$^+$ und ATP aus der Lichtreaktion;
d) Verknüpfung zweier Moleküle Glycerinaldehydphosphat zu Glucose
   (2 C_3 ———> C_6);
e) Rückbildung des CO_2-Akzeptors unter ATP-Verbrauch (10 C_3 ———> 6 C_5)

2.1 Es handelt sich um einen **X-chromosomalen Erbgang** Ableitung aus der Betroffenheit männlicher – II.3 und III.9 – und der Überträgerfunktion weiblicher – I.2 und II.6 – Personen), der ein rezessives Merkmal "Farbenblindheit" betrifft (normalsichtige Eltern haben ein farbenblindes Kind, z.B. I.1, I.2 und II.3):

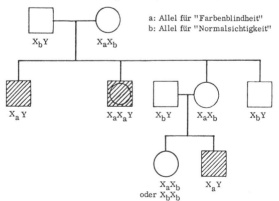

a: Allel für "Farbenblindheit"
b: Allel für "Normalsichtigkeit"

2.2 Ein **Klinefeltertyp** hat stets zwei X-Chromosomen und ein Y-Chromosom. In diesem Fall ist der Betroffene farbenblind; d.h. er besitzt zwei X-Chromosomen mit dem merkmalsausprägenden Allel; einzige Möglichkeit ist daher ein **Nondisjunction** in der 2. Reifeteilung bei der Oogenese seiner Mutter.

3 a) Kontinuierliche Erregungsleitung am **marklosen Axon**:   b) Saltatorische Erregungsleitung am **markhaltigen Axon**:

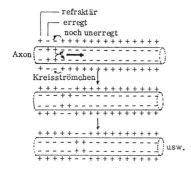

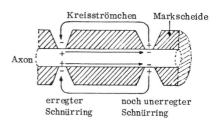

Zu a)
Das Aktionspotential (AP) entsteht durch kurzzeitige Permeabilitätserhöhung der Membran für Na^+-Ionen: Na^+-Einstrom führt zur Umpolung (Depolarisierung) auf +30 mV; Repolarisierung durch Schließen der Na^+-Poren und Diffusion von K^+-Ionen nach ca. 1 ms. Zwischen der erregten Stelle und dem benachbarten Membranbereich entsteht eine elektrische Spannung. Die hierdurch ausgelöste Ionenverschiebung ("Kreisströmchen") bewirkt die Erregung des benachbarten Membranbereichs. Auf diese Weise breitet sich das AP als Umpolungswelle ohne Abschwächung entlang der gesamten Axonmembran aus. Nach der Depolarisierung ist die Membran für ca. 1 ms nicht erregbar (refraktär), so daß das AP nicht wieder zurücklaufen kann.

Zu b)
Ionendiffusion durch die Membran und Umpolung sind nur an den Schnürringen möglich. Durch Ionenverschiebung zwischen einem erregten und dem nächsten noch unerregten Schnürring wird die Membran an diesem depolarisiert und hier ein AP ausgelöst. Die Erregung springt so von einem Schnürring zum nächsten.
Die saltatorische Erregungsleitung erfolgt wesentlich rascher als bei marklosen Fasern gleichen Durchmessers; außerdem ergibt sich eine Einsparung an Material und Raum, und da die Ionen nur im Bereich der Schnürringe durch die Membran diffundieren können, benötigt die Ionenpumpe viel weniger Energie.

4. Die identische **Replikation** der DNS erfolgt nach dem **semikonservativen Mechanismus**:
   a) Entwindung und enzymatische Öffnung der antiparallelen komplementären Stränge der Doppelhelix an bestimmten Startpunkten;
   b) Ergänzung jedes Teilstrangs (Matrizenfunktion!) jeweils durch enzymatische Verknüpfung der entsprechenden komplementären Nukleotide:
   Die DNS-Polymerase synthetisiert einen neuen Strang nur in Richtung von 5' nach 3'.
   Daher kann nur ein Strang kontinuierlich wachsen (Vorwärtsstrang). Die DNS-Synthese des anderen Strangs erfolgt diskontinuierlich in Form kurzer Stücke (Okazaki-Fragmente), die durch DNS-Ligase erst zum vollständigen Strang verknüpft werden.

Schema:

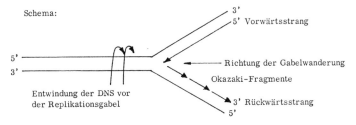

Beweis des semikonservativen Mechanismus:
Meselson und Stahl (1957) kultivierten E. coli in einem Medium, das Stickstoff nur in Form des schweren Isotops ^{15}N enthielt. Die DNS dieser Bakterien war dadurch spezifisch schwerer als die "normale" DNS mit ^{14}N.
Diese Bakterien wurden dann in ein ^{14}N-Medium überführt.
Die DNS nach der ersten Zellteilung lag in der Dichte zwischen der schweren (^{15}N) elterlichen und der leichten (^{14}N) normalen DNS.
In der nächsten Generation traten bei der Zentrifugation im Dichtegradienten eine Bande aus mittelschwerer ($^{15}N/^{14}N$) und eine aus leichter DNS im Verhältnis 1:1 auf, was nur mit dem semikonservativen Replikationsmechanismus erklärbar ist.

5.1 Beim **Hornissenschwärmer** besteht eine **Tarnung** durch Mimikry (Nachahmung der wehrhaften Hornisse) zur Täuschung der Freßfeinde, die sich nicht nur auf die Gestalt und Färbung, sondern auch auf bestimmte Verhaltensanteile (Summton) erstreckt; **Lernvorgang** des Freßfeindes (bedingte Aversion: auf ein erst neutrales Reizmuster/Hornissenmerkmale erfolgt schlechte Erfahrung/Stich).

5.2 Durch **Mutation** und **Rekombination** in der Hornissenschwärmer-Population ergaben sich zufällig Gene und Genkombinationen für die Ähnlichkeit mit den Hornissen. Es bestand ein **Selektionsvorteil** für die hornissenähnlichen Phänotypen des Schmetterlings, da mögliche (optisch orientierte) Freßfeinde (nach schlechter Erfahrung mit Hornissen) vor der Hornissenähnlichkeit zurückschrecken.

Leistungskurs Biologie: Abiturprüfung 1988 – Aufgabe III

BE

1 Salimbene da Parma, der Chronist des Stauferkaisers Friedrich II (1194-1250) liefert in seiner Biographie auch eine Übersicht über die naturwissenschaftlichen Versuche des Souveräns, die er gemäß der Auffassung seiner Zeit als Wahnideen bezeichnet:
"... Seine zweite Wahnidee war, daß er in Erfahrung bringen wollte, welche Art Sprache und Sprechweise kleine Kinder nach ihrem Heranwachsen hätten, wenn sie vorher mit niemandem sprächen. Und deshalb befahl er den Ammen und Pflegerinnen, sie sollten den Kindern Nahrung geben, sie baden und waschen, aber in keiner Weise mit ihnen kosen und zu ihnen sprechen. Er wollte nämlich erforschen, ob sie die hebräische Sprache sprächen, die ja die erste gewesen ist, oder die griechische oder die lateinische oder die arabische oder aber die Sprache ihrer Eltern, von denen sie abstammten. Aber er mühte sich vergebens, weil die Säuglinge alle starben. ..."
(Textstelle aus Heinisch, K.J.: Kaiser Friedrich II – Sein Leben in zeitgenössischen Berichten, München 1977, S. 197)

1.1 Benennen und beschreiben Sie die Erscheinung, die im Versuch des Stauferkaisers den Tod der Versuchspersonen zur Folge hatte, die aber nicht immer in dieser schweren Ausprägung auftritt! Gehen Sie auch auf die Ursachen dieser Erscheinung ein! 5

1.2 Wie bezeichnet man Phasen, in denen das Erlernen z.B. der Sprache beim Menschen möglich ist? Was geschieht, wenn diese Phasen "ungenutzt" vorübergehen?   3

1.3 Erläutern Sie an einem selbstgewählten Beispiel eine Nachweismöglichkeit für angeborene Verhaltensweisen bei Tieren!   4

2   Bei der Photosynthese der Pflanzen wird von der Sonne abgestrahlte Energie zum Aufbau energiereicher Verbindungen der Pflanze nutzbar gemacht. Als "Nebenprodukt" wird Sauerstoff freigesetzt, der in der Atmung Verwendung findet.

2.1 Beschreiben Sie unter Mitverwendung einer beschrifteten Schemazeichnung, wie die Energie des Sonnenlichtes bei der Photosynthese in chemisch gebundene Energie umgewandelt wird?   9

2.2 Stellen Sie anhand der Beschreibung einer geeigneten Methode fest, wie die Herkunft des Sauerstoffs, der bei der Photosynthese freigesetzt wird, geklärt werden kann!   3

3   In Japan wird eine bestimmte, landestypische Katzenrasse gezüchtet. Die Fellfarbe der Tiere kann entweder braun oder schwarz sein. Männliche Tiere weisen stets entweder eine braune oder eine schwarze Fellfarbe auf. Reinerbige weibliche Tiere sind ebenfalls entweder braun oder schwarz gefärbt. Heterozygote weibliche Tiere haben jedoch ein unregelmäßig mosaikartig schwarz-braun-geflecktes Fell.
     In äußerst seltenen Fällen kann es vorkommen, daß ein männliches Tier ebenfalls eine solche schwarz-braune Fleckung aufweist. Diese Fellfärbung ist allerdings so unüblich, daß solche Tiere ob ihrer Seltenheit als Glücksbringer verehrt werden.

3.1 Wie ist es zu erklären, daß männliche Tiere entweder schwarz oder braun, reinerbige weibliche Tiere ebenfalls schwarz oder braun, mischerbige weibliche Tiere dagegen schwarz-braun-gefleckt sind?   7

3.2 Erklären Sie die genetischen Vorgänge, die für das Zustandekommen der "Glücksbringer-Katzen" und deren Fellfärbung verantwortlich sind!   8

4   Die Proteinbiosynthese ist Grundlage der Ausprägung von genetisch festgelegten Merkmalen.

4.1 Beschreiben Sie in den Grundzügen unter Mitverwendung einfacher Skizzen, wie die Information eines Gens in ein vollständiges, funktionsfähiges Protein übersetzt wird!   7

4.2 Zeigen Sie an einem selbstgewählten Beispiel, wie die Proteinbiosynthese z.B. durch ein Antibiotikum gestört wird!   4
                                                                              ——
                                                                              50

(erweiterter) Erwartungshorizont

1.1 **Hospitalismus:** Wenn eine feste Bezugsperson (besonders im ersten Lebensjahr) fehlt, kommt es zu schweren körperlichen (besonders motorischen) und seelischen Schäden, die Kinder bleiben in ihrer körperlichen und seelischen Entwicklung zurück; auffällige Verhaltensanomalien, wie z.B. Bewegungsstereotypien, Nägelkauen, Daumenlutschen zeigen sich, da wichtige soziale Lernerfahrungen vorenthalten wurden. Die Kinder suchen z.B. kaum Blickkontakt, lächeln selten, haben später Schwierigkeiten mit Sprache und Konzentration. Ihr Verhalten schwankt zwischen übertriebener Zuwendung zu fremden Personen und Aggressivität. Die Krankheitsanfälligkeit ist erhöht, die Lebenserwartung verringert.

1.2 Sensible Phasen beim Menschen sind verschiedene Lebensabschnitte, in denen ein **prägungsähnlicher** Lernvorgang abläuft und damit ein bestimmtes Verhalten geprägt werden kann, bzw. bestimmte Lernvorgänge möglich sind. Nach Ablauf dieser Phase ist ein Lernen, z.B. von Sprache, nur noch unvollständig, bzw. unter großen Schwierigkeiten möglich.

1.3 z.B. **Kaspar-Hauser-Versuch:** Die Versuchtstiergruppe wird unter Erfahrungsentzug in bezug auf die zu testende Verhaltensweise aufgezogen. Eine Kontrollgruppe wächst dagegen unter normalen Bedingungen auf. Zu dem Zeitpunkt, zu dem die Kontrollgruppe bei Vorliegen der spezifischen Auslösesituation das zu testende Verhalten zeigt, werden auch die Kaspar-Hauser-Tiere dieser Situation ausgesetzt. Zeigen sie dieses Verhalten, so muß es angeboren sein. Beispiel je nach Unterricht.

2.1 Lichtreaktionen: Anregung von Photosystem II (P.II), Transport von Elektronen auf hohes Energieniveau, Wasserspaltung, Elektronentransport über Redoxsysteme, ATP-Bildung, Anregung von Photosystem I (P.I), Elektronentransport über Redoxsysteme, NADPH/H$^+$-Bildung (Reduktionsäquivalent); Herkunft der Protonen.

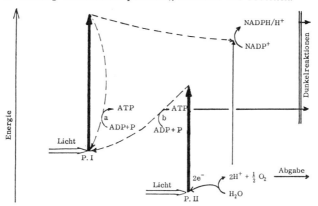

a zyklische
b nicht zykl. Photophosphorylierung; --> Redoxsysteme

2.2 Sauerstoffhaltige Ausgangsstoffe sind Kohlenstoffdioxid und Wasser. Wird das schwere Sauerstoffisotop ^{18}O in Kohlenstoffdioxid eingebaut, so taucht es wieder in Traubenzucker und Wasser auf, gemäß der Gleichung (^{18}O ist fett gedruckt):

$$6\ CO_2 + 12\ H_2O \longrightarrow C_6H_{12}O_6 + 6\ O_2 + 6\ H_2O;$$

Markiert man dagegen das Wasser, so wird die Bildung von schwerem molekularen Sauerstoff beobachtet:

$$6\ CO_2 + 12\ H_2O \longrightarrow C_6H_{12}O_6 + 6\ O_2 + 6\ H_2O.$$

3.1 Erklärung durch Zuordnung der Farballele zum X-Chromosom. Da männliche Tiere nur ein X-Chromosom aufweisen, kommt jeweils nur eine Farbe zur Ausprägung. Weibliche Tiere sind nur dann in einer Farbe zu erhalten, wenn sie reinerbig sind. Bei mischerbigen Tieren läßt sich die unregelmäßige Fleckung durch die **Lyon-Hypothese** erklären, die davon ausgeht, daß jeweils aus Gründen der Gendosis-Kompensation ein X-Chromosom inaktiviert wird. Da es jedoch bei jeder Zellinie rein zufälligen Charakter hat, welches X-Chromosom inaktiviert wird, tritt bei heterozygoten Tieren bezüglich der Fellfärbung eine mosaikartige Farbverteilung auf, die demnach normalerweise bei männlichen Tieren unmöglich ist.

3.2 In äußerst seltenen Fällen kann ein männlicher Organismus ein zusätzliches X-Chromosom haben (erhält jedoch durch das Vorhandensein des geschlechtsbestimmenden Y-Chromosoms dennoch männliche Ausprägung). Solche Genotypen werden **Klinefelter** genannt. Bei den zitierten **Klinefelter**-Katern kommt es ebenfalls zu einer X-Chromosomeninaktivierung, daher die Fleckung.
Der Fehler muß in der ersten Reifeteilung (A) eines heterozygoten Weibchens liegen, bei dem die Chromosomen, die die Information für braune und schwarze Färbung tragen, durch **Nondisjunction** nicht voneinander getrennt werden. Ein Fehler in der zweiten Reifeteilung (B) würde zwar den Klinefelter-Kater, nicht aber die Fellfärbung erklären.

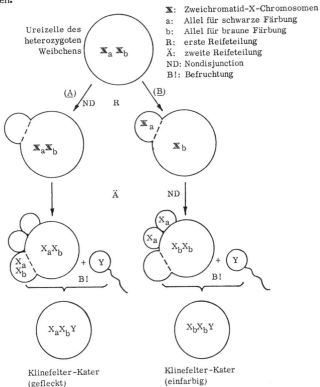

4.1 **Transkription:** Die Transkriptase bewirkt eine Öffnung der DNS-Doppelhelix und "erkennt" an der Promotor-Region den codogenen Strang, den sie in 3' -> 5'-Richtung bis zu einer spezifischen Stop-Basensequenz abliest: Die relativ kurze m-RNS ($\hat{=}$ Code-Strang) wird dementsprechend in 5' -> 3'-Richtung komplementär aus Ribonukleotiden (in den Korrekturhinweisen: aus Nucleosidtriphosphaten) synthetisiert (hierbei Uracil anstelle von Thymin).

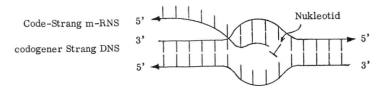

Die m-RNS passiert die Kernporen (bei Prokaryoten/Bakterien keine Kernhülle!) und dient als Matrize für die Proteinsynthese an den Ribosomen.

Translation: Im Plasma verknüpfen entsprechende Synthetasen Aminosäuren mit zugehörigen t-RNS-Molekülen. Diese binden an den Ribosomen durch Codon-Anticodon-Wechselwirkung an die m-RNS; durch Knüpfen der Peptid-Bindung zwischen den Aminosäuren wächst die Peptidkette gemäß der Basensequenz der m-RNS in 5' -> 3'-Richtung (Start-Stop-Codons!).
Die Aminosäuresequenz ist dabei Grundlage für die räumliche Struktur eines Proteins.

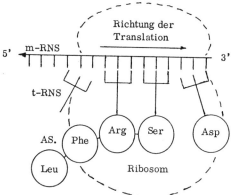

4.2 Selektive Hemmung durch Antibiotika z.B. Puromycin (Konkurrenz zur t-RNS), Chloramphenicol (Blockade der Ribosomen) oder Actinomycin (verhindert Transkription durch Anlagerung an DNS).

Leistungskurs Biologie: Abiturprüfung 1988 – Aufgabe IV

BE

1 Blausäure (HCN) ist ein starkes Zellgift. Ihre Wirkung besteht u.a. darin, daß in den Mitochondrien Enzyme der Atmungskette blockiert werden.

1.1 Zeichnen Sie einen Mitochondrientyp, und beschriften Sie die Skizze!   3

1.2 Beschreiben Sie die Vogänge der Atmungskette!
Chemische Formeln sind nicht verlangt.   6

1.3 Welche Auswirkungen hat Blausäure auf die Ionenverteilung an einem Axon?
Gehen Sie zunächst auf die Ionenverteilung am unerregten Axon und ihre Aufrechterhaltung ein, und erläutern Sie anschließend die Wirkung der Blausäure auf diese Ionenverteilung!   10

2 Das Ökosystem "See" ist tiefgreifenden Einflüssen von Außenfaktoren ausgesetzt.

2.1 Beschreiben und skizzieren Sie jeweils die jahreszeitlich bedingten Bewegungen und Temperaturschichtungen des Wassers in einem tiefen See!   7

2.2 Welche Auswirkungen hätte die ständige Zufuhr erwärmten Wassers auf einen oligotrophen See?   3

2.3 In einem See sind zu keiner Jahreszeit und an keiner Stelle gelöste Phosphate nachweisbar.
Legen Sie dar, was dieses Meßergebnis im Hinblick auf den See bedeutet! 4

3 Bereits während der **subhumanen** Periode der Evolution des Menschen haben die Hominiden den aufrechten Gang erworben.
Nennen Sie die Vorteile, die diese Änderung mit sich brachte! 3

4 Der Unterarm einer Versuchsperson wird im rechten Winkel zum Oberarm gehalten.

4.1 Der Unterarm wird anschließend durch ein Gewicht, z.B. eine Hantel, die die Versuchsperson in der Hand hält, belastet. Der ursprüngliche Winkel zwischen Unter- und Oberarm wird dabei beibehalten.
Beschreiben und zeichnen Sie die Neuronenschaltung, die die konstant bleibende Länge des Beugemuskels bewirkt! 8

4.2 Stellen Sie die entsprechenden Regelungsvorgänge (s.4.1) kurz dar, und übertragen Sie diese unter Verwendung entsprechender regeltheoretischer Begriffe auf ein einfaches Regelkreisschema! 6

50

(erweiterter) Erwartungshorizont

1.1 **Mitochondrium:**

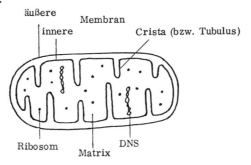

1.2 Beschreibung der **Atmungskette** als eine Kette von Redoxreaktionen im "Energiegefälle". Wasserstoff- und Elektronentransport, Wasserbildung, ATP-Ausbeute, Kennzeichnung der einzelnen Stufen als Redoxsysteme, evtl. Lokalisierung der Vorgänge je nach unterrichtlicher Vertiefung.

1.3 Ionenverteilung während des **Ruhepotentials:** Na^+- und Cl^--Ionen überwiegend außerhalb der Axonmembran, K^+-Ionen überwiegend und organische Anionen ausschließlich im Zellinneren.
Diffusion der K^+-Ionen nach außen wegen selektiver Permeabilität und Konzentrationsgefälle führt zu Potentialdifferenz an der Membran. Bei -70 mV (innen negativ) herrscht ein dynamisches K^+-Ionen-Diffusionsgleichgewicht.
Wegen "Leckströmen" von Na^+-Ionen (und folglich auch von K^+-Ionen) ist ein aktiver Ionentransport nötig: die **Natrium-Kalium-Pumpe** hält die Konzentrationsunterschiede aufrecht.
Blockade der Enzyme der Atmungskette verhindert die Bildung von ATP; ohne ATP, d.h. unter Energiemangel, kann die Natrium-Kalium-Pumpe nicht mehr betrieben werden, der ständige Na^+-Ioneneinstrom (und K^+-Ionenausstrom) nicht mehr revidiert werden: Zusammenbruch des Ruhepotentials.

2.1 Voraussetzungen: besondere physikalische Eigenschaften des Wassers

- **Dichteanomalie des Wassers:** größte Dichte bei +4 °C, sowohl wärmeres als auch kälteres Wasser sind leichter; Schichtenbildung.
- **Schlechte Wärmeleitfähigkeit:** bei Schichtenbildung erfolgt kein wesentlicher Wärmeaustausch zwischen den Schichten; Temperaturkonstanz/Wärmespeicherung der 4 °C-Tiefenschicht.

Thermische Gliederung und Wasserzirkulation: gilt für nicht zu flache Seen unserer Breiten.

Sommer: Zirkulation nur in der warmen Deckschicht; kaum Stoffaustausch zwischen Epi- und Hypolimnion, da isoliert durch Mesolimnion: **Sommerstagnation.**

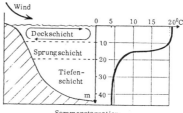

Sommerstagnation

Herbst: Abkühlung von der Oberfläche her, das kältere Wasser sinkt entsprechend der größeren Dichte ab, bis durchgehend eine Temperatur von 4° C erreicht ist: durch einheitliche Dichte **Vollzirkulation** möglich.

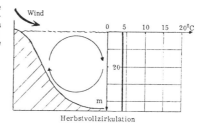

Herbstvollzirkulation

Winter: Durch weitere Abkühlung einer kälteren, leichteren Deckschicht, die von Eis bedeckt ist: **Winterstagnation.**

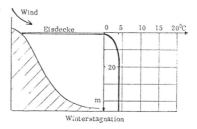

Winterstagnation

Frühjahr: Die Erwärmung von der Oberfläche her führt wieder zu einem Zustand einheitlicher Temperatur von 4 °C und Dichte: Stoffumwälzung durch **Vollzirkulation** möglich.

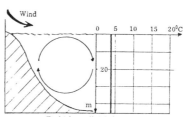

Frühjahrsvollzirkulation

2.2 Verminderung der **Selbstreinigungskraft**:
Die Sauerstofflöslichkeit in Wasser ist temperaturabhängig; eine ständige Erwärmung durch Zufuhr von erwärmtem Wasser führt zur **Stagnation**: Oberflächen- und Tiefenwasser werden nicht mehr bei Herbst- und Frühjahrszirkulation umgewälzt, damit tritt **Sauerstoffmangel** in der Tiefenschicht (Hypolimnion) auf. Die Deckschicht (Epilimnion) wird zunehmend sauerstoffärmer (besonders bei Windstille). Es kommt zu verstärktem Absterben sauerstoffverbrauchender Organismen.
Wegen starken Anfalls an Biomasse und geringer werdender Aktivität aerober Destruenten erfolgt Zunahme anaerober Tätigkeit, Faulgas- und Faulschlammbildung.

2.3 Der See ist oligotroph (nährstoffarm), die Phosphatkonzentration wirkt als Minimumfaktor, der Sauerstoffgehalt in Epi- und Hypolimnion ist ausreichend, Schwefelwasserstoffgehalt im Hypolimnion als Ausdruck verstärkter anaerober Tätigkeit fehlt, das Sediment ist in der Regel anorganisch (ohne Faulschlamm).

3 Z.B. Möglichkeiten des Erkennens von Feinden durch verbesserte Übersicht (vorwiegend in Gebieten mit Baumsteppen), Vorderextremitäten werden frei (Nahrungssuche, -aufnahme, Abwehr z.B. von Feinden), Zunahme des Gehirnvolumens.

4.1 Muskelspindel: Fasern mit kontraktionsfähigen Enden, innerviert von Gamma-Motoneuronen, und dehnungsfähigem Mittelstück, umwunden von Dehnungsrezeptor. Beibehaltung der vorgegebenen Länge über Servosteuerung.

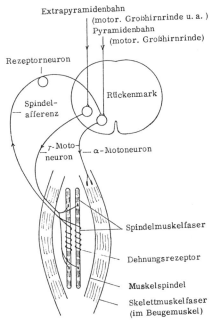

Im Wachzustand besteht eine Grundspannung durch Steuerimpulse über Gamma-Motoneurone vom Gehirn (A) – daher schnelles Ansprechen auf passive Dehnung. Das Gewicht bedingt Änderung der Muskellänge, damit erfährt auch der Dehnungsrezeptor eine Längenänderung (B); Impulse werden über die Spindelafferenz gemeldet, über die Alpha-Motoneuronen erfolgt eine Kontraktion der Skelettmuskulatur; die Impulsfrequenz von Gamma-Motoneuronen wird erhöht, Verkürzen der Spindelmuskelfaser-Enden um einen bestimmten Betrag und stärkere Dehnung des Mittelteils (C) – Einstellung auf höhere Muskelspannung bei ursprünglicher Muskellänge.

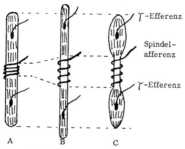

Steuerung der Muskelspannung über die Vorspannung
der Muskelspindelfasern

4.2 Einfaches Regelkreisschema:

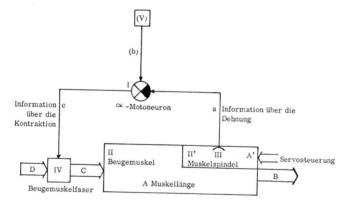

I	Regelglied:	α-Motoneuron
II	Stauglied:	Beugemuskel
		(II' Muskelspindel)
III	Meßglied:	Dehnungsrezeptor
IV	Stellglied:	Beugemuskelfasern
(V)	Führungsglied:	motor. Großhirnrinde
		(nur bei heftigen Bewegungen!)

A	Regelgröße:	Muskellänge
		(A' Spindellänge)
B	Störgröße:	Muskeldehnung
		(bei Servosteuerung: Spindeldehnung)
C	Stellgröße:	Muskelkontraktion
		(bei Servosteuerung: Spindelkontraktion)
D	Nachschubgröße:	Glucose/ATP

a	Istwertmeldung:	über Spindelafferenz
(b)	Sollwertmeldung:	über Pyramidenbahn (nur bei heftigen Bewegungen; bei Servosteuerung über Extrapyramidenbahn an γ-Motoneuron)
c	Stellwertmeldung:	über α-Motoneuron-Efferenz

Dieses einfache Schema beschreibt nicht den Steuerungsvorgang über den Servomechanismus, wie er in Aufgabe 4.1 verlangt ist; die Servosteuerung läßt sich nicht in einem einfachen Regelkreisblockschema darstellen, daher auch der Hinweis im Culp zu Unterrichtssverfahren (KMBl I So.-Nr. 17/1979, 12/1, LZ 3.5): "Die Steuerung über Muskelspindeln soll nicht im Regelkreisschema dargestellt werden".

Leistungskurs Biologie: Abiturprüfung 1989 – Aufgabe 1

BE

1 Im Rahmen eines verhaltensbiologischen Experimentes setzt man Tauben in einen Versuchskäfig. Ein Automat gibt regelmäßig alle
20 Sekunden einige Futterkörner in den Käfig. Nach einiger Zeit
zeigt jede Taube eine ganz bestimmte Verhaltensweise, z.B. Stehen
auf einem Bein, Aufplustern, Ausbreiten eines Flügels, auffälliges
Heben oder Senken des Kopfes.

Erläutern Sie unter Verwendung von Fachbegriffen, wie die Verhaltenslehre das Zustandekommen dieser Verhaltensweisen erklärt! 6

2 Der optimale Abbau stoffwechselphysiologischer Vorgänge beim Menschen erfordert eine Kerntemperatur von 37°C. Abweichungen von
dieser Temperatur werden in einem Regelkreis korrigiert.

2.1 Entwerfen Sie ein allgemeines Regelkreisschema unter Verwendung
der Fachbegriffe! 4

2.2 Erklären Sie unter Einbeziehung des Regelkreisschemas, warum es bei
Fieber, ausgelöst durch einen bakteriellen Infekt, zu einem Schüttelfrost kommen kann! 4

3 Viele wichtige stoffwechselphysiologische Vorgänge laufen über
Kreisprozesse bzw. Zwischenstufen von zentraler Bedeutung ab.

3.1 Erklären Sie allgemein die Bedeutung des Zitratzyklus im Stoffwechselgeschehen der Organismen! 4

3.2 Erklären Sie die zentrale Bedeutung der Brenztraubensäure, und formulieren Sie die chemische Gleichung für einen anaeroben Stoffwech-
selvorgang, der von der Brenztraubensäure ausgehend zu einem Stoff-
wechselendprodukt führt! 6

3.3 Erläutern Sie die Bedeutung von ATP im Organismus, und geben Sie
an, welche Moleküleigenschaft hierfür die Voraussetzung darstellt! 5

4 Es ist gelungen, im Substrat einer Gewebekultur aus isolierten Zellen der Staubgefäße von Kartoffelblüten Zellkulturen und sogar kom-
plette Pflanzen mit haploidem Chromosomensatz heranzuziehen.

4.1 Geben Sie eine experimentelle Möglichkeit an, wie man von haploiden
zu diploiden Zellkulturen kommen kann, und erläutern Sie die ablaufenden Vorgänge! 3

4.2 Vergleichen Sie die so entstandenen diploiden mit den ursprünglichen
haploiden Zellkulturen in ihrem Genotyp und Phänotyp! 3

4.3 Nach dem englischen Forscher Hawkes ist unsere Kulturart der Kar-
toffel, Solanum tuberosum (48 Chromosomen), aus einer primitiven
Speisekartoffel aus Peru, S. stenotomum (2n = 24 Chromosomen), und
der Wildform S. sparsipilum (2n = 24 Chromosomen) hervorgegangen.
Die Untersuchung der Meiose zeigt, daß sich die 48 Chromosomen von
S. tuberosum verhalten wie ein diploider Satz.

89-1

Beschreiben und erklären Sie die Entstehung von S. tuberosum mit
Angabe der Genome (Buchstabensymbole)! 7

5 Der Sperbergeier als Vertreter der Altweltgeier ist nicht mit den
Neuweltgeiern verwandt, sondern wird in der Systematik der Familie
der Habichtartigen zugeordnet.

5.1 Beschreiben und erklären Sie in Einzelschritten ein biochemisches
Testverfahren zur Klärung dieser stammesgeschichtlichen Verwandtschaft! 6

5.2 Legen Sie eine weitere biochemische Methode zur Klärung von Verwandtschaftsbeziehungen dar! 2
                                                                        ——
                                                                        50

(erweiterter) **Erwartungshorizont**

1.1 Instrumentelle **Konditionierung** – bedingte Aktion:
Lernvorgang, bei dem eine zufällige Handlung mit einer angenehmen Erfahrung
verknüpft wird; Voraussetzungen: vorhandene Motivation (Hunger) und Belohnung (Futter).
Darstellung der konkreten Versuchssituation.

2.1 Beschriftetes Schema eines Regelkreises (siehe Lehrbuch)

2.2 Ein bakterieller Infekt wirkt auf das Führungsglied im Gehirn:
rasche Sollwertverstellung von 37°C auf z.B. 40°C.

Meßglieder (Temperaturrezeptoren im Zwischenhirn/vorderer Hypothalamus) registrieren den Istwert und teilen diesen dem Regelglied (Reglerzentrum im
Zwischenhirn/hinterer Hypothalamus) mit.

Von dort gehen die Stellwerte an die Stellglieder. Eine große Differenz zwischen
Istwert und Sollwert ergibt einen großen Stellwert: Die Körperkerntemperatur
(Regelgröße) wird nicht nur durch eine Erhöhung des Grundumsatzes (Stell-
glieder: Schilddrüse, Leber), sondern schneller auch durch Schüttelfrost
= Muskelzittern (Stellglieder: Skelettmuskeln) bis zur Erreichung des neuen
Sollwertes gesteigert.

3.1 C_2–Körper aus dem Kohlenhydratstoffwechsel werden zu CO_2 abgebaut; dabei
entstehen Reduktionsäquivalente ($NADH/H^+$); im **Zitratzyklus** selbst wird wenig
Energie freigesetzt (GTP).

3.2 Brenztraubensäure als zentrales Zwischenprodukt für verschiedene Wege des
Kohlenhydratabbaus:
a) **aerob** über Zitratzyklus und Atmungskette;
b) **anaerob** über alkoholische Gärung oder Milchsäuregärung.

Alkoholische Gärung: $CH_3COCOOH + NADH/H^+ \longrightarrow CH_3CH_2OH + CO_2 + NAD^+$
Milchsäuregärung: $CH_3COCOOH + NADH/H^+ \longrightarrow CH_3CHOHCOOH + NAD^+$

3.3 Energieübertragung; Koppelung exergonischer und endergonischer Reaktionen;
Energiespeicherung; Übertragung von Phosphatgruppen. Moleküleigenschaft: energiereiche Bindung.

4.1 Z.B. Zusatz von **Colchicin** zur haploiden Zellkultur; Ausfall der Spindelbildung; keine Trennung von Chromatiden; dadurch Verdoppelung des Chromosomensatzes in den Zellen.

4.2 Diploide Zellkulturen sind homozygot in allen Allelen, da sie durch **Polyploidisierung** haploider Zellen entstanden sind; diploide sind von haploiden Zellkulturen phänotypisch nicht unterscheidbar (u.U. Größenzunahme).

4.3

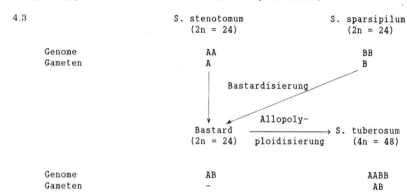

Der diploide (genauer: amphihaploide) Bastard ist steril, da keine ordnungsgemäße Paarung und damit keine gleichmäßige Verteilung der Chromosomen auf die Gameten möglich ist. Die Kulturart S. tuberosum ist wieder fertil, da eine Paarung der homologen Chromosomen innerhalb jedes Genoms erfolgt.

5.1 **Serumdiagnose**: Bildung spezifischer Antikörper gegen Sperbergeier-Serumproteine im Blut des Testtieres, z.B. Kaninchen.
Isolierung des antikörperhaltigen Serums und Durchführung der **Präzipitinreaktion**:

Anti-Sperbergeier-Präzipitin + Serum ⟶ Präzipitinreaktion
(Antikörper)   (Antigene)

                         von Sperbergeier   ⟶   100% Ausfällung

                         von Habichtartigem ⟶   < 100% Ausfällung
                         (z.B. Steinadler)

                         von Neuweltgeier   ⟶   << 100% Ausfällung
                         (z.B. Kondor)

Je stärker die Fällungsreaktion, desto größer ist der Anteil gleicher Proteine bzw. Proteinstrukturen. Je größer die Übereinstimmung der Aminosäuresequenzen (Primärstruktur), desto größer ist die genetische Übereinstimmung.

Die Unterschiede in der genetischen Information kommen durch Mutationen zustande: Je geringer die Unterschiede, desto kürzer ist die Zeit der getrennten Entwicklung seit dem nächsten gemeinsamen Vorfahren.

Also besteht eine Korrelation zwischen Fällungsgrad und Verwandtschaft.

5.2 Ermittlung der Aminosäuresequenz von Proteinen und Prüfen auf Übereinstimmung.

Leistungskurs Biologie: Abiturprüfung 1989 – Aufgabe 2

BE

1 Bei manchen ärztlichen Untersuchungen wird der Kniesehnenreflex getestet.

1.1 Beschreiben Sie, wie man den Kniesehnenreflex auslöst und wie er sich beim gesunden Menschen zeigt! 2

1.2 Zeichnen und beschriften Sie ein Funktionsschema des Kniesehnenreflexes mit den beteiligten Strukturen und ihrer neuronalen Verschaltung!
Erklären Sie den genauen Ablauf dieses Reflexes auf neuronaler Ebene! 6

1.3 Bei derselben Versuchsperson wird der Kniesehnenreflex nun in angespanntem Zustand ausgelöst (z.B. festes Ineinanderklammern der Hände, aber ohne Verkrampfung im Kniebereich).

Erläutern Sie ausführlich, wie und warum sich die Antwort auf den Reiz in diesem Fall von der unter 1.1 beschriebenen Reaktion unterscheiden wird! 5

2 Im Sommer 1988 ist es in der Nordsee zu einer Massenvermehrung einzelliger Algen, wie z.B. der Geißelalge Chrysochromulina, gekommen. Diese Massenvermehrung macht die Gefährdung der Meere durch Eingriffe des Menschen deutlich.

2.1 Interpretieren Sie die beiden folgenden Abbildungen und erläutern Sie, welche Umweltfaktoren in ihrem Zusammenwirken zu der Massenvermehrung von Algen in der Nordsee geführt haben! 7

Abbildung 1
Gehalt des Meerwassers in der Deutschen Bucht vor Helgoland an ausgewählten Mineralstoffen.
Angegeben in Mikrogramm pro Liter

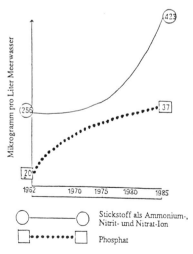

89-4

Abbildung 2
Häufigkeit der Algen im Plankton in der
Deutschen Bucht vor Helgoland.
Angegeben in Mikrogramm gebundenem
Kohlenstoff pro Liter

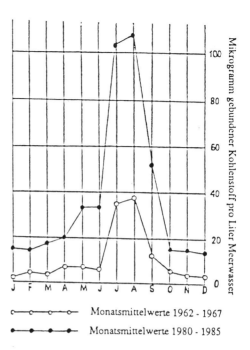

○—○—○—○— Monatsmittelwerte 1962 - 1967

●—●—●—●— Monatsmittelwerte 1980 - 1985

2.2 Die obengenannte Geißelalge Chrysochromulina breitet sich in den Fjorden Norwegens, in die zahlreiche Flüsse münden, nicht aus. Erklären Sie diese Tatsache aus ökologischer Sicht! 3

2.3 Beschreiben Sie die Vorgänge, die auf eine Massenvermehrung von Algen in einem Gewässer folgen! 6

3 Die embryonale Geschlechtsdifferenzierung beim Menschen ist von vielen Faktoren abhängig und deshalb auch sehr störanfällig.

3.1 Stellen Sie die wesentlichen Vorgänge der normalen Geschlechtsentwicklung dar! 4

3.2 Erklären Sie, welche Folgen Hormonstörungen während der Embryonalentwicklung des Menschen haben können! 3

3.3 Bei einer geistig weitgehend normalen Frau, die unterentwickelte Geschlechtsorgane besitzt, ergibt ein Karyogramm 47 Chromosomen. Geben Sie hierfür eine Erklärung, und legen Sie unter Verwendung eines beschrifteten Schemas eine Möglichkeit dar, die zur Entstehung des vorliegenden Krankheitsbildes führt! 7

4 Auch auf stark mit Schwermetallsalzen belasteten Abraumhalden von Kupferbergwerken wachsen einige Gräser. Wahrscheinlich bilden diese besondere Eiweißmoleküle aus, die giftige Metall-Ionen durch Bindung unschädlich machen.

4.1 Begründen Sie allgemein, warum zwar die kupfertoleranten Formen des Wolligen Honiggrases und des Roten Schwingels auf kupferhaltigen Abraumhalden in Großbritannien wachsen, nicht aber der Schafschwingel, obwohl er kupfertolerant ist!   3

4.2 Erklären Sie die Entstehung der Toleranz gegenüber Kupfer-Ionen aus der Sicht der Lamarckschen Evolutionslehre!   4

50

(erweiterter) Erwartungshorizont

1.1 Locker herabhängender Unterschenkel; Schlag auf die Sehne knapp unter der Kniescheibe; Unterschenkel schnellt nach vorn (wegen Kontraktion des Streckmuskels).

1.2

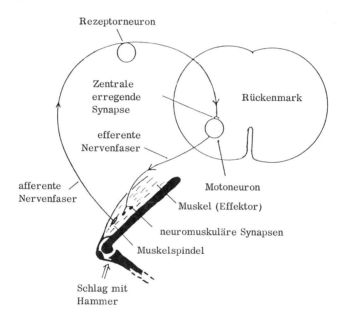

Monosynaptischer Eigen**reflex**:
Durch den Schlag auf die Sehne kommt es zur Längszerrung des Muskels: Reizung der Muskelspindel (Dehnungsrezeptor) löst Impulsserie aus; afferente Weiterleitung der Erregung über die Faser des Rezeptorneurons; Umschaltung der Erregung an der zentralen Synapse auf die efferente Bahn des (α-) Motoneurons; Erregungsübertragung an der neuromuskulären Synapse auf den Muskel; Kontraktion des gedehnten Muskels.

1.3 Reflexzeit ist kürzer; Reaktion ist stärker. Muskelspindeln: Mittlere dehnungsfähige Abschnitte; äußere kontraktionsfähige Abschnitte; Vordehnung der mittleren Abschnitte mit Rezeptorendigung über γ-Motoneurone; Rezeptorendigungen sprechen auf eine zusätzliche passive Dehnung der Skelettmuskelfasern schneller an als im nicht vorgedehnten Zustand.

2.1 Interpretation beider Graphiken: Jahreszeitlich bedingte Temperatur- und Lichtzunahme hat auch früher zu einer Verstärkung der Photosyntheseleistung und damit zu raschem Wachstum der Algenpopulation geführt (Abb. 2, unterer Graph). Die Zunahme der Mineralsalzkonzentration (Abb. 1) verstärkt das Algenwachstum drastisch (Abb. 2, oberer Graph).

2.2 Sinkender Salzgehalt durch Süßwasserzufuhr; die Alge toleriert den niedrigen Salzgehalt nicht.

2.3 Die Massenvermehrung von Algen zieht eine Vermehrung der Konsumenten nach sich: Zunahme der Biomasse; witterungs- oder jahreszeitlich bedingtes Absterben des Planktons führt zum aeroben Abbau toter Biomasse. Ein großer Teil der toten Biomasse sinkt in die Zehrschicht ab (Korrekturhinweise: Planktonlift), wodurch es besonders in der Stagnationsphase des Gewässers zu Sauerstoffmangel kommt: anaerober Abbau der Biomasse, Faulgas- und Faulschlammbildung (**"Umkippen"** des Gewässers).

3.1 X- und Y-Chromosomen legen genetisches Geschlecht fest; Autosomen mit Information zur Ausbildung beider Geschlechter; bisexuelle Potenz; weitere Differenzierung durch Gonadenhormone.

3.2 Z.B. Bildung von weiblichen bzw. männlichen Pseudohermaphroditen durch Ausfall der Hemmung des anderen Geschlechts.

3.3 Numerische gonosomale Aberration führt zur Poly-X-Frau; Nondisjunction der Gonosomen in der 1. oder 2. Reifeteilung der Oogenese bzw. in der 2. Reifeteilung der Spermatogenese; Schema:

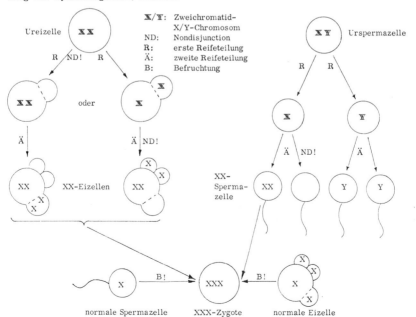

89-7

4.1 Der Kupfergehalt ist nur einer von vielen abiotischen Faktoren, die das Wachstum beeinflussen. Für den Schafschwingel sind hier andere Standortfaktoren von Bedeutung, die sein Wachstum verhindern.

4.2 Diese Gräser haben auf Abraumhalden das Bedürfnis zur Anpassung an den Kupfer-Ionengehalt des Bodens. Ihr Stoffwechsel "übt" die Fähigkeit zum Umgang mit Kupfer-Ionen. Die Fähigkeit wird weitervererbt.

Leistungskurs Biologie: Abiturprüfung 1989 – Aufgabe 3

BE

1   Sperbergeier schließen sich, wenn sie über Land segeln, anderen Artgenossen an, die bereits in einer aufsteigenden Luftströmung kreisen. Nicht selten versammeln sich so 50 Geier aus kleineren Gruppen, die jeweils gemeinsam vom Brutfelsen angeflogen sind.

1.1 Geben Sie an, um welche Form des sozialen Zusammenlebens es sich bei dem beschriebenen Verhalten der Sperbergeier handelt, und beschreiben Sie an diesem Beispiel die Vorteile!   3

1.2 Geben Sie je ein Beispiel für weitere Formen sozialer Zusammenschlüsse bei Tieren an!   4

1.3 Die Sperbergeier folgen mitunter auch Segelflugzeugen. Diese Beobachtung läßt vermuten, daß der Artgenosse anhand bestimmter optischer Reize erkannt wird und daß diese den Zusammenhalt im Schwarm bedingen.

Erläutern Sie, wie in der Verhaltensbiologie die Wirksamkeit solcher Schlüsselreizmuster untersucht wird, und deuten Sie anschließend das eben genannte Beispiel!   4

2   In einer Algensuspension läuft Photosynthese unter konstanten Versuchsbedingungen ab. Zum Zeitpunkt t_0 wird eine Versuchsbedingung geändert. Die folgende Graphik stellt die zeitliche Änderung der Konzentration der C_3- und C_5-Körper des Calvinzyklus bei diesem Experiment dar.

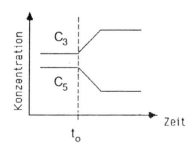

Legen Sie die Änderung der Versuchsbedingungen dar, die zum angegebenen Kurvenverlauf führt!
Begründen Sie Ihre Antwort! 5

3.1 Erläutern Sie den Begriff Barrkörperchen in der Humangenetik, und geben Sie an, in welchen Zellen es sich befindet! 2

3.2 Stellen Sie eingehend die Bedeutung des Barrkörperchens in der Sportmedizin heraus! 5

3.3 Geben Sie je einen männlichen und weiblichen Phänotyp beim Menschen an, bei dem die Anzahl der Barrkörperchen pro Zelle 0 bzw. 1 bzw. >1 ist! 3

4 Eskimos ernähren sich fast ausschließlich von tierischer Nahrung. In Grönland wurde bei den Eskimos eine Rohrzuckerunverträglichkeit festgestellt (Häufigkeit ca. 9%), die auf einem Mangel an dem Enzym Saccharase beruht und erblich ist.

Der nachfolgende Stammbaum stellt diese Zuckerunverträglichkeit in einer Familie dar:

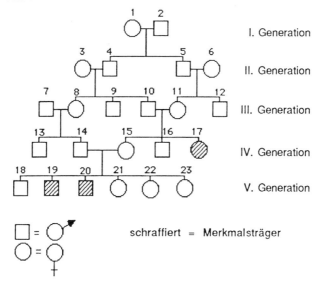

schraffiert = Merkmalsträger

4.1 Begründen Sie unter Angabe der entsprechenden Personen, welchem Erbgang diese Stoffwechselstörung folgt! 2

4.2 Geben Sie für die Personen 10, 11, 16 und 17 unter Verwendung der üblichen Buchstabensymbole alle möglichen Genotypen an!
Begründen Sie Ihre Angaben, und erläutern Sie das Auftreten der Krankheit in der IV. und V. Generation! 5

4.3 Deuten und bezeichnen Sie das Phänomen der weiten Verbreitung dieser Rohrzuckerunverträglichkeit in der Eskimopopulation aus der Sicht der Evolutionslehre! 6

5   Elementare Schritte des Evolutionsgeschehens auf unserer Erde waren
    die abiotische Entstehung organischer Substanzen und die Entwick-
    lung des Energiestoffwechsels.

5.1 Grenzen Sie die Begriffe Chemosynthese, Bakterienphotosynthese und
    Photosynthese grüner Pflanzen unter Angabe je einer chemischen
    Summengleichung bzw. einer Gleichung für den charakteristischen
    Teilschritt voneinander ab!   6

5.2 Beschreiben Sie unter Einbeziehung der Begriffe aus 5.1 die Entwick-
    lung des Energiestoffwechsels auf unserer Erde aus heutiger Sicht!   5
                                                                        ──
                                                                        50

(erweiterter) Erwartungshorizont

1.1 Offener anonymer Verband; Vorteile, z.B. beim Auffinden von Aufwinden und
    Nahrung.

1.2 Geschlossene Verbände:
    a) anonyme (z.B. Bienenstaat)
    b) individualisierte (z.B. Hühnerschar)

1.3 Durchführung von **Attrappenversuchen**, z. B. mit Flugobjekten unterschied-
    licher Größe, Form und Farbe; Segelflugzeug kann als supernormale Attrappe
    gedeutet werden. (Hinweis auf Erregungssummation – doppelte Quantifizierung
    – nicht verlangt).

2   Erhöhung des CO_2-Angebots zum Zeitpunkt t_0; erhöhter Verbrauch des CO_2-
    Akzeptors C_5; gesteigerte Produktion von C_3-Körpern aus der Reaktion von C_5
    mit C_1 (CO_2).

3.1 "Kondensiertes" X-Chromosom, das nach Anfärbung lichtmikroskopisch sichtbar
    gemacht werden kann. Es befindet sich in Zellen mit zwei (oder mehr) X-
    Chromosomen.

3.2 Vermeidung geschlechtsbedingter Wettbewerbsvorteile (Muskelansatz) im Hoch-
    leistungssport; Feststellung des genetischen Geschlechts bei Wettkämpferinnen;
    Ausschluß von Personen, die im genetischen und gonadalen Geschlecht männ-
    lich, im Aussehen jedoch weiblich sind (Pseudohermaphroditen).

3.3 Zahl der **Barr-körperchen**	0	1	› 1 (2)
Phänotyp männlich	mormaler Mann (XY)	Klinefelter-Mann (XXY)	Klinefelter-Mann (XXXY)
Phänotyp weiblich	Turner-Frau (XO)	normale Frau (XX)	Triplo-X-Frau (XXX)

4.1 Atosomal-rezessiver Erbgang

Begründung:
- rezessiv, da "kranke" Kinder (17 bzw. 19, 20) von phänotypisch gesunden Eltern.
- autosomal, da im Falle X-chromosomaler Vererbung bei gesundem Vater (10: hemizygot!) keine "kranke" Tochter (17) auftreten dürfte bzw. bei "kranker" Tochter (17) der Vater (10) ebenfalls "krank" sein müßte.

4.2 Genotypen:
10 = Aa, da 17 phänotypisch "krank"; 11 = Aa, Begründung wie bei 10; 16 = AA, oder Aa, je nach der Kombination der Keimzellen; 17 = aa, da Merkmalsträger.

Auftreten der "Krankheit" in der IV. und V. Generation: Heirat von verwandten heterozygoten "Überträgern". (Zusatzbemerkung: Bei einer Häufigkeit von 9% für die Rohrzuckerunverträglichkeit ist es aber auch nicht unwahrscheinlich, daß das Allel a über nicht verwandte heterozygote Personen (z.B. 3, 6, 7) in die Familien gekommen ist.)

4.3
Wegen der tierischen Nahrung entsteht für Merkmalsträger kein Selektionsnachteil. Die relativ kleine Population der Eskimos und die starke geographische Isolation lassen die Häufigkeit des defekten Allels schneller ansteigen. Gendrift (Sewall-Wright-Effekt)!

5.1 **Chemosynthese** (z.B. der Schwefelbakterien):

Chemoautotrophe Bakterien gewinnen Energie für den Aufbau von Kohlenhydraten (Reduktion von Kohlenstoffdioxid) durch lichtunabhängige exergonische Umsetzungen (Oxidation anorganischer Substrate, z.B. Schwefelwasserstoff);

$$2\ H_2S + O_2 \xrightarrow{\text{ohne Licht}} 2\ S + 2\ H_2O + \text{Energie}$$

Bakterienphotosynthese (z.B. der Schwefel-Purpurbakterien):

Photoautotrophe Bakterien bauen Kohlenhydrate mit Licht als Energiequelle (Photopigment Bakteriochlorophyll) auf.
Als Wasserstoffquelle für die Reduktion von Kohlenstoffdioxid dient Schwefelwasserstoff;

$$6\ CO_2 + 12\ H_2S \xrightarrow[\text{Bakteriochlorophyll}]{\text{Licht}} C_6H_{12}O_6 + 12\ S + 6\ H_2O$$

Photosynthese der grünen Pflanzen:

Im Gegensatz zur Photosynthese der Schwefel-Purpurbakterien verwenden grüne Pflanzen Wasser als Wasserstoffquelle für die Reduktion von Kohenstoffdioxid, so daß als Abfallprodukt Sauerstoff entsteht;

$$6\ CO_2 + 12\ H_2O \xrightarrow[\text{Chlorophyll}]{\text{Licht}} C_6H_{12}O_6 + 6\ O_2 + 6\ H_2O$$

5.2 Zunächst energiereiche Substanzen aus der "Ursuppe"; anaerobe Bildung energiereicher Nucleosidphosphate; Entwicklung lichtabsorbierender Chromoproteide (Bakteriochlorophyll); photolytische Spaltung von Verbindungen (z.b. H_2S); Entwicklung der Photolyse des Wassers; Sauerstoffbildung und Anreicherung in der Atmosphäre als Voraussetzung der Energiefreisetzung durch aeroben Abbau organischer Verbindungen.

Leistungskurs Biologie: Abiturprüfung 1989 – Aufgabe 4

BE

1 Bei den afrikanischen Witwenvögeln tritt Brutparasitismus auf. Jedes Weibchen legt seine Eier nur in Nester der Prachtfinkenart, deren Junge mit den Witwen–Jungvögeln eine auffällige Übereinstimmung in der Sperr–Rachenzeichnung aufweisen. Das ist die Voraussetzung für das gemeinsame Aufziehen der jungen Witwenvögel mit den eigenen Jungen der Wirtseltern. Die Rachenzeichnung ist genetisch bedingt; die Erbanlage dafür muß bei beiden Eltern übereinstimmen. Die flüggen, noch nicht singenden Witwenvögel verlassen die Wirtseltern. Wenn sie ausgewachsen sind, finden sich die Geschlechtspartner durch den Gesang. Der Gesang jeder Witwenvogelunterart besteht einerseits aus angeborenen Elementen und andererseits aus erworbenen Strophen, die dem Gesang der Wirtsvogelart entnommen sind.

1.1 Bezeichnen Sie die Art von Lernvorgang, die zum Einbau dieser Wirtseltern-Strophen führt, und stellen Sie ihre Kennzeichen denen der Konditionierung vergleichend gegenüber! 5

1.2 Der Rachenzeichnung kommt in der Beziehung Jungvögel/Wirtseltern eine wichtige Bedeutung zu.
Nennen und definieren Sie den entsprechenden Fachbegriff! 2

1.3 Um ihren Nachkommen Lebenschancen zu geben, muß bei der Paarbildung zweier Witwenvögel eine wichtige Bedingung eingehalten werden.

Machen Sie hierzu eine Aussage, und begründen Sie diese! 3

1.4 Aus dem Text unter 1 ergibt sich, daß die erlernten Gesangsteile in zweifacher Hinsicht für die Arterhaltung notwendig sind.
Geben Sie hierfür eine Erläuterung! 3

2 Ein Gartenteich soll so eingerichtet werden, daß er als Ökosystem funktioniert. Nur Wasser wird zum Ausgleich von Verdunstungsverlusten bei Bedarf von außen zugegeben.

2.1 Stellen Sie eine Liste von Lebewesen zusammen, die in den Gartenteich einzusetzen sind!
Berücksichtigen Sie dabei möglichst viele Trophieebenen!
Art- und Gattungsnamen der Lebewesen sind nicht verlangt. 4

2.2 Beschreiben Sie die Aufgaben der genannten Lebewesen innerhalb des Ökosystems! 3

3 Enzyme müssen im Stoffwechselgeschehen in ihrer Aktivität reguliert
werden.

3.1 Grenzen Sie die Begriffe "kompetitive Hemmung" und "allosterische
Hemmung" voneinander ab! 3

3.2 Erklären und begründen Sie die Auswirkung einer Erhöhung der Substratkonzentration auf die Aktivität allosterisch bzw. kompetitiv ge-
hemmter Enzyme! 2

4 Escherichia coli-Bakterien, die ihren Energiebedarf aus Glucose
decken, besitzen die zum Glucoseabbau nötigen Enzyme. Überführt
man diese Bakterien in eine milchzuckerhaltige Nährlösung, begin-
nen sie mit der Herstellung von milchzuckerabbauenden Enzymen.

Beschreiben Sie eine Modellvorstellung für diese Regulation der Genaktivität! 8

5 Von der mehrjährigen Zierpflanze Meconopsis cambrica (Scheinmohn)
gibt es die übliche gelbblühende Rasse mit behaarten Blütenstielen
und eine rotblühende Rasse mit unbehaarten Blütenstielen. In einem
Zuchtbetrieb ergab die Kreuzung der beiden reinerbigen Rassen in
der F_1-Generation nur Pflanzen mit gelben Blüten und unbehaarten
Stielen. Es wird vermutet, daß die Gene für gelbe Blütenfarbe und
behaarte Blütenstiele einerseits und für rote Blütenfarbe und unbehaarte Blütenstiele andererseits gekoppelt sind.

5.1 Um die vermutete Kopplung zu bestätigen oder zu verwerfen, wurde
der Vorschlag gemacht, die Individuen der F_1-Generation mit den
Individuen der Elterngeneration zu kreuzen.

Stellen Sie sowohl für den Fall der Kopplung als auch für den Fall
der freien Kombinierbarkeit der Gene die möglichen Erbschemata oder
Kombinationsquadrate auf, und beurteilen Sie den gemachten Vorschlag! 8

5.2 Entwickeln Sie einen weiteren Versuchsplan, mit dessen Hilfe die
unter 5 geäußerte Vermutung bestätigt oder verworfen werden kann!

Entwerfen Sie diesen Plan ebenfalls unter Verwendung von Kreuzungsschemata, und erläutern Sie die Ergebnisse! 5

6 Bei der Stubenfliege, die in der Regel zwei Flügel und zwei Schwingkölbchen hat, treten manchmal Individuen mit vier gleichen Flügeln
auf.

Erklären und deuten Sie diese Beobachtung aus der Sicht der Evolutionslehre! 4

———
50

(erweiterter) Erwartungshorizont

1.1 **Prägungs**vorgänge: z.B. obligatorischer Lernvorgang in sensibler Phase, zu einem Zeitpunkt, bei dem das zugehörige Verhalten häufig noch nicht ausgereift ist; irreversibel.

Konditionierung: z.B. abhängig von einer Belohnung, reversibel.

1.2 **Auslöser:** Reizmuster, das (hier auch zwischen verschiedenen Tierarten) partnerbezogenes Instinktverhalten bewirkt.

1.3 Es müssen sich Weibchen und Männchen zusammenfinden, die dieselbe Prachtfinkenart als Wirtseltern gehabt haben, da sie nur dann auch die Anlage für dieselbe Sperr-Rachenzeichnung besitzen.

1.4 Durch den Einbau der erlernten Strophen wird gesichert, daß sich bei der Paarbildung die Partner finden, die von derselben Wirtsart aufgezogen worden sind. Durch Erkennen des erlernten Gesanges kann auch das Nest der "richtigen" Wirtseltern gefunden werden.

2.1 **Produzenten,** autotrophe Wasserpflanzen (Algen und höhere Pflanzen); **Konsumenten erster Ordnung,** Pflanzenfresser (Kleinkrebse und Friedfische); **Konsumenten zweiter Ordnung,** Fleischfresser (Raubfische); **Destruenten** (Bakterien, evtl. Pilze).

2.2 **Produzenten:** Aufbau von organischer Substanz (Primärproduktion) und Abgabe von Sauerstoff als Existenzgrundlage für Konsumenten und (aerobe) Destruenten, Verbrauch von gelöstem CO_2, NH_3, NO_3^{--}, PO_4^{3--}, SO_4^{2--} u.a. anorganischen Ionen.

Konsumenten: Nahrungsnetz/biologisches Gleichgewicht; Abgabe von CO_2.

Destruenten: Recycling/Mineralisierung toter organischer Substanz (s.o.), was die Primärproduktivität der Produzenten aufrechterhält.

3.1 **Kompetitive Hemmung:** Strukturverwandter Stoff konkurriert mit Substrat am aktiven Zentrum.

Allosterische Hemmung: Inhibitor verändert Enzymstruktur, Substrat kann nicht mehr gebunden werden.

3.2 **Kompetitive Hemmung:** Verdrängung des Inhibitors möglich, da Konkurrenzreaktion;

allosterische Hemmung: keine Aufhebung der Hemmung möglich, da aktives Zentrum verändert vorliegt.

4 Das Produkt des Regulatorgens, der Repressor, blockiert ohne Substrat den Operator. So wird das Ablesen der genetischen Information für die Enzymsynthese verhindert. Durch Milchzucker wird der Repressor in seiner Konformation so verändert, daß er nicht mehr an den Operator paßt; deshalb Ablösung des Repressors. Die genetische Information für die Enzymsynthese kann nun abgelesen werden.

5.1 Zuordnung der Gene/Allele aufgrund der Elternkreuzung:

Merkmale		Gene/Allele
Blütenfarbe	gelb	A
	rot	a
Stiele	unbehaart	B
	behaart	b

Elternphänotypen:

Elter P_I: 'Ab'
                 gelb/behaart

Elter P_{II}:   'aB'
                 rot/unbehaart

Kreuzungsschemata, Genkoppelung angenommen (Ab $\hat{=}$ Gene gekoppelt):

	F_1	x	P_I		F_1	x	P_{II}
Phänotyp	'AB'		'Ab'		'AB'		'aB'
Genotyp	Ab aB		Ab Ab		Ab aB		aB aB
Gameten	Ab/aB		Ab		Ab/aB		aB

	Ab	aB
Ab	Ab Ab	Ab aB
PhT	'Ab'	'AB'
	50%	50%

	Ab	aB
aB	Ab aB	aB aB
PhT	'AB'	'aB'
	50%	50%

Kreuzungsschemata, freie Kombinierbarkeit der Gene angenommen:

	F_1	x	P_I		F_1	x	P_{II}
Phänotyp	'AB'		'Ab'		'AB'		'aB'
Genotyp	AaBb		AAbb		AaBb		aaBB
Gameten	AB/Ab/aB/ab		Ab		AB/Ab/aB/ab		aB

	AB	aB	Ab	ab
Ab	AABb	AaBb	AAbb	Aabb
PhT	'AB'	'AB'	'Ab'	'Ab'
	50%		50%	

	AB	Ab	aB	ab
aB	AaBB	AaBb	aaBB	aaBb
PhT	'AB'	'AB'	'aB'	'aB'
	50%		50%	

Die Kreuzungen können zu keiner Bestätigung hinsichtlich der vermuteten Kopplung führen, da in beiden Fällen die Rückkreuzung mit dem gleichen Elter zum gleichen Ergebnis führt (jeweils gleiche Phänotypen (PhT)-Häufigkeiten).

89-15

5.2 Kreuzung der F_1-Generation untereinander (Hinweis: 3. Mendelsche Regel/ Spaltungsregel!):

Schema für gekoppelten Erbgang:

F_1 x F_1

Phänotyp je	'AB'
Genotyp je	Ab aB
Gameten je	Ab/aB

	Ab	aB
Ab	Ab Ab 'Ab'	Ab aB 'AB'
aB	Ab aB 'AB'	aB aB 'aB'

'Ab'   'AB'   'aB'

1 : 2 : 1

Schema für ungekoppelten Erbgang:

F_1 x F_1

'AB'
AaBb
AB/Ab/aB/ab

	AB	Ab	aB	ab
AB	AABB 'AB'	AABb 'AB'	AaBB 'AB'	AaBb 'AB'
Ab	AABb 'AB'	AAbb 'Ab'	AaBb 'AB'	Aabb 'Ab'
aB	AaBB 'AB'	AaBb 'AB'	aaBB 'aB'	aaBb 'aB'
ab	AaBb 'AB'	Aabb 'Ab'	aaBb 'aB'	aabb 'ab'

'AB'   'Ab'   'aB'   'ab'

9 : 3 : 3 : 1

Falls in F_2 eine Aufspaltung 1 : 2 : 1 erfolgt, liegt gekoppelter Erbgang vor; falls in F_2 eine Aufspaltung 9 : 3 : 3 : 1 erfolgt, liegt ungekoppelter Erbgang vor.

6   Schwingkölbchen sind dem zweiten Flügelpaar homolog (Kriterium der Lage); spontanes Auftreten phylogenetisch älterer Formen (zwei Flügelpaare); genetische Information darüber ist noch vorhanden **(Atavismus).**

Leistungskurs Biologie: Abiturprüfung 1990 - Aufgabe I

BE

1 Der Bienenwolf, eine recht selten gewordene Grabwespenart, erbeutet Honigbienen, die sowohl ihm als auch dem Weibchen als Nahrung dienen. Das Weibchen stellt auch einen Nahrungsvorrat an Bienen für die Nachkommen bereit. Der Beutefang läuft gewöhnlich folgendermaßen ab:

a) Der jagende Bienenwolf sucht Blüten nach Bienen ab und fliegt zunächst jedes kleinere sich bewegende Objekt bis auf etwa 10 cm an. Er verharrt wie ein Hubschrauber, an einer Stelle "stehend", im Gegenwind.

b) Strömt ihm dabei Bienenduft entgegen, stürzt er sich blitzartig auf die Biene und versetzt ihr einen lähmenden Stich.

1.1 Erklären Sie allgemein den Begriff Handlungskette! 2

1.2 Nennen Sie einen inneren und einen äußeren Faktor, der die Stärke der Handlungsbereitschaft für die beschriebenen Verhaltensweisen bestimmt! 2

1.3 Arbeiten Sie an dem unter Nummer 1 beschriebenen Verhaltenselement a) alle wesentlichen Komponenten von Instinktverhalten heraus! 6

2 Die Erregungsübertragung vom Nerv auf den Muskel ist ein zentraler Vorgang in der Neurophysiologie. Nennen Sie zwei Stoffe, mit denen man in einem Experiment verhindern kann, daß ein überschwelliger Reiz eine Antwort der Muskelfasern bewirkt! Beschreiben Sie die Wirkungsweise dieser Stoffe! 5

3 Der erste Reaktionsschritt der Glykolyse ist die Phosphorylierung von Hexosen durch ATP am C-Atom 6. Das Enzym Hexokinase katalysiert diesen Schritt und ermöglicht damit die Einschleusung verschiedener Monosaccharide in den abbauenden Stoffwechsel.
In einem Experiment mit einer aus Bäckerhefe isolierten Hexokinase erhielt man mit verschiedenen Zuckern bei gleichen Reaktionsbedingungen folgende relative Umsatzgeschwindigkeiten: (Abb. s. nächste Seite)

3.1 Deuten Sie die unterschiedlichen Umsatzgeschwindigkeiten von Glucose, Glucosamin und Galaktose unter Verwendung der entsprechenden Fachbegriffe! Welche Teile des Zuckermoleküls müssen in diesem Zusammenhang besonders diskutiert werden? 7

3.2 In einer Versuchsreihe wird die Abhängigkeit der Hexokinasewirkung von der Temperatur ermittelt. Stellen Sie das zu erwartende Ergebnis der Versuchsreihe in einem Diagramm dar! Erläutern Sie den Kurvenverlauf! 4

Formel des Zuckers	Name des Zuckers	relative Umsatz-geschwindigkeit bezogen auf Glucose
(Strukturformel Glucose)	Glucose	1,00
(Strukturformel Glucosamin)	Glucosamin	0,95
(Strukturformel Galaktose)	Galaktose	0,01

4 Als Nettojahresproduktion (kg organische Substanz/ha) wurden im Rahmen von Untersuchungen an verschiedenen Waldtypen folgende Werte ermittelt:

Vegetationstyp **organische Substanz (kg/ha • a)**
Birkenwald 8 500
Tropischer Regenwald 39 000

Geben Sie an, worauf die unterschiedlichen Jahresproduktionen zurückzuführen sind! 4

5 Meselson und Stahl konnten 1958 experimentell zeigen, nach welchem Prinzip die Verdopplung der Desoxyribonukleinsäure bei der Zellteilung erfolgt.
5.1 Schildern Sie diesen historischen Versuch! 5
5.2 Erklären Sie unter Mitverwendung einer geeigneten schematischen Skizze das Ergebnis dieses Versuchs! 5

6 Die Untersuchung der Lebensformen der Fischgattung Orestias (Hochlandkärpflinge) eines zu- und abflußfreien Sees in Südamerika ergab, daß in diesem Gewässer 12 Arten dieser Gattung leben. Es gibt z.B.

Art A: Orestias pentlandi, ein planktonfressender, stromlinienförmiger Fisch des freien Wassers;
Art B: Orestias agassizi, eine pflanzenfressende Art in den Binsenbeständen;
Art C: Orestias luteus, eine plumpe, ebenfalls die Uferzone bewohnende Art, die sich von Krebsen und Schnecken ernährt.
Früher gab es noch
Art D: Orestias cuvieri, eine räuberisch lebende Art, die Felsufer und Felsgründe bewohnte.

6.1 Deuten Sie das Zustandekommen dieser Artenvielfalt unter Mitverwendung von Fachbegriffen aus der Sicht der heutigen Evolutionsforschung! 8
6.2 Die Art D ist ausgestorben, nachdem dort Forellen eingesetzt worden waren. Erklären Sie das Aussterben der Art D! 2

50

(erweiterter) Erwartungshorizont

1.1 Abfolge von aufeinander bezogenen Instinkthandlungen; ausgeführte Endhandlung wirkt als Auslöser für neue Instinkthandlung.
Zusatz: Bei zwischenartlichen Handlungsketten, wie beim Beutefang des Bienenwolfes, wird die Abfolge von Einzelhandlungen dadurch erreicht, daß jede Reaktion die äußere Situation so ändert, daß neue spezifische Reize die nächste Handlung auslösen:

Suchflüge ————————> optischer Reiz (Bewegung/Größe)

Schwebeflug ————————> Geruchsreiz (Bienenduft)

Angriff ————————> Tastreiz (Behaarung; evtl. optischer Reiz)

Stich

1.2 Versorgungszustand mit Nahrung; Reizmuster der Beute.

1.3 - ungerichtetes Suchen (Appetenz I):   "sucht Blüten nach Bienen ab"
    - gerichtete Annäherung (Appetenz II):   "fliegt ... Objekt ... an"
    - Endhandlung: "verharrt ... im Gegenwind"

2   Z.B. Curare: besetzt Acetylcholin-Rezeptoren der subsynaptischen Membran, Acetylcholin kann keine Depolarisation mehr bewirken;
    Z.B. Botulinustoxin: Hemmung der Acetycholin-Ausschüttung.

3.1 Substrat- bzw. Gruppenspezifität; Schlüssel-Schloß-Prinzip; unterschiedlicher Bau der Zuckermoleküle: Stellung der Substituenten am C-Atom 4 von großer Bedeutung; Galaktose "paßt" nicht zum aktiven Zentrum wegen Stellung der OH-Gruppe am C-Atom 4 (siehe Umsatzgeschwindigkeiten).

3.2 Optimumkurve mit beschrifteten Koordinaten; Erläuterung des Kurvenverlaufs: RGT-Regel; Hitzedenaturierung.

4   **Birkenwald:**   u.a. nur 6-monatige Photosynthesezeit, Laubfall;
    Tropischer Regenwald: u.a. optimale Photosynthese während des ganzen Jahres, gleichmäßige Temperatur.

5.1 Einsatz von Bakterien mit N-15-markierter DNS:
Untersuchung der DNS dreier aufeinanderfolgender E. coli-Generationen durch Zentrifugation im Dichtegradienten:

a) DNS aus Bakterien, die nur in ^{15}N-Medium wuchsen;

b) DNS der ersten Zellgeneration nach Übertragung in ^{14}N-Medium;

c) DNS der zweiten Zellgeneration nach Übertragung in ^{14}N-Medium.

5.2
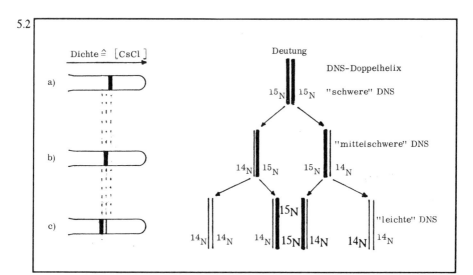

Das Versuchsergebnis bestätigt den semikonservativen Verdoppelungsmechanismus.

6.1 Die Kärpflinge befinden sich in einem abgeschlossenen Lebensraum; starke Vermehrung führt zu innerartlicher Konkurrenz (z.B. Nahrungskonkurrenz); genetische Variabilität (durch Mutation und Rekombination) und Selektionsdruck ermöglichen Einnischung und Spezialisierung; ökologische Isolation führt zur Artbildung. Adaptive Radiation.

6.2 Wahrscheinlichste Ursache: Konkurrenz um Nahrung; weitere Erklärungen sind möglich, z.B. Brutvernichtung durch Forellen.

			BE

Leistungskurs Biologie: Abiturprüfung 1990 - Aufgabe II

1 Erläutern Sie an drei Beispielem die verschiedenen Möglichkeiten der Verhaltensforschung, zwischen angeborenem und erlerntem Verhalten zu unterscheiden! 6

2 Die Auslösung der Muskelkontraktion erfolgt durch eine chemische Erregungsübertragung an neuromuskulären Synapsen.
Beschreiben Sie die molekularen Vorgänge an der synaptischen Membran bei der Erregungsübertragung! 6

3 Der Forggensee bei Füssen ist ein Lechstausee, der im Winter weitgehend abgelassen wird. Im Frühjahr wird wieder aufgestaut, und Mitte Juni erreicht der See seinen normalen Wasserstand.
Seit 1982 tritt in dem See eine "Feueralgenplage" auf. Die Feueralge Peridinium borgei färbt das Wasser braunrot und gibt ihm ein unappetitliches Aussehen, worunter die Attraktivität des gesamten Fremdenverkehrsgebietes leidet. In den letzten Jahren wurden folgende Beobachtungen zu diesem Problem gesammelt:

a) Die Feueralgenblüte ging 1982 und 1983 von stark belasteten Zuflüssen (Füssener Ache und Schleichbach) aus und bedeckte bis in den Juni hinein den ganzen See. Dann verschwand die Algenblüte wieder. Verbunden mit ungewöhnlich kaltem Wetter in der Aufstauphase war 1984, 1985 und 1986 ein Rückgang der Algenplage zu verzeichnen.

b) Peridinium borgei kann sich sowohl autotroph, heterotroph als auch mixotroph (Kombination von beiden) ernähren.

c) Die Alge bildet Ruhestadien aus, mit denen sie Frost und Trockenperioden im nicht bedeckten Sediment überdauern kann.

d) Sobald sich im Frühjahr der Seeboden wieder mit Wasser bedeckt, gehen die Feueralgen bei + 4 °C in den stoffwechselaktiven Zustand über. Ihr Temperaturoptimum haben sie bei + 8 °C.

e) Die Alge wächst langsam und wird vom Zooplankton kaum gefressen.

f) Die übrigen im See vorkommenden Algen (vor allem Grünalgen) wachsen zwar schneller, können aber keine Ruhestadien bilden und überwintern deshalb nur im Restsee. Ihr Temperaturoptimum liegt höher.

3.1 Entwickeln Sie Hypothesen über die Ursachen der Feueralgenblüte im Frühjahr und Frühsommer und begründen Sie diese! 7

3.2 Auch im Hinblick auf den Fremdenverkehr wurde 1983/84 mit erheblichem finanziellen Aufwand eine dreistufige Kläranlage für Füssen und Umgebung fertiggestellt.

a) Beschreiben Sie kurz Aufbau und Funktion einer dreistufigen Kläranlage! 6

b) Beurteilen Sie die Wirkung einer derartigen Kläranlage auf die Feueralgenblüte und begründen Sie Ihre Meinung! 4

3.3 Zur Sanierung des Sees wurden auch Eingriffe in bestehende Nahrungsbeziehungen diskutiert. Es wurde vorgeschlagen, durch Vermehrung der Raubfische den Bestand an zooplanktonfressenden Friedfischen zu vermindern, um so zu versuchen, das Algenwachstum zu begrenzen.
Beurteilen Sie solche Maßnahmen im Hinblick auf die Feueralgenblüte! 5

4   Eltern mit weißer Hautfarbe haben nie Kinder mit dunkler Hautfarbe, aber Eltern mit dunkler Hautfarbe haben bisweilen Kinder mit weißer Hautfarbe. Geben Sie eine ausführliche Erklärung dieses Phänomens aus der heutigen Sicht der genetischen Forschung!   5

5   Durch radioaktive Strahlung wird am 3. Nukleotid nach dem Startcodon eines Gens auf der DNS eine Base "herausgebrochen".

5.1 Welche Auswirkung auf die Wirksamkeit des durch dieses Gen codierten Enzyms kann sich daraus ergeben?   2

5.2 Welche Auswirkungen kann der Ersatz der Base im selben Nukleotid durch eine andere Base auf die Wirksamkeit des Enzyms haben? Begründen Sie Ihre Antwort!   3

6   Erläutern Sie die Bedeutung der geschlechtlichen Fortpflanzung für die Evolution!   6

50

(erweiterter) Erwartungshorizont

1 Aufwachsen unter Erfahrungsentzug (z.B. Nüssevergraben beim Eichhörnchen); homologe Verhaltensweisen (z.B. Hühner- oder Entenvögelbalz); Reifungsvorgänge (z.B. Bandagieren der Flügel von Jungtauben bis zum flugfähigen Alter); Kreuzungsversuche (z.B. hygienische/unhygienische Bienenrassen oder Zirpmuster nah verwandter Grillenarten) o.ä.

2 Transmitterstoff Acetylcholin reagiert mit Akzeptormolekülen der subsynaptischen Membran; Permeabilitätsänderung für Na^+- und K^+-Ionen; Na^+-Einstrom, K^+-Ionenausstrom; Auslösung einer lokalen Depolarisation; am Übergang der subsynaptischen zur postsynaptischen Membran Auslösung eines Muskelaktionspotentials.

3.1 Im Frühjahr kaum Konkurrenz durch andere Algen, weil
- Feueralgen durch Ruhestadien im ganzen See verbreitet sind und dadurch beim Aufstauen schnelle Entwicklung möglich wird (c);
- Feueralgen tieferes Temperaturoptimum haben (d,f);
- die anderen Arten im Winter zusätzlich dezimiert und im Frühjahr durch Aufstauwasser verdünnt werden sowie vom Stoffwechsel her nicht so anpassunsfähig sind (a,b).
Kaum Kontrolle durch Freßfeinde (e).

3.2 a) **Mechanische Stufe:** Vorklärung durch Grobrechen, Feinrechen, Absatzbecken;
Biologische Stufe: Belebungsbecken, aerober Abbau der gelösten Stoffe, Nachklärbecken;
Chemische Stufe: Ausfällung gelöster Mineralstoffe, z.B. Phosphationen durch Eisenionen.

b) Senkung des Nähr- und Mineralstoffeintrags trägt zur Reduktion der Algenblüten bei; Temperatureffekt ist zu berücksichtigen (siehe Nummer 3a).

3.3 Raubfische fressen Friedfische und begünstigen damit das Zooplankton, das zwar vom Phytoplankton lebt, aber Feueralgen kaum verzehrt (siehe Nummer 3a). Folge: Konkurrenten der Feueralgen mehr betroffen.

4 Für weiße Hautfarbe sind Gene verantwortlich, die die Bildung von wenig Melanin veranlassen; Kombination dieser Gene kann bei dunkelhäutigen Eltern zu hellhäutigen Nachkommen führen; eine Kombination von Genen, die eine hohe Melaninbildung veranlassen, ist bei Menschen mit weißer Hautfarbe nicht möglich. Vererbung der Hautfarbe durch additive Polygenie.

5.1 Wird das 6. Nukleotid herausgebrochen, ändert sich ab der 1. Aminosäure die gesamte Sequenz der folgenden Aminosäuren wegen Verschiebung des Leserasters. Folge: Totale Veränderung der Tertiärstruktur.

5.2 Bei Austausch der 6. Base wird unter Umständen die 2. Aminosäure des Enzyms verändert; dadurch möglicherweise Beeinträchtigung der Enzymaktivität.
Unter Umständen keine Auswirkungen wegen Degeneration des genetischen Codes.

6 Befruchtungszufall, Zufallsverteilung der homologen Chromosomen und Crossing over führen zu einer größeren genetischen Variabilität; Einwirkung von Selektionsfaktoren; evtl. schnellere Anpassung (Tauglichkeit) der Individuen.

Leistungskurs Biologie: Abiturprüfung 1990 - Aufgabe III

BE
1 Die Erregung von Nervenzellen beruht auf Potentialänderungen an ihren Zellmembranen.
1.1 Legen Sie dar, wie man sich das Zustandekommen und den Ablauf eines Aktionspotentials an einem Axon nach der Ionentheorie vorstellt! 8
1.2 Eine bestimmte Substanz verlangsamt stark die Wiederherstellung des Ruhepotentials nach einem Aktionspotential.
Welchen Einfluß hat diese Substanz auf die Erregungsleitung? Begründen Sie Ihre Antwort! 4

2 Bestimmte Tierarten sind auch zu höheren Lern- und Verstandesleistungen fähig. Erklären Sie an jeweils einem konkreten Beispiel aus dem Tierreich die Begriffe Abstraktion und Generalisierung! 6

3 Der Mensch kann Kohlenhydrate aerob und anaerob abbauen.
Geben Sie an, unter welcher Bedingung es zum anaeroben Abbau von Glucose im menschlichen Organismus kommt.
Stellen Sie die entsprechenden biochemischen Vorgänge in einem beschrifteten C-Körperschema dar! 10

4 Materie- und Energiefluß sind grundlegende Phänomene in jedem Ökosystem.
Erläutern Sie den Unterschied zwischen Energiefluß und Materiefluß in einem Ökosystem anhand beschrifteter Schemata! 9

5 Erläutern Sie die einzelnen Schritte des lytischen Vermehrungszyklus von Phagen! 7

6 In einer Population wurden über viele Generationen hinweg die Zahl n der Individuen (oberes Diagramm) und die Häufigkeit der Allele a_1, a_2, a_3, a_4 des Gens a bestimmt (unteres Diagramm).
Interpretieren Sie die Veränderung der Allelhäufigkeit der vier Allele! 6

50

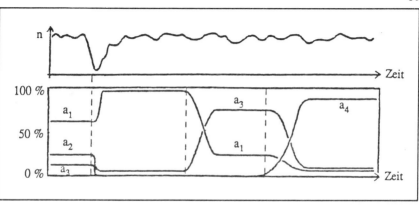

(erweiterter) Erwartungshorizont

1.1 **Zustandekommen:**
überschwelliger Reiz, Permeabilitätszunahme für Na^+-Ionen, phasenverschoben Permeabilitätszunahme für K^+-Ionen;

Ablauf:
Depolarisation mit Potentialumkehr, Repolarisation mit hyper- und depolarisierenden Nachpotentialen.

1.2 Die Refraktärphase dauert länger; in dieser Zeit ist die Membran unerregbar; die Impulsfrequenz ist geringer.

2 **Abstraktion:**
Vernachlässigung unterschiedlicher Eigenschaften von Gegenständen zugunsten der übereinstimmenden; z.B.: Nach einer Wahldressur zwischen Kreuz (futterbelohnt) und Quadrat bevorzugen Forellen überwiegend auch in abgewandelter Form die Grundstruktur "Kreuz".

Generalisierung:
Herausheben der Gemeinsamkeiten von Objekten; z.B. Zählvermögen bei Rabenvögeln; nach Dressur auf Zahlendarstellung z.B. durch Punkte treffen die Tiere ihre Wahl auch richtig nach Abwandlung der Punkte in Form und Anordnung.

3 Sehr starke köperliche Anstrengung: Sauerstoffmangel im Gewebe; Anaerober Abbau:

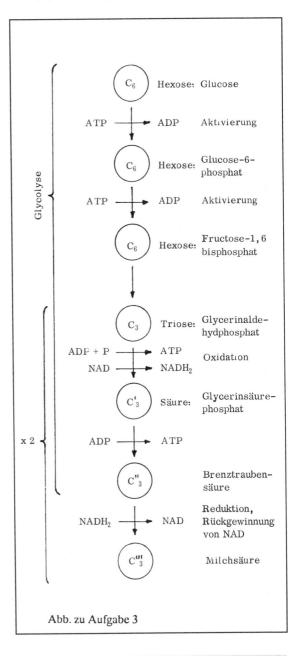

Abb. zu Aufgabe 3

4 Beschriftete Schemata des Materie- und Energieflusses:

Materiekreislauf - Energieeinbahnstraße

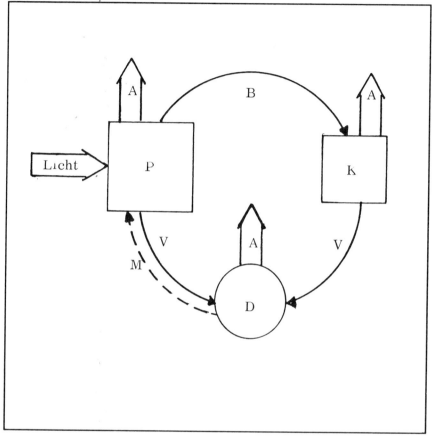

P: Produzenten   B: Biomasse (lebend)
K: Konsumenten   V: Biomasse (tot: Exkremente, abgestorbene Individuen)
D: Destruenten   M: Mineralisation
A: Atmung/Wärme
Materiekreislauf: B ———> V ———> M ———> B ...
Energieeinbahnstraße: Licht ———> P/K/D ———> A

5 Adsorption, Injektion, Synthese von phagenspezifischen Enzymen, Phagen-Protein-Synthese, Zusammenbau, Lyse.

6 Erste Änderungen: Gendrift bei kleiner Population; zufällig,
   Zweite Änderungen: Z.B. Umweltänderung; andere Selektionsbedingungen; a_3 mit Selektionsvorteil.
   Dritte Änderungen: Mutation zu a_4; Selektionsvorteil gegenüber a_1 und a_3.

Leistungskurs Biologie: Abiturprüfung 1990 - Aufgabe IV	

BE

1   Das vegetative Nervensystem und Hormone steuern Funktion und Zusammenwirken der inneren Organe des menschlichen Körpers.

1.1 Im efferenten Teil des vegetativen Nervensystems kann man zwei Bestandteile unterscheiden.
Nennen Sie diese Bestandteile!
Beschreiben Sie deren Funktion und nennen Sie die beteiligten Neurotransmitter!   5

1.2 Eine Person gerät in eine Streßsituation, der sie sich durch Flucht entzieht. Auf dieser legt die Person eine längere Stecke im Laufschritt zurück.
Für die Energieversorgung ist es dabei nötig, den Blutzuckerspiegel konstant zu halten. Der Bauchspeicheldrüse kommt hierbei eine wichtige Funktion zu.
Stellen Sie die Blutzuckerregulation in einem beschrifteten Pfeildiagramm dar!   6

1.3 Auch der Grundumsatz wird hormonell geregelt. Dabei stellen Meßglieder im Hypothalamus die Konzentration eines Hormons im Blut fest, von dem der Grundumsatz unmittelbar abhängt. Der Hypothalamus selbst produziert ein Hormon (TRH), das die Hypophyse aktiviert; deren Hormon (TSH) löst die Ausschüttung jenes Hormons aus, das den Grundumsatz unmittelbar beeinflußt.

a) Definieren Sie den Begriff Grundumsatz und nennen Sie das Hormon und die Hormondrüse, von denen der Grundumsatz unmittelbar abhängt!   2

b) Stellen Sie die hormonelle Regelung des Grundumsatzes als Pfeildiagramm dar! Verwenden Sie dabei alle unter Nummer 1.3 einleitend gegebenen Informationen!   4

c) Nennen Sie eine krankhafte Veränderung des Grundumsatzes und vier charakteristische Symptome dieser Krankheit!   3

2   Proteine, Fette und Phospholipide sind wesentliche Bestandteile der Zellmembran.
Erläutern Sie den Aufbau der Proteine, Fette und Phospholipide aus den charakteristischen Bausteinen!
Benennen Sie das jeweilige Verknüpfungsprinzip der Bausteine!
Strukturformeln sind nicht verlangt!   7

3   M. Calvin und seine Mitarbeiter benutzten zur Klärung von Photosynthesevorgängen folgende Versuchsanordnung (siehe S. 90-12):
In die langsam im lichtdurchlässigen Schlauch fließende Algensuspension kann auf unterschiedlichen Höhen C-14-markiertes Kohlenstoffdioxid injiziert werden. Ein Versuch wurde jeweils durch Eintropfen der Algensuspension in heißen Alkohol beendet.
Erläutern Sie, welche Verbindungen sich in Abhängigkeit von der Einstichstelle hauptsächlich nachweisen lassen!   5

4   Die Zweifachmutante p^rL^- (penicillinresistent, leucinbedürftig) von Escherichia coli wird mit einem geeigneten Phagenstamm zusammengebracht. Die Phagen vermehren sich. Nach dem Abtöten der Bakterien mit Chloroform werden die Phagen abgetrennt. Bringt man die Phagen mit einem Wildbakterienstamm zusammen, der penicillinsensibel ist und Leucin herstellen kann, so erhält man Rekombinanten zwischen Mutante und Wildtyp.

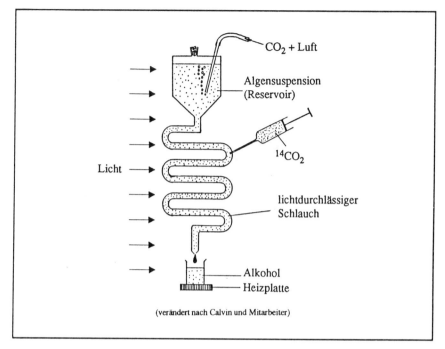

(verändert nach Calvin und Mitarbeiter)

4.1 Nennen Sie den Fachbegriff für die Übertragung von Bakterien durch Phagen! Beschreiben Sie unter Verwendung von Skizzen den Übertragungsvorgang eines Gens einschließlich der Bildung einer Rekombinante! 5

4.2 Nennen Sie alle möglichen neuen Genotypen von Rekombinanten unter Bezug auf die Angaben unter Nummer 4! 2

4.3 Beschreiben Sie einen experimentellen Weg, der es gestattet, eine der möglichen neuen Rekombinanten zu isolieren und zu identifizieren! 2

4.4 Die Penicillinresistenz tritt bei Escherichia coli im Durchschnitt bei einem von 10^{12} Individuen auf.
Beschreiben Sie, wie sich das Allel für diese Eigenschaft nach seiner Entstehung einerseits in einer penicillinfreien, andererseits in einer penicillinhaltigen Umgebung "durchsetzen" wird, und erklären Sie den Unterschied mit Hilfe der Evolutionstheorie! 2

5 Bei der Züchtung von Fliegen erhält man außer normalflügeligen Tieren mitunter auch solche mit verkümmerten Flügeln. In der Natur dagegen treten in windreichen Gegenden solche Tiere in der Überzahl auf.

5.1 Wie läßt sich dies aus der Sicht der Evolutionslehre erklären? 3

5.2 Auch bei uns sind viele normalflügelige Tiere bezüglich der Gene für normale bzw. verkümmerte Flügel heterozygot.
Legen Sie dar, welche Nachteile bzw. Vorteile eine solche Heterozygotie langfristig für den Fortbestand der Fliegen aus der Sicht der Evolutionslehre hat! 4

50

(erweiterter) Erwartungshorizont

1.1 **Sympathicus; Parasympathicus.**
Sympathicus: Regt z.B. Herz, Kreislauf, Atmung an; hemmt z.B. Verdauung und Ausscheidung. Neurotransmitter: Noradrenalin, Adrenalin.
Parasymphaticus: Umgekehrte Wirkung wie Symphaticus. Neurotransmitter: Acetylcholin.

1.2 **Wechselwirkung Glucagon - Insulin:**

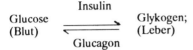

Beschriftetes Pfeildiagramm der Blutzuckerregelung:

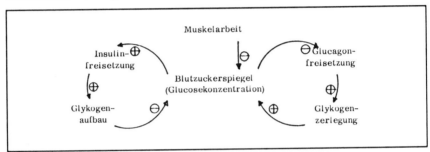

1.3 a) Grundumsatz: Energieumsatz des Körpers in völliger Ruhe.
Thyroxin; Schilddrüse.

b) **Beschriftetes Pfeildiagramm**

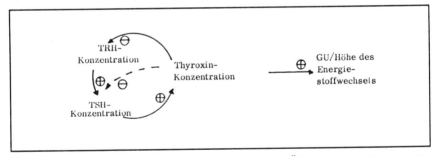

c) Z. B. Basedowsche Krankheit; vier Symptome (z.B. Übererregbarkeit, hervorstehende Augen, erhöhte Körpertemperatur, erhöhte Herzfrequenz, Unrast, Schlaflosigkeit).

2 **Proteine:** Aminocarbonsäuren durch Peptidbindungen verknüpft.
Fette: Glycerin und drei Fettsäuremoleküle; Esterbindungen.
Phospholipide: z.B. Lecithin, bestehend aus: Glycerin, zwei Carbonsäuremolekülen, Phosphorsäure und Cholin; Verknüpfung durch Esterbindungen.

3 Bei **kurzer Einwirkungsdauer** (tiefer Einspritzpunkt): Nachweis von z.b. radioaktiver 3-Phosphorglycerinsäure (C-3-Körper).

Bei **längerer Einwirkungsdauer** (hoher Einspritzpunkt): Nachweis von C-3- und C-6-Körpern, die erst im weiteren Verlauf aus C-3-Körpern gebildet werden.

4.1 Transduktion:

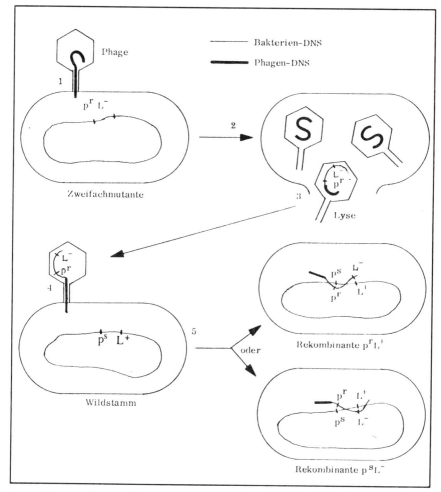

1. Injektion der Phagen-DNS ins Spenderbakterium (Zweifachmutante p^rL^-);
2. Bildung neuer Phagen;
3. einzelne Phagen nehmen ein kleines Stück Bakterien (Spender-)-DNS auf;
4. Injektion der Spender-DNS in Empfängerbakterium (Wildstamm p^sL^+);
5. Integration eines Spendergens in die Empfänger-DNS durch crossing over (Rekombination).

4.2 p^rL^+; p^sL^-.

4.3 Beschreibung der Stempeltechnik mit folgendem Ergebnis:

	Replika-platten (Kolonien)	d $p^r L^-$	c $p^s L^+$	b $p^s L^-$	a $p^r L^+$	Replika-platten (Agar!)
Ausgangsstämme / Rekombinanten	(b, d, a, c)	+	+	+	+	$-p$ $+L$
	(a)	+	–	–	+	$+p$ $+L$
	(a)	–	–	–	+	$+p$ $-L$
	(a, c)	–	+	–	+	$-p$ $-L$

Ausgangsplatte: (b, d, a, c)

4.4 **Penicillinfrei:** Ausbreitung sehr langsam, da kein Selektionsvorteil vorhanden.
Penicillinhaltig: Durchsetzung sehr schnell, da großer Selektionsvorteil.

5.1 In windreichen Gegenden Selektionsvorteil: keine Verdriftungsgefahr durch den Wind.

5.2 **Nachteil:** Bei Kreuzung heterozygoter Fliegen ist ein Teil der Nachkommen homozygot für verkümmerte Flügel; verschwindet damit wegen Selektionsnachteil (Verlust für die Gesamtpopulation).

Vorteil: Bei Veränderung der Umweltbedingungen (z.B. Wind) ist ein Überleben der stummelflügeligen Fliegen möglich.

		BE

Leistungskurs Biologie: Abiturprüfung 1991 – Aufgabe I

1 "Wer Tiere füttert, gewöhnt ihnen das spielerische Treiben ab und macht sie zu Bettlern", so lautet ein Appell an die Besucher des Innsbrucker Alpenzoos.

1.1 Erläutern Sie, aufgrund welcher Mechanismen ein derartiges "Bettelverhalten" bei Tieren zustande kommt! 4

1.2 Nennen Sie zwei Beispiele, welche die Bedeutung spielerischer Verhaltensweisen bei Tieren aufzeigen! 2

2 Versuche an markhaltigen Nervenfasern gaben Einblick in das Prinzip der Erregungsleitung bei Wirbeltieren.

2.1 Erläutern Sie mit Hilfe einer beschrifteten Skizze den Ablauf der Erregungsleitung an markhaltigen Nervenfasern! 5

2.2 Erläutern Sie die Bedeutung der sich im Laufe der Evolution herausgebildeten markhaltigen Nervenzellen für Tiere! 2

3 Neben dem Licht und der Temperatur beeinflußt auch die Kohlenstoffdioxid-Konzentration die Photosyntheserate grüner Pflanzen. Die folgende Graphik zeigt als Ergebnis zweier Experimente
- in Kurve I die Anzahl der in den Calvinzyklus eingeschleusten Kohlenstoffdioxidmoleküle,
- in Kurve II die Anzahl der aus der Atmosphäre in das Blatt aufgenommenen Kohlenstoffdioxidmoleküle
jeweils in Abhängigkeit von der Temperatur.

Erläutern Sie den Verlauf der Kurven I und II! 5

4 Bei Untersuchungen des Tiefseebodens im Pazifik wurden in 2500 m Tiefe Lebensgemeinschaften (Bakterien, Muscheln, Röhrenwürmer, Krabben) entdeckt. Sie sind an das Vorkommen heißer Quellen gebunden, die Schwefelwasserstoff enthalten. Von der Nährstoffproduktion anderer Lebensgemeinschaften sind sie unabhängig.

4.1 Legen Sie dar, welche Stoffwechselprozesse die Bakterien in die Lage versetzen, Nährstoffe in der Tiefsee aufzubauen! 4

4.2 Erörtern Sie, warum beim Versiegen der warmen, schwefelhaltigen Quellen die Lebensgemeinschaft in der Tiefsee allmählich abstirbt! 2

5 Mutationen sind für den Evolutionsprozeß von entscheidender Bedeutung.

5.1 Nennen Sie drei Möglichkeiten, durch die Mutationen ausgelöst werden können! 3

5.2 Bereits die Veränderung der Base des codogenen Stranges stellt eine Genmutation dar.
Legen Sie drei mögliche Folgen für ein Enzymprotein dar, das durch dieses Gen codiert wird! 6

6 Zahlreiche Bakterien und Viren sind Krankheitserreger für eine Vielzahl von lebenden Organismen.

6.1 Nennen Sie drei wichtige Unterschiede zwischen dem Aufbau einer Bakterienzelle und dem einer tierischen Zelle! 3

6.2 Legen Sie dar, warum man Bakterienzellen durch Erhitzen abtöten kann, während diese Methode bei Viren wesentlich seltener erfolgreich ist! 3

7 In verschiedenen Bodentiefen treten recht unterschiedliche Arten von Springschwänzen aus der Gruppe der flügellosen Urinsekten auf. In Richtung von der Streuauflage nach unten nehmen z. B. die Körpergröße sowie die Länge der Sprunggabel, die der Fortbewegung dient, drastisch ab. Man geht davon aus, daß die verschiedenen Arten von oberflächenbewohnenden Vorfahren abstammen.
Erläutern Sie die Entstehung der tieferlebenden Arten aus der Sicht Lamarcks und Darwins! 7

8 Als der Lehrer John Scopes aus Dayton/Tennessee seinen Schülern die Abstammungslehre und die Herkunft des Menschen von tierischen Vorfahren nahebringen wollte, wurde er deshalb 1925 vor Gericht gestellt und verurteilt.
Erläutern Sie jeweils einen Befund aus zwei geeigneten Forschungsbereichen, der die Primatenverwandtschaft des Menschen belegt! 4
___
50

(erweiterter) Erwartungshorizont

1.1 Bedingte Appetenz und bedingte Aktion: Lernen am Erfolg.

1.2 Z. B. Einüben artspezifischer Verhaltensweisen, Festigung sozialer Beziehungen.

2.1 Saltatorische Erregungsleitung:

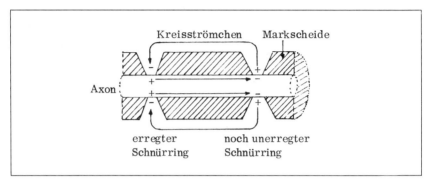

Aktionspotentiale nur an den Ranvierschen Schnürringen; geringer Potentialverlust aufgrund der Isolation durch Myelinscheide;
Aktionspotential an einem Schnürring bewirkt Depolarisierung am benachbarten Schnürring, Kreisströmchen.

2.2 Energieersparnis; hohe Leitungsgeschwindigkeit; Material- und Raumersparnis.

3 **Kurve I:** Temperaturabhängigkeit enzymatisch gesteuerter Reaktionen des Calvinzyklus: RGT-Regel; bei höheren Temperaturen verlangsamter Anstieg der Kurve, z. B. durch Inaktivierungseffekte.
Kurve II: Anstieg: Stärkere Öffnung der Spaltöffnungen zur Kompensation des CO_2-Verbrauchs im Calvinzyklus. Abfall: Schließen der Spaltöffnungen bei höheren Temperaturen als Verdunstungsschutz.

4.1 Chemosynthese der Bakterien; Energiegewinn aus der Oxidation von Schwefelwasserstoff; Verwendung zum Aufbau energiereicher organischer Substanzen.

4.2 Ausfall der Nährstoffproduktion: Absterben von Produzenten, Konsumenten und Destruenten.

5.1 Z. B. mutagene Substanzen, UV-Strahlung, radioaktive Strahlung.

5.2 Z. B. - keine Auswirkung aufgrund des degenerierten Codes
 - geringe Strukturbeeinträchtigung des codierten Enzyms (evtl. keine Veränderung des aktiven Zentrums)
 - Protein nicht funktionsfähig (evtl. Kettenabbruch, Veränderung des aktiven Zentrums o.a.).

6.1 **Bakterienzelle**	**tierische Zelle**
- keine Kernmembran	- Kernhülle (Doppelmembran mit Poren)
- 1 Ringchromosom aus nackter DNS*	- Chromosomen als Elementarfaden aus DNS und Histonen aufgebaut
- keine isolierten membranösen Organelle	- Endoplasmatisches Reticulum, Mitochondrien

* nach Watson, Molecular Biology of the Cell, 1987, ist Bakterien-DNS mit histonähnlichen Proteinen vergesellschaftet.

6.2 Eigener Stoffwechsel bei Bakterien; Hitzedenaturierung der Bakterienenzyme; bei Viren evtl. thermische Zerstörung der DNS bzw. Hüllproteine oder der reversen Transkriptase bei Retrovieren.

7 Lamarck: Nichtgebrauch von Organen führt zu deren Rückbildung; individuell erworbene Eigenschaften werden vererbt; enge Bodenspalten führen zur Rückbildung der Sprunggabel und zur Verringerung der Körpergröße; Vervollkommnungstrieb.

　Darwin: Große Nachkommenzahl; Variabilität; Selektion; kürzere Sprunggabel und kleinerer Körperwuchs in tieferen Bodenschichten von Vorteil; Überlebende geben ihr Erbgut an die Nachkommen weiter.

8 Z. B. vergl. **Anatomie**: Augenstellung, Zahnformel oder Greifhand;
　vergl. **Serologie**: Abgestufte Ausfällung mit Antihumanserum (Mensch 100 %, Schimpanse 85 %, Gorilla 64 %, Orang 42 %, Pavian 29 %, Rind 10 %, Vögel 0 %).

Leistungskurs Biologie: Abiturprüfung 1991 – Aufgabe II

BE

1 Ein revierverteidigendes Stichlingsmännchen wird mit verschiedenen Attrappen konfrontiert:
Attrappe A: Naturgetreue Nachbildung eines Stichlingsmännchens, jedoch ohne roten Bauch
Attrappe B: Länglicher, plump geformter Plastilinblock in Stichlingsgröße mit weißer Ober- und roter Unterseite.

In einer Versuchsreihe werden die Attrappen in unterschiedlicher Weise an die Reviergrenze des Stichlingsmännchens gebracht:
Versuch 1: Attrappe A – waagrechte Lage
Versuch 2: Attrappe A – senkrechte Lage
Versuch 3: Attrappe B – waagrechte Lage
Versuch 4: Attrappe B – senkrechte Lage

In der folgenden Graphik ist dargestellt, wie heftig die Attrappen von dem Stichlingsmännchen angegriffen werden.

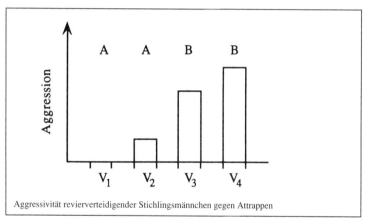

Aggressivität revierverteidigender Stichlingsmännchen gegen Attrappen

Beschreiben Sie unter Verwendung ethologischer Fachbegriffe das in der Abbildung dargestellte Versuchsergebnis! 3

2 Der Ameisenlöwe lauert am Grunde einer trichterförmigen, sandigen Grube auf Beute. Gerät eine Ameise hinein, so versucht sie zu entkommen, wobei jedoch der lockere Sand wegrutscht. Zudem wird sie von dem Ameisenlöwen mit Sand beworfen, wodurch sie in der Regel den Halt verliert und nach unten stürzt. Der Ameisenlöwe erfaßt seine Beute mit den Saugzangen und saugt sie aus.
Erläutern Sie das Verhalten des Ameisenlöwen unter Verwendung der entsprechenden ethologischen Fachbegriffe! 6

3 Die Entwicklung von Nervenzellen und deren Organisation ist ein wesentliches Merkmal im Tierreich.

3.1 Vergleichen Sie das Nervensystem einfacher Mehrzeller mit dem der Insekten! 4

3.2 Zeigen Sie, ausgehend von diesem Vergleich, grundlegende Tendenzen bei der Weiterentwicklung der Nervensysteme auf! 2

4 Eine Suspension frisch isolierter Chloroplasten wird mit einem blauen Farbstoff versetzt, der in reduzierter Form farblos ist. Der Ansatz wird auf zwei Gläser verteilt. Glas 1 wird dunkelgestellt, Glas 2 wird intensiv belichtet. Während der Inhalt von Glas 1 blau bleibt, tritt bei Glas 2 eine Entfärbung ein.

4.1 Geben Sie an, durch welche chemische Verbindung die Entfärbung des Farbstoffs bewirkt wird!
Begründen Sie Ihre Aussage! 3

4.2 Legen Sie kurz dar, welchen chemischen Vorgang diese Verbindung in der Dunkelreaktion der Photosynthese ermöglicht! 2

5 In einem Laborexperiment wird das Zusammenleben zweier Milbenarten untersucht. Es werden jeweils wenige Exemplare von Eotetranychus sexmaculatus – sie ernähren sich von Orangenschalen – und Typhodromus occidentalis zusammen mit ausreichend Orangenschalen in ein Gefäß gebracht. Die Entwicklung der Populationen ist in der folgenden Graphik dargestellt.

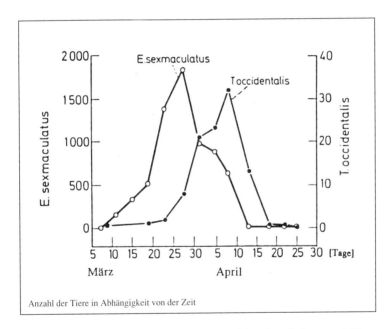

Anzahl der Tiere in Abhängigkeit von der Zeit

5.1 Interpretieren Sie die aus der Graphik ersichtlichen Populationsentwicklungen! 6

5.2 Stellen Sie die Beziehung der beiden Arten in einem beschrifteten Pfeildiagramm dar! 2

6   Die Analyse von Familienstammbäumen ist ein wichtiges Instrument in der genetischen Familienberatung.
6.1 Das folgende Stammbaumschema zeigt bezüglich des Auftretens eines monogenen Erbleidens folgendes Bild:

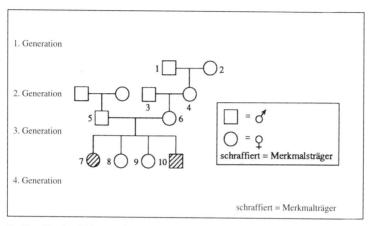

schraffiert = Merkmalsträger

Stellen Sie den Erbgang fest, und geben Sie mögliche Genotypen der Personen 1 bis 10 an!
Begründen Sie Ihre Antwort! 8

6.2 "Ein bluterkranker Mann kann mit einer phänotypisch gesunden Frau keine bluterkranken Söhne haben."
Nehmen Sie zur Gültigkeit dieser Aussage Stellung, und erläutern Sie diese mit Hilfe eines Vererbungsschemas! 4

7   In Westeuropa lebt der Kleine Schillerfalter (Apatura ilia), in Südosteuropa der Donau-Schillerfalter (Apatura metis). Beide Arten sehen sich sehr ähnlich und kommen in Ungarn entlang der Donau gemeinsam vor.
7.1 Erläutern Sie, wie es vermutlich zur Entstehung der beiden Schillerfalterarten kam! 4
7.2 Erörtern Sie, wie man ohne eingehende genetische oder serologische Untersuchungen feststellen kann, daß es sich bei den genannten Faltern um zwei Arten und nicht um zwei Rassen der gleichen Art handelt! 4

8   Sowohl von Mitochondrien als auch von Chloroplasten nimmt man an, daß es sich aus evolutiver Sicht um Endosymbionten handelt!
Zeigen Sie zwei Merkmale auf, die diese Theorie stützen und für beide Organellen zutreffen! 2
—
50

(erweiterter) Erwartungshorizont

1 Aggressionsauslösende Reizmuster: Roter Bauch und senkrechte Lage; unterschiedliche Wirksamkeit; Kombination der Einzelreize am stärksten reaktionsauslösend.

2 Handlungsbereitschaft – Hunger; ungerichtete Appetenz – Lauern; gerichtete Appetenz – mit Sand bewerfen; Endhandlung – Aussaugen; Schlüsselreize – rollende Sandkörner, Beute.

3.1 **Diffuses Nervensystem** (Nervennetz): Gleichmäßig verteilte Nervenzellen; allseitige Weiterleitung der Erregung über gleichartige Fortsätze.
Strickleiternervensystem (Bauchmark): Je Segment ein Ganglienpaar; Querverbindung über Kommissuren, Längsverbindung über Konnektive; evtl. stärkere Konzentration von Ganglien im Ober- und Unterschlundganglion.

3.2 Ausbildung von Nervensträngen und Ganglien; Entwicklung eines zentralen und peripheren Nervensystems.

4.1 Glas 2: $NADPH/H^+$; Bildung in der Lichtreaktion; Reduktion des blauen Farbstoffs.
Glas 1: keine Lichtreaktion möglich.

4.2 In der Dunkelreaktion: Reduktion von 3-Phosphoglycerinsäure zu 3-Phosphoglycerinaldehyd.

5.1 Vermehrung von E. sexmaculatus, da ausreichend Nahrung; phasenverschobene Zunahme von Freßfeind T. occidentalis; Ausrottung von E. sexmaculatus durch T. occidentalis; Aussterben von T. occidentalis wegen fehlender Nahrung.

5.2 Räuber–Beute–Pfeildiagramm:

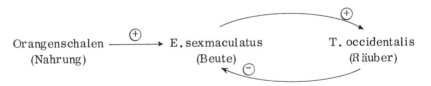

$\overset{\oplus}{\rightarrow}$ je mehr (weniger) ... desto mehr (weniger)

$\overset{\ominus}{\rightarrow}$ je mehr (weniger) ... desto weniger (mehr)

(Zusatzbemerkung: Das Regelkreisschema ist auf den Sachverhalt nicht voll anwendbar, da mit ihm ein Abbruch der Populationsentwicklung nicht erklärt werden kann.)

6.1 Autosomal rezessiver Erbgang: gesunde Eltern (5,6) haben kranke Kinder (7,10); gonosomal rezessiv scheidet aus, da Person 7 nur X-chromosomal-rezessiv möglich wäre, d. h. bei den Eltern (5,6) müßte jeweils ein X-Chromosom defekt sein, was bei Person 5 aber nicht der Fall sein kann.

Genotypen: Merkmalsträger (7,10) können nur homozygot rezessiv aa sein; phänotypisch gesunde Personen können grundsätzlich homozygot dominant AA oder heterozygot Aa sein (z. B. 8,9); die Eltern 5 und 6 müssen heterozygot Aa sein, wegen Kind 7 und 10; von Person 3 und 4 muß mindestens eine heterozygot sein; ist Person 3 homozygot AA, gilt gleiches für die Personen 1 und 2, wenn Neumutation ausgeschlossen wird.

6.2 Die Aussage ist falsch, da die Frau Konduktorin sein kann; in diesem Fall kann sie ihr defektes X-Chromosom X_a an einen Sohn weitervererben.

Mutter, Konduktorin $X_A X_a$ $X_a Y$ Vater, bluterkrank

                $X_a Y$ Sohn, bluterkrank

X_A: X-Chromosom mit dominantem Normalallel
X_a: X-Chromosom mit rezessivem Bluterallel
Y: Y-Chromosom

7.1 Aufspaltung der zunächst zusammenhängenden Population der Ursprungsart in eine westliche und eine östliche Teilpopulation; Separation, geographische Isolation; unterschiedliche Mutationen und evtl. unterschiedliche Selektionsfaktoren in den Teilpopulationen; Bildung der beiden Arten.

7.2 Kreuzungsexperimente zum Nachweis der reproduktiven Isolation:
Z. B. - keine Paarung; sexuelle Auslöser oder Kopulationsorgane zu unterschiedlich oder
- erfolgreiche Paarung; Bastarde aus dieser Kreuzung jedoch unfruchtbar.

8 Z. B. Doppelmembran verschiedener chemischer Zusammensetzung; die innere Membran enthält ein Phospholipid, das sonst nur in der Membran von Prokaryonten vorkommt;
eigene, "nackte" DNS, oft ringförmig wie bei Bakterien, mit eigenständiger Replikation.

Leistungskurs Biologie: Abiturprüfung 1991 – Aufgabe III

BE

1   Bei verhaltensbiologischen Experimenten mit Tieren wurde folgendes beobachtet:

a) Ein Goldhamster gelangt durch einen Gang an eine T-Verzweigung, die in der einen Richtung als Sackgasse endet, in der anderen Richtung dagegen nach außen führt. Die richtige Entscheidung an der Gabelung wird mit Futter belohnt, eine Fehlentscheidung dagegen nicht. Das Tier findet mit immer größerer Sicherheit den Ausgang.

b) Karl von Frisch besaß einen Zwergwels, der am Grunde eines Aquariums in einer kleinen Röhre wohnte. Er fütterte das Tier, indem er ihm ein Stäbchen mit Futter unmittelbar vor das Maul hielt. Eines Tages begann er, diese Futtergabe stets mit einem Pfiff zu begleiten. Fünf Tage nach Versuchsbeginn ließ er einen solchen Pfiff ertönen, bevor er den Zwergwels fütterte. Blitzschnell verließ darauf das Tier seinen Unterschlupf und schwamm suchend im Wasser umher.

Erläutern Sie die dargestellten Verhaltensweisen unter Verwendung ethologischer Fachbegriffe!   6

2   Die Regulation des arteriellen Blutdrucks läßt sich in vereinfachter Weise mit dem Modell eines Regelkreises beschreiben. Der Blutdruck wird von Pressorezeptoren in den Gefäßwänden bestimmter Arterien registriert. Ein Druckabfall durch einen verletzungsbedingten Blutverlust hat unter anderem zur Folge, daß sich die Muskulatur der Arterien kontrahiert. Innerviert werden die Muskeln von Neuronen des vegetativen Nervensystems, die vom Kreislaufzentrum des Nachhirns ausgehen. Dort treffen auch die Informationen der Pressorezeptoren ein.

2.1   Fertigen Sie ein allgemeines Regelkreisschema mit den entsprechenden regeltheoretischen Begriffen an!   6

2.2   Ordnen Sie die unter 2 dargestellten anatomischen Strukturen und deren Funktionen den entsprechenden Gliedern und Größen des Regelkreisschemas zu!   5

3   Der respiratorische Quotient ist ein wichtiger Parameter in der Physiologie.

3.1   Legen Sie die Auswirkungen auf den Stoffwechsel für den Fall dar, daß der anaerobe Kohlenhydratabbau mit Brenztraubensäure enden würde!   3

3.2   Berechnen Sie, ausgehend von der Bruttogleichung, den respiratorischen Quotienten für die Veratmung von Brenztraubensäure!   3

3.3   Erläutern Sie, welche Folgen die Zugabe eines Stoffes hat, der spezifisch die Atmungskette blockiert, wenn er

a) auf Milchsäurebakterien,
b) auf menschliche Nervenzellen einwirkt!   6

4   Tetraploider Mais wird mit einer diploiden Art, aus der er gezüchtet wurde, gekreuzt.

4.1   Legen Sie dar, welches Problem sich in der daraus resultierenden F_1-Generation ergibt, und gehen Sie auf die Ursachen ein!   3

4.2   Beschreiben Sie, wie sich dieses Problem in einem Laborexperiment lösen läßt!   4

5 Zu einer Kultur penicillinempfindlicher Bakterien gibt man wenige penicillinresistente Bakterien und läßt sie ohne äußere mutagene Einflüsse einige Zeit stehen. Es zeigen dann mehr Organismen in den Folgegenerationen diese Resistenz, als man aus der Vermehrungsrate erwarten dürfte. Erklären Sie dieses Phänomen! 3

6 Studien der Anatomie, des Verhaltens und der Bürzeldrüsensekrete ergaben Hinweise auf die Verwandtschaft der Neuweltgeier (z.b. Kondor) zu den Störchen und nicht, wie erwartet, zu den Altweltgeiern.
6.1 Erläutern Sie einen möglichen serologischen Nachweis zur Bestätigung der angeführten Verwandtschaftsverhältnisse! 7
6.2 Legen Sie dar, wie die äußeren Ähnlichkeiten zwischen Altwelt- und Neuweltgeiern entstehen konnten! 4

50

(erweiterter) Erwartungshorizont

1 a) In den Korrekturhinweisen wird die Verhaltensweise als **Lernen am Erfolg** angegeben: Koppelung von bedingter Appetenz und bedingter Aktion; d. h. auf eine auslösende Reizsituation/Wahrnehmung (linker Teil der Gabelung) und ein Verhaltenselement (Linkswendung) erfolgt gute Erfahrung (Belohnung).
Die Linkswendung ist aber nicht unbedingt ein besonders Verhaltenselement, sondern Teil des Appetenzverhaltens.
Nach Hassenstein (Verhaltensbiologie des Kindes, 1973) kann der Lernvorgang auch als **Differenzdressur** angesehen werden:
Kombination von bedingter Appetenz und bedingter Aversion;
zwei Reizsituationen (linker und rechter Teil der Gabelung) werden mit Belohnung und Nicht-Belohnung verknüpft.
b) **Bedingte Appetenz:** Neutraler Reiz (Pfiff) wird bei gleichzeitiger Belohnung (Futter) zum bedingten Reiz.

2.1 **Regelkreisschema:**

I Regelglied
II Stauglied
III Meßglied
IV Stellglied
V Führungsglied

A Regelgröße
B Störgröße
C Stellgröße
D Nachschubgröße

a Meldung über Istwert
b Meldung über Sollwert
c Meldung über Stellwert

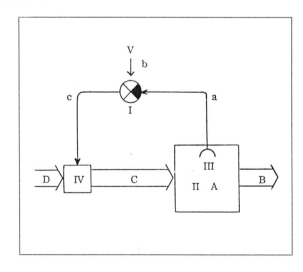

2.2 Regelgröße – Blutdruck; Meßglied – Pressorezeptoren; Störgröße – Blutverlust; Regelglied – Kreislaufzentrum des Nachhirns; Stellglied – Arterienmuskulatur. (Meldung über Stellwert – Neuronen des vegetativen Nervensystems nicht in den Korrekturhinweisen genannt.)

3.1 NADH/H$^+$ würde nicht wieder zu NAD$^+$ oxidiert; dadurch könnte die ATP-Bildung nach einiger Zeit nicht mehr ablaufen; die anaerobe Energiefreisetzung käme zum Erliegen.

3.2 $2 CH_3-CO-COOH + 5 O_2 \rightarrow 6 CO_2 + 4 H_2O$
RQ = 6 : 5; RQ = 1,2.

3.3 a) Milchsäurebakterien überleben; besitzen keine Atmungskette; lebensnotwendige Energie wird anaerob durch Gärung gewonnen.
b) Zunächst Blockierung der Natrium-Kalium-Pumpe; Zusammenbrechen des Ruhepotentials; auf Dauer Absterben der Nervenzellen, da entscheidender Schritt des Energiestoffwechsels ausfällt.

4.1 Bastarde steril: Triploider Chromosomensatz; gleichmäßige Verteilung von drei homologen Chromosomen in der Meiose nicht möglich.

4.2 Z. B. Polyploidisierung mit Colchicin; Verdoppelung des Chromosomensatzes; Homologenpaarung wieder möglich.

5 Genübertragung durch Konjugation; Rekombination.

6.1 Serumdiagnostik: Bildung spezifischer Antikörper gegen Neuweltgeier – z. B. Kondor-Serumproteine im Blut eines Testtieres, z. B. Kaninchen. Isolierung des antikörperhaltigen Serums und Durchführung der Präzipitinreaktion:

Anti-Kondor-Präzipitin + Serum $\rightarrow$ Präzipitinreaktion
(Antikörper) (Antigene)
von Kondor $\rightarrow$ 100 % Ausfällung
von Storch $\rightarrow$ < 100 % Ausfällung
von Altweltgeier $\rightarrow$ << 100 % Ausfällung

Je stärker die Fällungsreaktion, desto größer ist der Anteil gleicher Proteine bzw. Proteinstrukturen. Je größer die Übereinstimmung der Aminosäuresequenzen (Primärstruktur), desto größer ist die genetische Übereinstimmung.
Die Unterschiede in der genetischen Information kommen durch Mutationen zustande: Je geringer die Unterschiede, desto kürzer ist die Zeit der getrennten Entwicklung seit dem nächsten gemeinsamen Vorfahren.
Also besteht eine Korrelation zwischen Fällungsgrad und Verwandtschaft.

6.2 Vergleichbare Umweltbedingungen; konvergente Entwicklung; ähnliches äußeres Aussehen.

Leistungskurs Biologie: Abiturprüfung 1991 – Aufgabe IV

BE

1 Hirsche stellen sich beim Angriff eines Raubtieres auf die Hinterbeine und schlagen mit den scharfkantigen Hufen der Vorderbeine zu. Die Brunftkämpfe tragen sie jedoch mit ihren Geweihen aus, wobei sie sich hin- und herschieben.
Erklären Sie diese Unterschiede im Kampfverhalten der Hirsche! Verwenden Sie dabei die entsprechenden ethologischen Fachbegriffe! 4

2 Der Strichfußanolis ist eine etwa 20 cm lange mittelamerikanische Baumechse, die sich an Stämmen aufhält, sich von Insekten ernährt und wie alle Reptilien zu den wechselwarmen Tieren gehört. Die Echse flieht, wenn man sich ihr auf eine bestimmte Entfernung, die Fluchtdistanz, nähert.

2.1 Die folgende Graphik stellt den Zusammenhang zwischen der Körpertemperatur des Anolis und seiner Fluchtdistanz dar.

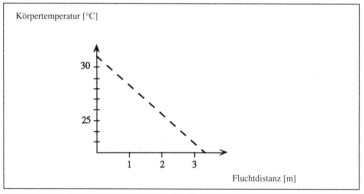

Interpretieren Sie kurz die Aussage der Graphik, in der die Ergebnisse vieler einzelner Versuche zusammengefaßt wurden! 2

2.2 Erläutern Sie allgemein den Fachbegriff "Doppelte Quantifizierung", und stellen Sie den Bezug zum Beispiel in 2.1 her! 4

2.3 Nennen Sie zwei biotische Selektionsfaktoren, die zur Entwicklung der bräunlichen Körperfarbe des Anolis geführt haben könnten!
Begründen Sie Ihre Aussage! 2

3 Mit Hefen, die sowohl unter aeroben als auch unter anaeroben Lebensbedingungen existieren können, wurde folgender Versuch durchgeführt:
Zwei Reaktionsgefäße 1 und 2 enthalten jeweils gleiche Mengen einer konzentrierten Glucoselösung und einer Hefesuspension. Gefäß 1 wird so verschlossen, daß keine Luft hinzutreten kann, Gefäß 2 wird gut durchlüftet. In einem Gefäß 3 befindet sich verdünnte Glucoselösung mit einer Hefesuspension. Es ist ebenfalls verschlossen. Die Hefemenge ist in allen drei Gefäßen gleich.

Nach Beendigung der Reaktionen enthalten die drei Gefäße außer Hefe folgende Ausgangsstoffe und Endprodukte:
Gefäß 1: zwei Endprodukte und einen Teil der eingesetzten Glucose
Gefäß 2: nur eines der beiden in den Gefäßen 1 und 3 gebildeten Endprodukte
Gefäß 3: zwei Endprodukte.

3.1 Geben Sie an, welche biochemischen Vorgänge in den Gefäßen 1, 2 und 3 abgelaufen sind!
Formulieren Sie jeweils die entsprechenden Bruttogleichungen! 6
3.2 Erklären Sie, warum in Gefäß 2 im Gegensatz zu Gefäß 1 die gesamte Glucosemenge umgesetzt worden ist! 3

4 In pflanzlichen Monokulturen ist das ökologische Gleichgewicht – im Gegensatz zu Mischkulturen – empfindlich gestört. Man beobachtet nicht selten, daß nach chemischer Bekämpfung einer Schadinsektenart in Monokulturen neue durch diese Art verursachte Kalamitäten (Schäden großen Ausmaßes) auftreten.
Erklären Sie dieses Geschehen! 4

5 Die enzymatisch gesteuerte Synthese der Aminosäure Tryptophan bei Escherichia coli führte zur Entdeckung der Repression der Genaktivität durch das Endprodukt.
Stellen Sie anhand einer beschrifteten Skizze modellhaft die Repression der Genaktivität an diesem Beispiel dar!
Gehen Sie dabei vereinfachend von nur einem Ausgangsstoff und zwei Zwischenstufen aus!
Diese Stoffe sind nicht mit Namen zu bezeichnen! 6

6 Eine phänotypisch gesunde Frau kann nur mongoloide Kinder zur Welt bringen, obwohl ihr Mann phäno- und genotypisch gesund ist.
6.1 Geben Sie an, welche Chromosomenaberration bei dieser Frau vorliegt!
Begründen Sie Ihre Aussage! 3
6.2 Nennen Sie drei charakteristische Merkmale des Mongolismus! 3

7 Im Wissenschaftsteil einer Tageszeitung war folgender Bericht zu lesen:
"Amerikanischen Wissenschaftlern ist ein Experiment zur Bestätigung eines evolutiven Vorgangs geglückt. Eine kleine Guppy-Population – lebendgebärende Zahnkarpfen mit relativ kurzer Generationsdauer und hoher Nachkommenzahl – wurde aus einem Fluß der Karibikinsel Trinidad in ein anderes Gewässer umgesetzt. Im Fluß wurden vor allem die ausgewachsenen Guppys, im neuen Gewässer vor allem die jungen Guppys von den jeweiligen Feinden gefressen.
Nach elf Jahren, oder fast 60 Generationen, hatte sich das Fortpflanzungsverhalten dieser Population verändert: Die weiblichen Nachkommen der umgesetzten Fische wiesen längere 'Tragzeiten' auf als die der Stammpopulation in der alten Umgebung, und die Jungen waren rund zehn Prozent schwerer."
7.1 Nennen Sie allgemein Ursachen für die Ausbildung genetisch bedingter Merkmalsunterschiede, wenn sich Individuen einer Art in verschiedenen, voneinander getrennten Verbreitungsgebieten weiterentwickeln! 4
7.2 Erörtern Sie, welche konkreten Selektionsbedingungen im vorliegenden Fall zu den unterschiedlichen "Tragzeiten" geführt haben könnten! 3

8   Der Pferdestammbaum ist eines der bekanntesten Forschungsergebnisse der
     Paläontologie.
     Nennen Sie drei anatomische Abwandlungen, die zur Aufstellung des Pfer-
     destammbaums führten, und diskutieren Sie diese im Zusammenhang mit
     den Veränderungen der Umwelt! $\frac{6}{50}$

(erweiterter) Erwartungshorizont

1   Zwischenartliche Aggression; Beschädigungskampf.
     Innerartliche Aggression; Kommentkampf.

2.1 Aussage: Je höher die Körpertemperatur, desto geringer die Fluchtdistanz.
     Interpretation: Bei höherer Körpertemperatur als wechselwarmes Tier beweglicher.

2.2 Doppelte Quantifizierung: Handlungsbereitschaft – abhängig von der Körpertempera-
     tur; Schlüsselreiz – sich näherndes Objekt;
     Auslösung der Instinkthandlung – Wechselwirkung der beiden Faktoren.

2.3 Freßfeinde: Tarnung – Schutz;
     Beutetiere: Tarnung – Nichterkanntwerden.

3.1 Anaerobe Bedingungen: In den Gefäßen 1 und 3 alkoholische Gärung;
                            $C_6H_{12}O_6 \rightarrow 2\ C_2H_5OH + 2\ CO_2$.
     Aerobe Bedingungen: In Gefäß 2 aerober Glucoseabbau;
                            $C_6H_{12}O_6 + 6\ O_2 \rightarrow 6\ CO_2 + 6\ H_2O$

3.2 Gefäß 2: Vollständige Oxidation derGlucose zu CO_2 und H_2O
             (keine toxischen Endprodukte).
     Gefäß 1: Höhere Alkoholkonzentration aufgrund konzentrierter Glucoselösung;
     toxische Effekte auf die Hefezellen.

4   Vernichtung zahlreicher natürlicher Feinde; Resistenz, kurze Generationsdauer, hohe
     Vermehrungsrate bei Schädlingen.

5   Endprodukt-Repression der Tryptophan(Trp)-Synthese
     (Schema nach Jakob-Monod S. 91-16):
     Regulatorgen (R); Operon aus Promotor ((P), nicht in den Korrekturhinweisen
     erwähnt), Operatorgen (O) und drei Strukturgenen (S), drei Enzymen (E) und Stoff-
     wechselschritten; inaktiver Repressor (a) durch Endprodukt Tryptophan zum aktiven
     Repressor (b) verändert; Abschaltung des Operons bei Endproduktanreicherung.

6.1 21-21-Translokation bei der Frau: Es entstehen wegen zwangsläufigem Nondisjunction
     des 21-21-Chromosoms entweder Eizellen ohne oder mit diesem Chromosom. Erstere
     ergeben bei der Befruchtung monosome Zygoten (sterben ab), letztere führen zur Trans-
     lokationstrisomie.

6.2 Z. B. schrägstehende Lidachse; stark verminderte Intelligenz; flache Nasenwurzel.

Schema nach Jacob–Monod: (Aufgabe 5)

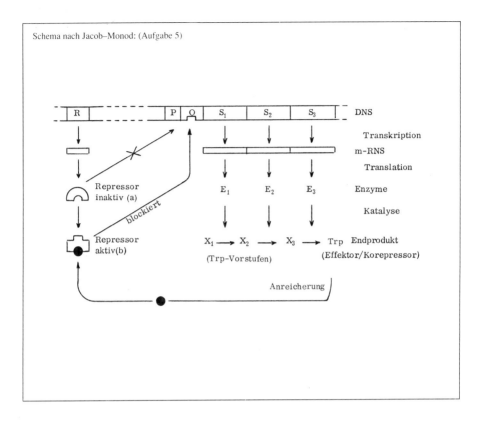

7.1 Zufällige Allelenkombination bei den Gründerindividuen (Gendrift); unterschiedliche Mutationen und Rekombinationen sowie unterschiedliche Selektionsbedingungen in den getrennten Verbreitungsgebieten.

7.2 Z. B. Selektionsdruck im neuen Gewässer durch (u. U. kleinere) Freßfeinde führt zu längeren "Tragzeiten" und damit zu schwereren Jungtieren; Selektionsdruck im alten Gewässer durch (u. U. größere) Freßfeinde begünstigt kürzere "Tragzeiten".

8 Z. B. Zähne mit Schmelzfalten – Übergang vom Laubfresser zum Grasfresser; Körpergröße – hochwüchsige Gestalt besser geeignet in der Steppe; Fußstruktur – Zehenspitzengänger als Anpassung an den Übergang vom Wald- zum Steppenleben.

Leistungskurs Biologie: Abiturprüfung 1992 – Aufgabe I

BE

1 Lernverhalten spielt bei Tieren neben angeborenen Verhaltensweisen eine große Rolle.

1.1 Geben Sie für angeborenes und erlerntes Verhalten jeweils zwei charakteristische Merkmale an! 4

1.2 Erläutern Sie anhand eines Versuchs eine Nachweismöglichkeit für angeborenes Verhalten! 2

2 Natrium-Kalium-Pumpen erfüllen Transportfunktionen in den Membranen der Nervenzellen.

2.1 Stellen Sie unter Mitverwendung einer beschrifteten Schemazeichnung die Arbeitsweise der Natrium-Kalium-Pumpe dar! 4

2.2 Erläutern Sie kurz ein Experiment zur Blockierung der Natrium-Kalium-Pumpe! 2

3 Hefepilze vermögen aus Glucose sowohl aerob als auch anaerob Energie zu gewinnen.

3.1 Formulieren Sie für beide Arten der Energiegewinnung die dazugehörigen Summengleichungen, und diskutieren Sie im Vergleich die ATP-Bilanzen! 4

3.2 Erläutern Sie kurz die allgemeine Bedeutung des $NADH,H^+/NAD^+$-Systems für den Stoffwechsel der Zelle! 2

4 Von zwei Seen wurden Ende Juni folgende Daten ermittelt:

See A

Tiefe (m)	O_2 (mg/l)	CO_2 (mg/l)	Phosphat (mg/l)
0	9,3	0,5	Spuren
10	8,5	2,7	Spuren
20	0,6	14,0	Spuren
30	0,0	38,3	0,17
40	0,0	54,8	0,47

See B

Tiefe (m)	O_2 (mg/l)	CO_2 (mg/l)	Phosphat (mg/l)
0	9,6	1,2	Spuren
10	10,3	1,8	Spuren
20	10,3	2,0	Spuren
55	9,2	2,2	Spuren

Leiten Sie aus obigen Daten den jeweiligen Ernährungszustand von See A und B ab, und begründen Sie Ihre Aussagen! 6

5 Im Jahre 1961 wurde durch Jacob und Monod das Prinzip der Genregulation an Mikroorganismen abgeleitet.

5.1 Erläutern Sie unter Mitverwendung einer beschrifteten Skizze die Induktion der Proteinbiosynthese! 8

5.2 Diskutieren Sie für die Induktion umfassend, wie sich Mutationen im Regulatorgen auf dessen Genprodukt auswirken können!   8

6   In Europa kommen drei Schneehuhnarten vor. Das in Nordeuropa lebende Moorschneehuhn und das in den Hochlagen der Alpen und Nordeuropas vorkommende Alpenschneehuhn wechseln zu Beginn des Winters ihre Gefiederfarbe: Sie werden weiß.
     Das im Norden Großbritanniens heimische Schottische Moorschneehuhn bleibt auch im Winter bräunlich.
     Deuten Sie die Tatsache, daß nur bei zwei der vorgestellten Schneehuhnarten ein Farbwechsel des Gefieders auftritt, und erklären Sie die Entstehung dieses Phänomens!   6

7   "Die häufige Anwendung von Antibiotika stellt heute auch ein genetisches Problem dar."
     Erläutern Sie diese Aussage aus evolutionsbiologischer Sicht! $\underline{\ \ 4}$
                                                                                          50

(erweiterter) Erwartungshorizont

1.1 Angeborenes Verhalten: z. B. Informationsspeicher Genom, formstarr.
Erlerntes Verhalten: z. B. Informationsspeicher ZNS, variabel.

1.2 Z. B. Kaspar-Hauser-Experiment: isolierte Aufzucht unter spezifischem Erfahrungsentzug und Vergleich mit einer Kontrollgruppe unter normalen Bedingungen. Zeigen die Kaspar-Hauser-Tiere in der Testsituation das zu überprüfende Verhalten, so muß es angeboren sein. Beispiel je nach Unterricht.

2.1 Aktiver Transportmechanismus: Eingehen auf die Ionenverteilung, ATP und die Bedeutung des beteiligten Enzyms (ATPase);

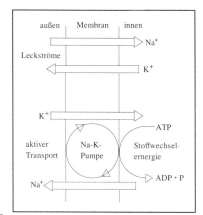

2.2 Z. B. Hemmung der ATPase durch entsprechende Temperaturerniedrigung.

3.1 Aerob: $C_6H_{12}O_6 + 6\ O_2 \longrightarrow 6\ CO_2 + 6\ H_2O$
Anaerob: $C_6H_{12}O_6 \longrightarrow 2\ C_2H_5OH + 2\ CO_2$
Beim aeroben Abbau (Atmung) der Glucose erfolgt vollständige Oxidation der Glucose zu energiearmen anorganischen Produkten und damit ein entsprechend hoher Energiegewinn: 38 mol ATP je mol Glucose. Beim anaeroben Abbau (alkoholische Gärung) stellt Ethanol ein immer noch energiereiches organisches Produkt dar: 2 mol ATP je mol Glucose (aus der Glycolyse).

3.2 Wasserstoffübertragendes Redoxsystem mit Beteiligung an vielen Elektronenübertragungsreaktionen; Redoxpotential ermöglicht Aufnahme und Abgabe von Elektronen im Zellstoffwechsel.

4 See A: eutroph.
Oberflächenwasser sauerstoffreich und kohlendioxidarm, da hohe Photosyntheserate des Phytoplanktons; Verbrauch des Phosphats beim Aufbau von Biomasse. Tiefenwasser sauerstoffarm und kohlenstoffdioxidreich, da viel Biomasse aerob mineralisiert wurde; dabei Freisetzung von Phosphat.

See B: oligotroph.
Gesamter Wasserkörper sauerstoffreich, kohlenstoffdioxid- und phosphatarm aufgrund geringer aerober Mineralisierungsprozesse.

5.1 Jacob-Monod-Modell der Induktion: Proteinbiosynthese bezieht sich hier auf die Bildung von Enzymen, die erst bei Zufuhr des Substrats gebildet werden, wie z. B. für den Lactose-Abbau.

Schema: R = Regulatorgen, das für ein allosterisches Repressorprotein codiert
P = Promotor, Startplatz für die Transkriptase
O = Operatorgen
S = Strukturgene

a) gehemmte Produktion der Enzyme: Repressor blockiert Operatorgen, Strukturgene inaktiviert;
b) bei Zugabe von Lactose allosterische Inaktivierung des Repressors, Aktivierung der Strukturgene;

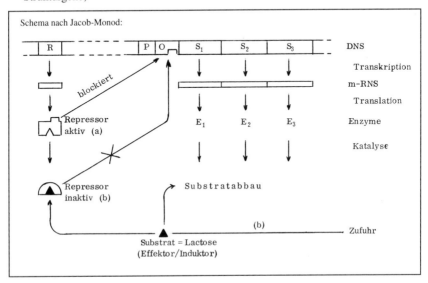

5.2 Prinzipiell drei Auswirkungen:
- Repressor unverändert, da die Degeneration des genetischen Codes die gleiche Aminosäuresequenz zur Folge hat;
- mehr oder weniger verminderte Funktionsfähigkeit des Repressors, da sinnvolle Wechselwirkungen Repressor-DNS bzw. Repressor-Induktor noch möglich sind; die entscheidenden räumlichen Strukturen der Bindungsstellen sind nicht oder nur geringfügig verändert;
- funktionsunfähiger Repressor, da eine sinnvolle Wechselwirkung an den stark veränderten Bindungsstellen nicht mehr möglich ist.

6   Angleichung der Gefiederfarbe an die Färbung des Untergrundes schützt vor Freßfeinden. Die bleibende Braunfärbung des Schottischen Moorschneehuhns stellt eine Anpassung an die relativ milden Winter dar. Variabilität bezüglich Gefiederfarbe und jahreszeitliche Abhängigkeit der Färbung (Mauser!) durch Mutation/Rekombination; Selektionsvorteil der jeweils besser getarnten Phänotypen; Veränderung der Gen-/Allelenfrequenz.

7   Spontane Mutationen; Antibiotika als Selektionsfaktor; Selektion der resistenten Formen; gleichzeitig Elimination bestimmter Genotypen (Verarmung an genetischer Vielfalt).

		BE

Leistungskurs Biologie: Abiturprüfung 1992 – Aufgabe II

1 Bei der Gartenkreuzspinne ist das Männchen wesentlich kleiner als das Weibchen. Wenn sich ein Männchen einem Weibchen zur Paarung nähert, zupft es in kennzeichnenden Rhythmen am Netz des Weibchens, bis dieses langsam näherkommt.

1.1 Erklären Sie das Verhalten des Weibchens unter Verwendung ethologischer Fachausdrücke! 4

1.2 Oft kommt es vor, daß das Männchen unmittelbar nach der Kopulation vom Weibchen aufgefressen wird.
Interpretieren Sie diese Beobachtung aus ethologischer Sicht! 4

2 Aufgrund des Aufbaus bezeichnet man die Skelettmuskulatur des Menschen als quergestreifte Muskulatur.

2.1 Beschreiben Sie den Mechanismus der Muskelkontraktion unter besonderer Berücksichtigung der molekularbiologischen Vorgänge! 7

2.2 Unter bestimmten physiologischen Voraussetzungen wird in einem Skelettmuskel Brenztraubensäure in Milchsäure umgewandelt.
Formulieren Sie diesen Reaktionsschritt unter Verwendung von Strukturformeln!
Begründen Sie, weshalb diese Reaktion abläuft, obwohl dabei kein Aufbau von ATP erfolgt! 3

2.3 Erläutern Sie die Bedeutung des Myoglobins für die Muskelzellen! 3

3 In Deutschland breiten sich immer mehr Neophyten aus. Das sind Pflanzen, die es früher hier nicht gab und die der Mensch eingeschleppt hat.
Diskutieren Sie die Populationsentwicklung der in den nachfolgenden Texten genannten Pflanzen mit Hilfe der entsprechenden ökologischen Fachbegriffe!

a) *Der **Japanische Knöterich** wurde in unseren Wäldern ausgepflanzt und vermehrt sich seither ungehemmt. Er verdrängt einheimische Pflanzen (z. B. Farne) und ist durch Bekämpfungsmaßnahmen wie Mähen oder Ausgraben nicht auszurotten.*

b) *Die 1836 aus Nordamerika nach Europa eingeschleppte **Kanadische Wasserpest** vermehrte sich zeitweise so explosionsartig, daß Fischfang und Schiffahrt behindert wurden. Nach einigen Jahren verstummten die Klagen, weil die Populationsdichte der Pflanzen durch Umweltfaktoren stark vermindert wurde. Es kam jedoch nicht zur Ausrottung der Pflanze.*

c) *Bereits die Römer brachten viele Urformen der heutigen Getreidearten mitsamt den dazugehörigen Wildkräutern wie **Klatschmohn** und **Kornblume** an den Rhein. Heute gehören letztere zu den seltenen Pflanzen.* 6

4 Bakterien und Bakteriophagen spielen in der Molekulargenetik eine große Rolle.

92-5

4.1 Geben Sie zwei Merkmale an, in denen sich die Bakterienzelle von der Eukaryotenzelle unterscheidet!   2

4.2 Erläutern Sie den lytischen Vermehrungszyklus eines Bakteriophagen!   6

5   Für fünf Gene auf einem Chromosom einer Drosophila-Form hat man folgende Austauschwerte durch Crossing-over gefunden:

st/p 4 %   st/bn 28 %   dw/bn 22 %   p/bn 24 %
dw/sr 12 %   st/sr 18 %

st = scharlachrot; p = rosa; bn = bandartig; dw = Zwerg; sr = Streifen

Geben Sie die relative Lage der Gene zueinander an!
Begründen Sie Ihre Aussage kurz unter Mitverwendung einer einfachen Skizze!   5

6   Die Evolution des Menschen setzte an mehreren Körpermerkmalen gleichzeitig an.

6.1 Nennen Sie drei Körpermerkmale, die für den aufrechten Gang des Menschen notwendig sind, und erläutern Sie deren Bedeutung für den zweifüßigen Gang!   3

6.2 Diskutieren Sie anhand je eines Beispiels aus dem Bereich der Morphologie und Ethologie die Bedeutung von Rudimenten für die Aussagen zur Abstammung des Menschen!   4

6.3 Die Angehörigen einer indianischen Bevölkerungsgruppe in einem bestimmten Gebiet Nordamerikas besitzen zu 97 % die Blutgruppe Null, obwohl das betreffende Allel rezessiv vererbt wird.
Zeigen Sie auf, welcher Evolutionsfaktor hier entscheidend mitgewirkt hat!   <u>3</u>
50

(erweiterter) Erwartungshorizont

1.1 Instinktverhalten aus dem Funktionskreis Balz:
Voraussetzung: Motivation des Weibchens
Rhythmisches Zupfen des Männchens: reaktionsauslösender Reiz für das Weibchen
Langsame Annäherung: gerichtetes Appetenzverhalten des Weibchens.

1.2 Weibchen mit gleichzeitiger Motivation für Paarung und Freßverhalten; nach vollzogener Paarung sinkt die entsprechende Motivation; überwiegen der Freßbereitschaft: Männchen wirkt als Reizmuster für Beutefang.

2.1 Gleitfilamenttheorie und zugrundeliegende molekularbiologische Vorgänge: Nervenimpuls, Muskelaktionspotential; Diffusion von Ca^{2+}-Ionen aus dem Sarkoplasmatischen Reticulum zwischen die Filamente; Aktivierung der ATPase-Funktion des Myosins; ATP-Spaltung: Energiefreisetzung; Ineinandergleiten der Aktin- und Myosinfilamente (durch viele Greif-Loslaß-Zyklen der Myosinköpfe/Aktinfilamente); Rücktransport der Ca^{2+}-Ionen durch Ionenpumpe bewirkt Erschlaffung des Muskels.

2.2

$$H-\underset{\underset{H}{|}}{\overset{\overset{H}{|}}{C}}-\underset{}{\overset{\overset{O}{|}}{C}}-\overset{O}{\overset{\|}{C}}-OH \xrightarrow{\quad NADH/H^+ \quad NAD^+ \quad} H-\underset{\underset{H}{|}}{\overset{\overset{H}{|}}{C}}-\underset{\underset{H}{|}}{\overset{\overset{OH}{|}}{C}}-\overset{O}{\overset{\|}{C}}-OH$$

Durch die Reaktion wird NAD^+ aus $NADH/H^+$ regeneriert.

2.3 Höhere Affinität des Myoglobins zu Sauerstoff als Hämoglobin zu Sauerstoff; Förderung der Abgabe von Sauerstoff aus dem Blut; Sauerstoffspeicher.

3 a) Konkurrenten und spezifische Pflanzenfresser fehlen; noch exponentielles Wachstum, da vorhandene Lebensbedingungen optimal.
b) Zunächst exponentielles Wachstum; schließlich Einstellung eines biologischen Gleichgewichts aufgrund des Einflusses dichtebegrenzender Faktoren, z. B. innerartliche Konkurrenz.
c) Anthropogene Selektion, z. B. Herbizideinsatz.

4.1 Z. B. Zellkernäquivalent anstelle eines echten Zellkerns, Fehlen des endoplasmatischen Reticulums.

4.2 Phasen des lytischen Zyklus (jeweils kurze Erklärung verlangt): Adsorption, Injektion, Enzymsynthese, DNS-Replikation, Proteinsynthese, Zusammenbau, Lyse.

5

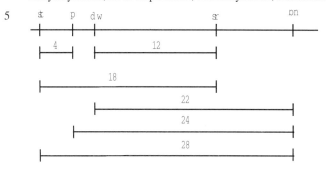

Die Austauschhäufigkeit ist proportional dem relativen Genabstand: je größer der Genabstand, umso größer ist die Wahrscheinlichkeit, daß die Gene durch Crossing-over voneinander getrennt werden. (Dabei ist wegen Mehrfach-Crossing-over-Ereignissen der Austauschwert entfernterer Gene kleiner als die Summe der Austauschwerte dazwischenliegender Gene, was vereinfachend in der Angabe nicht berücksichtigt ist.)

Die Reihenfolge der Gene erhält man jeweils aus dem Vergleich der Austauschwerte/Genabstände dreier Gene:

z. B.
```
      st    p        bn          und nicht:    p    st       bn
   ---+----+--------+---                     --+----+--------+--
      |  4 |   24   |                          |  4 |   28   |
      |----+--------|                          |----+--------|
      |    28       |                          |    24       |
      |-------------|                          |-------------|    usw.
```

6.1   Z. B.   "schüsselförmiges" Becken: Tragefunktion für Eingeweide;
              doppelte S-Form der Wirbelsäule: Federung;
              Lage des Hinterhauptslochs: Verlagerung des Unterstützungspunktes des
                                                Schädels.

6.2   Morphologie:
      z. B. Wurmfortsatz   – Abstammungszusammenhänge mit Pflanzenfressern.

      Ethologie:
      z. B. Klammerreflex – Abstammung von Vorfahren mit aktiven Traglingen.

6.3   Wirkung von Gendrift (Sewall-Wright-Effekt):
      Die Besiedelung des angesprochenen Gebiets ging wohl von einer kleinen Gruppe aus,
      der zufällig nahezu ausschließlich Individuen der Blutgruppe Null angehörten.

Leistungskurs Biologie: Abiturprüfung 1992 – Aufgabe III

BE

1 Es wurde beobachtet, daß ein Vogel beim Versuch, eine Wespe zu fressen, von dieser in die Zunge gestochen wurde. Er spuckte sie aus und mied fortan Tiere mit derartigem Aussehen.

1.1 Beschreiben Sie den vorliegenden Lerntyp unter Verwendung ethologischer Fachbegriffe!   2

1.2 Dieser Lernvorgang führt dazu, daß auch harmlose Tiere, die den wehrhaften ähnlich sehen, nicht mehr gefressen werden.
Erläutern Sie die Vorgänge, die dazu führten, daß z. B. harmlose Fliegen im Laufe der Evolution vom Aussehen her den Wespen täuschend ähnlich wurden!   5

2 Die Blätter der Rotbuche auf der Außenseite der Baumkrone, die sogenannten Lichtblätter, sind relativ dick, sehr chloroplastenreich und oft mit einem zweischichtigen Palisadenparenchym ausgestattet. Die Blätter im Inneren der Baumkrone, die sogenannten Schattenblätter, sind größer, dünn und haben nur ein einschichtiges Palisadenparenchym.

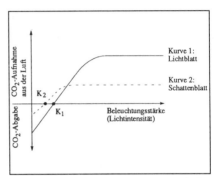

Zwischen Licht- und Schattenblättern bestehen neben derartigen morphologischen auch physiologische Unterschiede, wie die obenstehende Abbildung zeigt:

2.1 Erläutern Sie den Verlauf der Kurve 1!   6

2.2 Legen Sie unter Bezug auf die obige Abbildung je einen Vorteil dar, der sich für die Rotbuche aus dem Besitz von Licht- und Schattenblättern ergibt!   3

3 Synapsen wirken als "Schaltstationen" z. B. zwischen Nerven- und Muskelzellen.

3.1 Erklären Sie unter Mitverwendung einer beschrifteten Zeichnung die Vorgänge in einer neuromuskulären Synapse nach dem Ankommen eines Aktionspotentials!   6

3.2 Beschreiben Sie die Wirkung eines Synapsengiftes!   3

4 Ein Tomatenzüchter kultiviert auf einem Versuchsbeet neben reinerbigen Tomatenpflanzen, die sich durch behaarte Blätter und eine dunkelgrüne Blattfärbung auszeichnen, auch reinerbige Pflanzen, deren Blätter haarlos sind und stets eine gelbgrüne Färbung aufweisen. Er kreuzt die Pflanzen beider Sorten miteinander.

Die erhaltenen Samen sät er im Frühjahr des nächsten Jahres aus. Daraus entwickeln sich Pflanzen mit dunkelgrünen, behaarten Blättern, die er, sobald die Blüten entwickelt sind, wahllos untereinander bestäubt.
Einen Teil der nun erhaltenen Samen sät er im dritten Jahr aus und bekommt 125 gelbgrüne, haarlose und 363 dunkelgrüne, behaarte Pflanzen.

4.1 Leiten Sie aus den obigen Angaben die Art des Erbgangs ab! Stellen Sie den vollständigen Erbgang von der Parental- bis zur F_2-Generation in schematischer Form mit Angabe der Geno- und Phänotypen dar!
Verwenden Sie zur Kennzeichnung der Allele die Anfangsbuchstaben des Alphabets! 7

4.2 In einem weiteren Versuch kreuzt der Pflanzenzüchter Individuen der dunkelgrünen, behaarten F_1-Generation mit haarlosen, gelbgrünen Individuen. Dabei erzielt er folgendes Ergebnis:
Von den aus den Samen hervorgegangenen 200 Tomatenpflanzen waren 86 haarlos und gelbgrün, 88 behaart und dunkelgrün, 13 haarlos und dunkelgrün sowie 13 behaart und gelbgrün.

Erklären Sie das Versuchsergebnis unter besonderer Berücksichtigung des Zustandekommens der haarlos-dunkelgrünen sowie der behaart-gelbgrünen Pflanzen!
Belegen Sie Ihre Ausführungen mit einem entsprechenden Erbschema! 5

5 Um 1880 wurde in einem Dünengebiet in Südengland die Entstehung einer neuen Grasart "Spartina townsendii" in freier Natur beobachtet. Diese Pflanze besitzt 61 Chromosomen.
Eine Analyse ergab, daß sie aus den Arten Spartina maritima (2n = 60 Chromosomen) und Spartina alternifolia (2n = 62 Chromosomen) hervorgegangen war.
Später bildete sich aus der Art Spartina townsendii die Art Spartina anglica mit 122 Chromosomen, die heute weit verbreitet ist und eine höhere Vitalität besitzt als die Ausgangsarten.

Erstellen Sie einen Stammbaum für die Entstehung von Spartina anglica unter Angabe der Genotypen von Körper- und Keimzellen, und beschreiben Sie die Schritte, die zur Änderung des Chromosomenbestandes führten! 5

6 Die Hawaii-Inseln sind vulkanischen Ursprungs. Ihre Besiedelung erfolgte durch wenige Tier- und Pflanzenarten vom Festland aus. Es gilt heute als gesichert, daß die Kleidervögel der Hawaii-Inselgruppe aus einer Stammform hervorgegangen sind. Die nebenstehende Abbildung zeigt die Schnabelformen einiger Kleidervögel.

Erklären Sie, wie es zur Ausbildung dieser verschiedenen Schnabelformen kam! 5

7 Erläutern Sie an einem selbstgewählten Beispiel die Bedeutung der vergleichenden Embryologie für die Evolutionsforschung! 3
——
50

(erweiterter) Erwartungshorizont

1.1 Lernen aus schlechter Erfahrung: Bedingte Aversion.

1.2 Durch zufällige Mutationen wird der Phänotyp harmloser Tiere wespenähnlich; Selektion führt zum Überleben der am besten angepaßten Nachahmer.
Angabe einer Voraussetzung: z. B. Zahl der Nachahmer muß kleiner als die Zahl der Vorbilder sein; gleiches geographisches Verbreitungsgebiet.

2.1 **Kurvenverlauf bis K_1:**
Abnehmende CO_2-Abgabe, da mit zunehmender Beleuchtungsstärke die Photosynthese die Zellatmung immer mehr kompensiert.

Bei K_1:
CO_2-Aufnahme durch Photosynthese entspricht der CO_2-Abgabe durch Zellatmung (Lichtkompensationspunkt).

Kurvenverlauf ab K_1:
Zunehmende Beleuchtung bedingt steigende CO_2-Aufnahme durch steigende Photosyntheseleistung bis zum Erreichen eines Sättigungswertes.

2.2 **Lichtblatt:** Relativ hohe Photosyntheserate bei starker Belichtung.
Schattenblatt: Bereits bei relativ geringer Beleuchtungsstärke im Inneren der Krone überwiegt die Photosynthese gegenüber der Zellatmung.

3.1
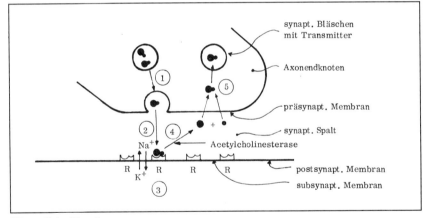

Wesentliche Vorgänge:
1. Freisetzung von Acetylcholin (ACh);
2. Diffusion durch den synaptischen Spalt und Anlagerung des Transmitters an die Rezeptoren (R) der subsynaptischen Membran;
3. Depolarisation;
4. Acetylcholinesterase spaltet ACh in Acetat und Cholin; gleichzeitig Repolarisation der subsynaptischen Membran;
5. Rücktransport der Spaltprodukte in die synaptischen Bläschen und Resynthese von ACh.

3.2 Wirkung z. B. von Curare: Anlagerung an die subsynaptischen Rezeptoren; Blockierung der Rezeptoren; keine Depolarisation; keine Spaltung durch Acetylcholinesterase; Folge: Muskellähmung.

4.1 Dihybrider Erbgang; beide Merkmale werden dominant-rezessiv vererbt.
Aus den Angaben über die F_2-Generation folgt: Allele gekoppelt (z. B.AB)

Allelenkennzeichnung:
A = Allel für dunkelgrüne Farbe;   a = Allel für gelbgrüne Farbe;
B = Allel für behaarte Blätter;   b = Allel für unbehaarte Blätter;

Kreuzung der P-Individuen: AB AB   x   ab ab
Keimzellen: AB   und   ab
F_1-Individuen, Genotyp   AB ab
Phänotyp   'AB' (dunkelgrün, behaart)

Kreuzung der F_1-Individuen: AB ab   x   AB ab
Keimzellen (Kz.):   AB/ab   und   AB/ab

Kreuzungsschema mit F_2-Genotypen und Phänotypen:

Kz.	AB	ab
AB	AB AB 'AB'	AB ab 'AB'
ab	AB ab 'AB'	ab ab 'ab'

Genotypenverhältnis: AB AB : AB ab   :   ab ab   wie   1 : 2 : 1

Phänotypenverhältnis: 'AB'   :   'ab'   wie   3 : 1
(Individuen)   (363)   (125)

4.2 Kreuzung von F_1-Individuen mit reinerbigen Pflanzen der Merkmalskombination unbehaart und gelbgrün: AB ab   x   ab ab
Keimzellen (ohne Crossing-over):   AB/ab   ab
Keimzellen mit **Crossing-over** (Genaustausch!): Ab/aB

Kreuzungsschema:

Kz.	AB	ab	Ab	aB
ab	AB ab 'AB'	ab ab 'ab'	Ab ab 'Ab'	aB ab 'aB'
(Ind.)	(88)	(86)	(13)	(13)

Rekombinanten

Bemerkung zu 4.1 und 4.2: Bei einer Austauschhäufigkeit von 13 % in 4.2 sollten bei der Kreuzung F_1 x F_1 in 4.1 ebenfalls Rekombinanten mit dem gleichen Prozentsatz auftreten, wenn nicht unter bestimmten, nicht genannten Bedingungen eine Crossing-over-Hemmung vorliegt.

5 Spartina maritima: AA; $2n = 60$;   Keimzellen A mit $n = 30$.
Spartina alternifolia: BB; $2n = 62$;   Keimzellen B mit $n = 31$.

Befruchtung: Genom AB; Bastard Spartina townsendii unfruchtbar, da Paarung homologer Chromosomen in der Meiose nicht möglich. Bildung einer neuen Art durch Polyploidisierung: Spartina anglica mit Genotyp AABB; fertil, da Homologenpaarung in der Meiose möglich; Keimzellenbildung gewährleistet.

6   Ideale Lebensbedingungen der Erstbesiedler führten zu starker Vermehrung; innerart-
     liche Konkurrenz; Auftreten von Mutanten mit anderen Schnabelformen; Selektionsvor-
     teil, da Besetzung neuer Nahrungsnischen möglich.

7   Hinweis auf stammesgeschichtliche Entwicklung: z. B. Kiemenbogenanlagen von Em-
     bryonen auch landlebender Wirbeltiere weisen auf gemeinsame Abstammung von was-
     serlebenden Vorfahren mit Kiemendarm hin; oder typische Larvenform (z. B. Nauplius)
     ermöglicht die Einordnung von Adulten mit völlig abweichender Gestalt (z. B. sack-
     förmige Sacculina oder Entenmuschel als Krebs).

Leistungskurs Biologie: Abiturprüfung 1992 – Aufgabe IV

BE

1   Schmarotzer-Raubmöwen zeigen, wenn sich ein Mensch nähert, gelegent-
     lich intensives Badeverhalten am trockenen Boden. Entfernt sich der Be-
     obachter etwas, hört der Vogel sofort damit auf; bei erneuter Annäherung
     erfolgt wieder Badeverhalten.
     Interpretieren Sie dieses Verhalten mit Hilfe ethologischer Fachbegriffe!   4

2   Einige Wochen alte, hungrige Amseljunge bewegen sich zunächst unruhig
     im Nest. Sobald sich ein Altvogel am Nestrand niederläßt, richten sich die
     Jungen auf und strecken den Hals dem Altvogel entgegen. Dabei reißen sie
     ihre Schnäbel weit auf und verschlingen die dargereichte Nahrung.
     Erläutern Sie das Verhalten der Amseljungen unter Verwendung ethologi-
     scher Fachbegriffe! Ordnen Sie diese Fachbegriffe den Verhaltensbeschrei-
     bungen im obigen Text zu!   5

3   Der tierische und der menschliche Stoffwechsel können durch das Nerven-
     und das Hormonsystem gesteuert werden.

3.1 Stellen Sie anhand eines beschrifteten Pfeildiagrammes die Blutzuckerregu-
     lation beim Menschen dar!
     Es sind dabei nur die einschlägigen Hormone der Bauchspeicheldrüse zu be-
     rücksichtigen.   4

3.2 Geben Sie an, wie sich eine kurzzeitige Streßsituation auf die Blutzuckerre-
     gulation auswirkt!   3

4   Seit einigen Jahren berichten die Medien alljährlich über riesige Algentep-
     piche in der Nordsee, wobei es in bestimmten Nordseebuchten sogar zum
     "Umkippen" des Gewässers kam.

4.1 Erläutern Sie die aufeinanderfolgenden Vorgänge, die zu der starken Algen-
     vermehrung bzw. zum "Umkippen" des Gewässers führten!   7

4.2 Erklären Sie in diesem Zusammenhang die Wirkung der Zugabe von was-
     serlöslichen Eisen(III)-Salzen in der chemischen Reinigungsstufe einer
     Kläranlage!   2

5   Die Photosynthese autotropher Organismen stellt eine wesentliche Voraus-
    setzung für das Leben auf der Erde dar.
    Erstellen Sie eine schematische Übersicht über die Vorgänge der Dunkel-
    reaktion der Photosynthese in Form eines beschrifteten C-Körper-Schemas!   7

6   Ein Klinefelter-Mann ist rotgrünblind. Seine Eltern sind farbentüchtig und
    zeigen keine Chromosomenveränderungen.
    Geben Sie die Genotypen des rotgrünblinden Klinefelter-Mannes sowie sei-
    ner Eltern an, und erläutern Sie an diesem Beispiel das Zustandekommen
    sowohl der Rotgrünblindheit als auch des Klinefelter-Genotyps!   8

7   Cytochrom c, ein Enzym der Atmungskette, kommt bei allen aeroben
    Lebewesen in der Atmungskette vor. Bei landlebenden Wirbeltieren enthält
    es 104 Aminosäuren, bei Insekten 107 Aminosäuren. Bei allen Arten sind
    Bereiche mit ca. 27 Aminosäuren seit etwa 1,5 Milliarden Jahren völlig
    identisch.

7.1 Begründen Sie aus evolutionsbiologischer und biochemischer Sicht die Tat-
    sache, daß die Cytochrom c-Moleküle aller aeroben Lebewesen in etwa
    30 % ihrer Primärstruktur übereinstimmen!   4

7.2 Stellen Sie dar, welche Folgerungen man aus den Zahlen unterschiedlicher
    Aminosäuren in den variablen Bereichen des Cytochrom c-Moleküls ziehen
    kann:
    z. B. Mensch – Hund: ca. 10 unterschiedliche Aminosäuren
          Mensch – Motte: ca. 40 unterschiedliche Aminosäuren   3

8   Man faßte zunächst sechs morphologisch gleich aussehende Moskitoformen
    in Europa zu der einen Art Anopheles maculipennis zusammen.
    Begründen Sie, warum diese morphologisch gleichen Moskitoformen heute
    in Fachbüchern als sechs verschiedene Arten geführt werden!   _3_
                                                                                        50

(erweiterter) Erwartungshorizont

1. Gleichstarke Motivation für Angriffs- und Fluchtverhalten; es tritt eine situationsfremde Verhaltensweise aus einem anderen Funktionskreis auf: Übersprunghandlung

2. Instinktverhalten
   Motivation: Hunger
   Ungerichtete Appetenz: unruhige Bewegungen im Nest
   Optischer Auslöser: Altvogel am Nestrand
   Gerichtete Appetenz: Strecken des Halses in Richtung des Altvogels
   Auslöser für Futterübergabe durch Altvogel: Sperren
   Endhandlung: Verschlingen der Nahrung.

3.1 Wirkung der Bauchspeicheldrüsen-Hormone:

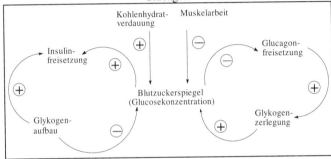

Pfeildiagramm der Blutzuckerregulation:

3.2 Adrenalinausschüttung aus dem Nebennierenmark wirkt gleichsinnig wie Glucagonfreisetzung:
Erhöhung des Blutzuckerspiegels. (Der Körper wird hierdurch in eine hohe Leistungsbereitschaft versetzt; Adrenalin steigert auch u. a. den Herzschlag, die Durchblutung der Muskulatur und hemmt die Verdauungstätigkeit.)

4.1 Hohe Phosphatbelastung – ursprünglich Minimumfaktor – führt zu starkem Algenwachstum und hoher Vermehrungsrate.
"Umkippen" des Gewässers:
Starke Zunahme der Biomasse; immer höherer Sauerstoffverbrauch durch aerobe Abbauvorgänge; allmähliches Überwiegen der anaeroben Stoffwechselvorgänge; Absterben der Aerobier; Zunahme der Anaerobier; evtl. Faulgasbildung.

4.2 Eisen(III)-Ionen bilden mit Phosphationen schwer lösliches Eisen(III)-phosphat; Entfernung der Phosphationen.

5. C-Körper-Schema für die Dunkelreaktion (Calvin-Zyklus):

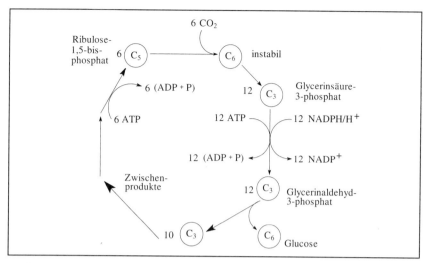

a) **Carboxylierende Phase:**
Reaktion von CO_2 mit dem Akzeptor Ribulose-1,5-bisphosphat (C_5) führt über den Zerfall eines instabilen C_6-Körpers zu Glycerinsäure-3-phosphat
($6\ CO_2 + 6\ C_5 \longrightarrow 6\ C_6 \longrightarrow 12\ C_3$);

b) **Reduzierende Phase:**
Reduktion des Glycerinsäure-3-phosphats zu Glycerinaldehyd-3-phosphat unter Verbrauch von NADPH/H+ und ATP aus der Lichtreaktion
($12\ C_{3ox.} \longrightarrow 12\ C_{3red.}$);
Bildung von Glucose aus Glycerinaldehyd-3-phosphat ($2\ C_{3red.} \longrightarrow C_6$);

c) **Regenerierende Phase:**
Rückbildung des CO_2-Akzeptors unter ATP-Verbrauch ($10\ C_{3red.} \longrightarrow 6\ C_5$).

6 Mögliche Allelenbezeichnung:
A = Allel für Farbtüchtigkeit; a = Allel für Rotgrünblindheit;
Klinefelter $X_a X_a Y$; Vater: $X_A Y$; Mutter: $X_A X_a$.
Ableitung und Entstehung:
Rotgrünblindheit: X-chromosomal rezessiver Erbgang.
Klinefelter: Nondisjunction bei der 2. Reifeteilung der Eizellenbildung.

7.1 Stammesgeschichte: Frühe Entstehung; Hinweis auf gemeinsamen Ursprung der aeroben Lebewesen.
Biochemie: Damit das Enzym funktionsfähig bleibt, dürfen entscheidende Bereiche der Tertiärstruktur nicht oder nur geringfügig verändert werden.

7.2 Je mehr Aminosäuren ausgetauscht sind, desto länger liegt die Aufspaltung von gemeinsamen Vorfahren zurück und umgekehrt;
Bezug auf Beispiele: Aufspaltung vom gemeinsamen Vorfahren Mensch – Motte weit früher als die vom gemeinsamen Vorfahren Mensch – Hund.

8 Anwendung des biologischen Artbegriffs: reproduktive Isolation als entscheidendes Kriterium.

		BE

	Leistungskurs Biologie: Abiturprüfung 1993 – Aufgabe I

1   Eine hungrige Biene fliegt suchend umher. Nimmt sie eine Blüte optisch wahr, so steuert sie auf diese zu. Sie fliegt auch auf bunte Papierblumen zu, läßt sich aber meist nicht darauf nieder. Hat man auf die Papierblumen jedoch etwas Nektar aufgetropft, so riecht die Biene diesen, landet und saugt ihn auf.

1.1 Interpretieren Sie das Verhalten der Biene unter Verwendung der entsprechenden ethologischen Fachbegriffe!   7

1.2 Während des Nektarsaugens nimmt mit zunehmender Magenfüllung die Saugbereitschaft der Biene ab, die an der Fühlerstellung erkennbare Abflugbereitschaft aber zu. Man hat beobachtet, daß Bienen während des Besuchs einer Futterquelle Putzbewegungen machen, und zwar bevorzugt dann, wenn sich Saug- und Abflugbereitschaft ungefähr die Waage halten. Charakterisieren Sie dieses Verhalten!   3

2   Bei Säugern bewirkt hohe Bestandsdichte in einem begrenzten Lebensraum Streß, der schließlich einen Populationszusammenbruch herbeiführen kann, und zwar lange bevor sich Nahrungsmangel bemerkbar macht.
Nennen Sie vier Auswirkungen von durch dichtes Zusammenleben hervorgerufenem Streß, die bei Säugern beobachtet werden können!   4

3   Die Photosyntheseleistung autotropher Organismen stellt eine wesentliche Voraussetzung für das Leben auf der Erde dar.

3.1 Im Lichtmikroskop kann man häufig feststellen, daß bei Sonnenblättern (Lichtblättern) ein mehrschichtiges Palisadengewebe ausgebildet ist. Interpretieren Sie diese Beobachtung!   2

3.2 Geben Sie zwei Argumente an, weshalb Spaltöffnungen auch bei Wassermangel nicht beliebig lange geschlossen bleiben können!   2

4   Zeigen Sie bei zwei abiotischen Faktoren auf, wie sich diese im Sommer in einem eutrophen See mit zunehmender Wassertiefe ändern!   2

5   1953 wurden nach Südaustralien unbeabsichtigt Tausenfüßer einer dort nicht heimischen Art eingeführt. Diese Tiere wurden später zu einer Plage, weil sie nachts oft in die Wohnungen der Menschen eindrangen. Man züchtete deshalb Fadenwürmer der Art Rhabditis necromena, die im Darm einheimischer australischer Tausendfüßer leben, ohne diese wesentlich zu schädigen. Befallene eingeführte Tausendfüßer dagegen erkranken und sterben in vielen Fällen.

5.1 Erörtern Sie zwei negative Folgen, welche die Einführung einer neuen Art in ein Ökosystem haben kann!   2

5.2 Nennen Sie drei Vorteile der biologischen gegenüber der chemischen Schädlingsbekämpfung!   3

6   Beadle und Tatum fanden heraus, daß die Wildform des Schimmelpilzes Neurospora crassa auf Minimalnährböden wachsen kann, die keine Amino-

säuren enthalten. Die Synthese der Aminosäure Arginin läuft über verschiedene Zwischenstufen, z. B. Ornithin und Citrullin.
Die nachfolgende Tabelle zeigt Versuchsergebnisse mit der Wildform von Neurospora crassa und drei Mutanten I, II und III, bei denen nachweislich nur je eine einzige Mutation vorlag.

| | Minimal-nährboden | Minimalnährboden mit Zugabe von | | |
		Arginin	Ornithin	Citrullin
Wildform	+	+	+	+
Mutante I	–	+	–	+
Mutante II	–	+	–	–
Mutante III	–	+	+	+

+ = Wachstum   – = kein Wachstum

6.1 Erstellen Sie daraus eine **unverzweigte** Stoffwechselkette zur Argininsynthese, und begründen Sie die vorgeschlagene Reihenfolge der Zwischenstufen!   6

6.2 Zeigen Sie, an welchen Stellen diese Stoffwechselkette bei den Mutanten I, II und III jeweils unterbrochen ist!   3

6.3 Während autosomale numerische Chromosomenaberrationen zu großen Schädigungen führen, wenn sie nicht sogar Letalfaktoren sind, haben gonosomale numerische Chromosomenaberrationen weit geringere Auswirkungen auf die betroffenen Personen.
Geben Sie zwei Erklärungen für dieses Phänomen!   2

6.4 Nennen Sie zwei abiotische Faktoren, die zu Genommutationen bei Lebewesen führen können!   2

7 Während man zur Zeit etwa 400 Haushundrassen unterscheidet, gibt es Tierarten wie z. B. den Eisbär (Ursus maritimus), die nicht in Rassen aufgespalten sind.
Erklären Sie diese Beobachtung unter Verwendung evolutionsbiologischer Fachbegriffe!   5

8 Seit sich in Nordamerika der Colorado tief in die Landschaft eingegraben und den Grand Canyon gebildet hat, entwickelten sich aus der ursprünglich dort lebenden Eichhörnchenart die beiden Arten Sciurus aberti und Sciurus kaibabensis.
Erläutern Sie die Entstehung der beiden Arten aus evolutionsbiologischer Sicht!   5

9 In einem Steinbruch bei Solnhofen wurde 1992 das siebte Exemplar eines Archaeopteryx gefunden.
Geben Sie zwei Merkmale an, die belegen, daß der Archaeopteryx eine Übergangsform zwischen zwei Tierklassen darstellt!   2
                                                                                                 ——
                                                                                                 50

(erweiterter) Erwartungshorizont

1.1 Instinktverhalten:

suchendes Umherfliegen:	ungerichtete Appetenz
Zufliegen:	gerichtete Appetenz
Aufsaugen von Nektar:	Endhandlung (Erbkoordination)
Hunger:	Motivation (Handlungsbereitschaft)
Papierblume:	Attrappe
Farbe, Form, Geruch:	Schlüsselreize

1.2 Übersprunghandlung:
Gleichstarke Motivation für Saugen und Abfliegen; es tritt ein situationsfremdes Verhalten aus einem anderen Funktionskreis auf (hier: Körperpflege).

2   z. B. Kannibalismus, Auflösung der Embryonen im Mutterleib, Sterilität, Störung im Hormonhaushalt.

3.1 Mehr Zellen und damit eine größere Zahl an Chloroplasten können die relativ hohe Lichteinstrahlung besser nutzen; hohe Photosyntheserate.

3.2 z. B. Mangel an Kohlenstoffdioxid, Hemmung des Transpirationssogs.

4   z. B. Sauerstoffabnahme (relativ hohe Konzentration in der Nährschicht, Konzentration evtl. gegen Null in der Zehrschicht), Temperaturabnahme (relativ hohe Temperatur – z. B. $20\,°C$ – in der Deckschicht, rasche Abnahme in der Sprungschicht, $4\,°C$ in der Tiefenschicht bei genügender Tiefe des Sees).

5.1 z. B. Kalamitäten, Verdrängung einheimischer Arten.

5.2 z. B. keine Anreicherung von Giftstoffen, Selektivität, meist keine Resistenzprobleme.

6.1 Korrekturhinweise:
"Mutante I beweist, daß Ornithin in der unverzweigten Stoffwechselkette vor Citrullin liegt, da sie Arginin aus Citrullin, nicht aber aus Ornithin herstellen kann; Mutante III zeigt, daß in der Synthesekette vor Ornithin mindestens eine weitere Vorstufe auftritt, da sie zwar bei Zugabe von Arginin, Ornithin und Citrullin, nicht jedoch auf dem Minimalnährboden wachsen kann (Mutante II zur Ermittlung der Synthesekette nicht notwendig).
Synthesekette:
Vorstufe $\longrightarrow$ Ornithin $\longrightarrow$ Citrullin $\longrightarrow$ Arginin."
Hinweis:
Mutante II ist notwendig, um die Reihenfolge von Citrullin/Arginin in der Synthesekette angeben zu können. Ohne Mutante II wäre auch die Reihenfolge

Vorstufe $\xrightarrow{\;/\!/\;}$ Ornithin $\xrightarrow{\;/\!/\;}$ Arginin $\longrightarrow$ Citrullin
         Mutante III   Mutante I

abzuleiten (einschließlich 6.2).

6.2 Vorstufe —//→ Ornithin —//→ Citrullin —//→ Arginin.
        Mutante III   Mutante I   Mutante II

6.3   z. B. Inaktivierung überzähliger X-Chromosomen (Hinweis: Lyon-Hypothese, Kline-
       felter-/Poly-X-Syndrom), kleine Y-Chromosomen mit relativ wenig genetischer Infor-
       mation (Hinweis: XYY-Syndrom).

6.4   z. B. mutagene Stoffe (wie Colchicin (Hinweis: der Herkunft nach und der Anwendung
       durch den Menschen nach eigentlich kein abiotischer Faktor!)), extremer Temperatur-
       wechsel.

7   **Haushundrassen:**
       Ergebnis der Zuchtwahl des Menschen; natürliche Selektionsfaktoren sind weitgehend
       ausgeschaltet.
       Eisbär:
       weitgehend gleichbleibende Umweltbedingungen innerhalb des Verbreitungsgebietes;
       Mutationen konnten sich nicht durchsetzen, da die Tiere bereits optimal angepaßt sind
       (Hinweis: stabilisierende Selektion).

8   Geographische Isolation führte zur Separation. Unterschiedliche Mutationen und Selek-
       tion führten zur genetischen Isolation; Folge: Artbildung.

9   Vogelmerkmale: z. B. Federn;
       Reptilienmerkmale: z. B. lange Schwanzwirbelsäule

Leistungskurs Biologie: Abiturprüfung 1993 – Aufgabe II

BE

1 Bestimmte Giftnattern injizieren ihren Beutetieren beim Biß ein Nervengift, das zum Tod durch Lähmung führt. Experimente mit radioaktiv markierten Giftmolekülen haben ergeben, daß sich das Gift an der subsynaptischen Membran von neuromuskulären Synapsen anlagert.

1.1 Beschreiben Sie eingehend die Vorgänge der Erregungsübertragung an einer neuromuskulären Synapse! 7

1.2 Geben Sie eine mögliche Erklärung für die lähmende Wirkung des Schlangengiftes auf die Muskulatur des Beutetieres! 4

2 Der Rachen des Jungkuckucks ist leuchtend rot gefärbt und weist einen gelben Rand auf. Die Jungkuckucke im artfremden Nest schlucken die Nahrung, ohne den Schnabel dabei zu schließen.
Interpretieren Sie das geschilderte Verhalten unter Verwendung der entsprechenden ethologischen Fachbegriffe! 3

3 Die Photosynthese läuft bei höheren Pflanzen in allen grünen Blättern ab. Zeichnen und beschriften Sie einen Querschnitt durch ein photosynthetisch aktives Laubblatt! 5

4 Chinaschilf (Miscanthus sinensis) ist ein Gras, das – auch in Europa – innerhalb weniger Monate bis zu drei Meter hoch werden kann. Es gibt Überlegungen, die Pflanze als Brennmaterial für kleine Heizkraftwerke zu nutzen.

4.1 Legen Sie drei Vorteile der Nutzung von Chinaschilf als Brennmaterial dar! 3

4.2 Erläutern Sie drei Nachteile des großflächigen Anbaus dieser Pflanze! 3

5 Ein Kaninchenzüchter besitzt mehrere Kaninchen-Pärchen, von denen jeweils ein Partner gescheckt-kurzhaarig, der andere schwarz-langhaarig ist. Bei einigen dieser Pärchen (= Gruppe I) sind alle Nachkommen in der F_1-Generation gescheckt-kurzhaarig; bei den anderen Pärchen (= Gruppe II; phänotypisch der Gruppe I gleich) sind von den Nachkommen in der F_1-Generation 43 % gescheckt-kurzhaarig, 43 % schwarz-langhaarig, 7 % gescheckt-langhaarig und 7 % schwarz-kurzhaarig.

5.1 Benennen Sie den Erbgang, und erklären Sie das Zustandekommen der Phänotypen der 1. Filialgeneration der Gruppe I mit Hilfe eines Kombinationsquadrates!
Verwenden Sie für die Allele die Anfangsbuchstaben des Alphabets! 6

5.2 Erstellen Sie Kombinationsquadrate zur Bildung der 1. Filialgeneration der Gruppe II! Ordnen Sie den Genotypen die entsprechenden Phänotypen zu und erklären Sie die beobachtete Aufspaltung! 8

6 Rauchschwalben und Mauersegler weisen als Jäger von Fluginsekten sehr große Ähnlichkeiten im Erscheinungsbild und im Verhalten auf. Kolibris und Nektarvögel sind sich als nektarsaugende Blütenbesucher ebenfalls sehr ähnlich, unterscheiden sich aber erheblich von Rauchschwalben und Mauer-

seglern. Da die Gruppe der Segler und die Kolibris aber auch in wesentlichen Baumerkmalen übereinstimmen, wurden sie von vielen Forschern in **einer** Ordnung vereint. Andere wiederum faßten sie als zwei getrennte Ordnungen auf.

6.1 Nennen Sie ein biochemisches Testverfahren sowie das ihm zugrundeliegende Prinzip, das geeignet ist, die Verwandtschaftsbeziehungen zwischen den obengenannten Vögeln zu klären!   2

6.2 Erklären Sie das Zustandekommen der großen Ähnlichkeiten zwischen Rauchschwalben und Mauerseglern!   4

7   Der im Indopazifik lebende Steinfisch hat seinen Namen aufgrund seiner Ähnlichkeit mit veralgten Steinen erhalten. Er lauert bewegungslos zwischen Fels- und Korallenbrocken am Grunde des Meeres. Sobald ein kleiner Fisch in seine Nähe kommt, reißt der Steinfisch sein breites Maul auf und saugt die Beute mit dem Wasserstrom in sich hinein.
    Erklären Sie die Entstehung des Erscheinungsbildes des Steinfisches aus der Sicht Darwins!   _5_
                                                                    50

(erweiterter) Erwartungshorizont

1.1 Ankommendes Aktionspotential: Freisetzung von Calciumionen; Ausschüttung von Acetylcholin (ACh) aus den synaptischen Vesikeln; Diffusion zu den subsynaptischen Rezeptoren; Wechselwirkung ACh – Receptor (Schlüssel-Schloß-Prinzip); Ausbildung eines graduierten Endplattenpotentials; meist Entstehung eines Muskel-Aktionspotentials; Spaltung von ACh durch die ACh-Esterase; Aufnahme von Acetat und Cholin in die synaptischen Bläschen; Resynthese von ACh.

1.2 z. B.: Giftmoleküle besitzen eine ähnliche Struktur wie ACh; Anlagerung an den Receptoren möglich; keine Permeabilitätsänderung der Membran; Erregungsübertragung vom Axon auf Muskelfasern unterbrochen.

2   Anbieten eines Auslösers mit sehr hoher Reizqualität (Hinweis: übernormaler Schlüsselreiz oder Reizsummation nicht verlangt): roter Rachen, gelber Schnabelrand; Erbkoordination: Schlucken ohne Schließen des Schnabels.

3   Zeichnung mit Cuticula, oberer und unterer Epidermis, Spaltöffnungen, Palisadengewebe, Schwammgewebe mit Interzellularen, stomatärem Hohlraum, Leitbündel.

4.1 Z. B. nachwachsender Rohstoff, rasches Wachstum, ökologisch günstige Kohlenstoffdioxidbilanz.

4.2 Z. B. Massenvermehrung von Schädlingen, Artenarmut, spezifische (einseitige) Bodenbeanspruchung.

5.1 **Allelzuordnung:** A = gescheckt,   a = schwarz
                        B = kurzhaarig,   b = langhaarig

Gruppe I: dihybrider, dominant-rezessiver Erbgang;
Genotypen: Elterntiere: AABB und aabb;
F_1-Individuen: AaBb;

F_1:

	AB
ab	AaBb

5.2 **Gruppe II:** Kopplung der Allele erkennbar (bei Testkreuzung = Rückkreuzung – doppelt hererozygotes Individuum/Testtier wird mit doppelt homozygot rezessivem Individuum gekreuzt – wäre eine Phänotypenverteilung von 1 : 1 : 1 : 1 zu erwarten, wenn keine Kopplung vorläge):

Genotypen der Elterntiere: AaBb und aabb.

F_1:

	AB	ab
ab	AaBb	aabb

Aufspaltung der Phänotypen:
gescheckt/kurzhaarig: schwarz/langhaarig = 1 : 1; laut Angabe jeweils 43 %.

"Entkopplung" der gekoppelten Allele durch Crossing over erklärt das Auftreten von 7 % gescheckt/langhaarigen und 7 % schwarz/kurzhaarigen Individuen:.

F_1:

	Ab	aB
ab	Aabb	aaBb

Aufspaltung der Phänotypen:
gescheckt/langhaarig: schwarz/kurzhaarig = 1 : 1; laut Angabe jeweils 7 %.

6.1 Z. B. Serum-Präzipitintest: Schlüssel-Schloß-Prinzip zum Nachweis spezifischer Bluteiweiße der Testtiere.

6.2 Konvergente Entwicklung zweier unterschiedlicher Ausgangsformen aufgrund gleicher Selektionsbedingungen:
Jagd nach gleicher Nahrung erfordert gleichgerichtete Anpassung in Körperbau und Verhalten.

7 Überproduktion an Nachkommen; innerartliche Konkurrenz; genetische Variabilität (infolge von Mutationen/Rekombination); Selektion führt schließlich zu optimaler Anpassung.

Leistungskurs Biologie: Abiturprüfung 1993 – Aufgabe III

BE

1   Bei den Winkerkrabben haben die Männchen eine große, gefärbte Schere. Kräftiges Winken mit dieser Schere dient einerseits als Drohung gegenüber anderen Männchen. Andererseits ist aber dieses auffällige Schaugebaren auch Bestandteil des Balzverhaltens und soll einem Weibchen signalisieren, daß sich das Männchen in Paarungsstimmung befindet.
Interpretieren Sie das auffällige Schaugebaren bei der Balz, und geben Sie drei wesentliche Merkmale an, die dieses Verhalten charakterisieren!   5

2   Die Heringsmöwe (Larus fuscus) und die Silbermöwe (Larus argentatus) sind wahrscheinlich nahe miteinander verwandt. Beide Arten brüten häufig nebeneinander, ohne daß Bastarde auftreten. Vertauscht man die Eier beider Arten und läßt die Jungen bei der jeweils anderen Art aufwachsen, so paaren sie sich als erwachsene Tiere mit Angehörigen der Art, bei der sie aufgewachsen sind.
Zeigen Sie, daß die beiden geschilderten Beobachtungen auf demselben Lernvorgang beruhen, und charakterisieren Sie diesen!   5

3   Die Leitungsgeschwindigkeiten einer 500 Mikrometer dicken Nervenfaser eines Tintenfisches sowie einer 5 Mikrometer dicken Nervenfaser einer Katze werden im Experiment mit je ca. 25 m/s bestimmt.
Interpretieren Sie dieses Versuchsergebnis!   4

4   Frische Milch wird sauer, wenn man sie einige Tage bei Zimmertemperatur stehenläßt. Bei Aufbewahrung im Kühlschrank tritt der saure Geschmack dagegen erst nach einem längeren Zeitraum auf.

4.1   Formulieren Sie, ausgehend von der Brenztraubensäure, die Summengleichung für den chemischen Vorgang, der das Sauerwerden der Milch bedingt!   2

4.2   Erläutern Sie, weshalb die Milch im Kühlschrank langsamer sauer wird!   2

4.3   Milch, die zum Zweck der Haltbarmachung sterilisiert worden ist, wird beim Stehenlassen nicht mehr sauer. An der Luft und bei Zimmertemperatur beobachtet man bei dieser Milch nach einigen Tagen aber eine andersartige Zersetzung durch Bakterien bzw. Schimmelpilze.
Diskutieren Sie diese Beobachtung aus **ökologischer** Sicht!   4

5   Der Mensch hat in zunehmendem Maße die natürlichen Ökosysteme verändert und durch künstliche ersetzt. Diese können zwar wesentlich produktiver sein, aber ihr Betrieb ist mit vielfältigen Risiken verbunden. Das Schädlingsproblem beispielsweise soll der "integrierte Pflanzenschutz" lösen helfen.
Geben Sie drei Maßnahmen aus dem Bereich des "integrierten Pflanzenschutzes" an, und erläutern Sie diese anhand je eines Beispiels!   6

93-8

6   Darmepithelzellen sind vollständig differenzierte Zellen, welche die Innen-
    seite des Darms auskleiden. Beim südafrikanischen Krallenfrosch hat man
    Zellkerne aus Darmepithelzellen entnommen und in vorher entkernte Eizel-
    len verpflanzt. Die so manipulierten Eizellen entwickelten sich daraufhin zu
    ganz normalen Krallenfröschen.

6.1 Legen Sie dar, welche grundlegenden Schlußfolgerungen dieses Experiment
    aus genetischer Sicht zuläßt!   2

6.2 Benennen Sie die Art der Kernteilung, die, ausgehend von einer befruch-
    teten Eizelle, letztendlich zur Bildung eines vielzelligen Organismus führt,
    und erläutern Sie unter Mitverwendung beschrifteter Skizzen deren Mecha-
    nismus!   6

7   Zwei Stämme einer Bakterienart, die sich in bestimmten Merkmalen deut-
    lich unterscheiden, wurden getrennt in je einen Schenkel eines mit Nähr-
    lösung gefüllten U-Rohres gebracht. zwischen den Schenkeln befand sich
    eine bakterienundurchlässige Membran. Nach einiger Zeit konnte beobach-
    tet werden, daß einige Nachkommen von Stamm 2 neben den eigenen
    Merkmalen auch Merkmale von Stamm 1 besaßen. Sowohl Mutationen als
    auch Transformation konnten als Ursache ausgeschlossen werden.
    Erklären Sie, wie es im oben angegebenen Versuchsansatz zur Neukom-
    bination von Merkmalen kommen konnte!   4

8   Man nimmt an, daß das Leben auf der Erde aus anorganischer Materie ent-
    standen ist.

8.1 Erläutern Sie das Experiment, mit dem der Nachweis gelungen ist, daß unter
    den Bedingungen der Uratmosphäre organische Verbindungen entstehen
    konnten!   4

8.2 Evolutionsvorgänge haben sich auch im Bereich des Stoffwechselgesche-
    hens vollzogen.
    Zeigen Sie die Evolution der energiebindenden Prozesse anhand von drei
    Summengleichungen auf!   <u>6</u>
                                                                              50

(erweiterter) Erwartungshorizont

1 Ritualisierung: Bedeutungswechsel eines angeborenen Verhaltenselements im Dienst der innerartlichen Kommunikation.
Kennzeichen: z. B. stereotype Ausführung der Ausdrucksbewegung; häufige Wiederholung; Organe, mit denen sie ausgeführt wird, sind oft auffällig gebaut und gefärbt.

2 Der Jungvogel lernt das Bild des Sexualpartners in der Zeit, in der er vom Altvogel versorgt wird: sexuelle Prägung bzw. Fehlprägung; sensible Phase, meist irreversibler Lernvorgang.

3 Katze: markhaltige Nervenfaser mit saltatorischer Erregungsleitung.
Tintenfisch: marklose Nervenfaser mit kontinuierlicher Erregungsleitung; vergleichbare Leitungsgeschwindigkeit bei relativ großem Axondurchmesser.

4.1 $CH_3COCOOH + NADH/H^+ \longrightarrow CH_3CHOHCOOH + NAD^+$

4.2 Enzymaktivität bei niedriger Temperatur geringer; RGT-Regel.

4.3 Abtötung aller Mikroorganismen; Lebensraum mit freien ökologischen Nischen; Besetzung durch lebensmittelverderbende Organismen (Bakterien, Schimmelpilze); evtl. inner- und zwischenartliche Konkurrenz.

5 Z. B. Kombination von biologischen, chemischen und kulturtechnischen Bekämpfungsmaßnahmen mit je einem Beispiel.

6.1 Genetische Totipotenz auch differenzierter Darmzellen; Regulation der Genaktivität in Abhängigkeit von der Zellfunktion.

6.2 Mitose; Mitosephasen:

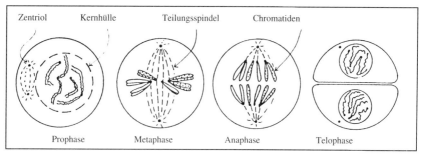

Prophase: Spiralisierung der Zweichromatid-Chromosomen, Teilung des Zentriols, Ausbildung der Teilungsspindel, Auflösen der Kernhülle;
Metaphase: Maximal kontrahierte Zweichromatidchromosomen in Äquatorebene, je eine Spindelfaser Kontakt mit Zentromeren;

Anaphase: Zentromere geteilt, Schwesterchromatiden wandern mit Hilfe der Spindelfasern zu je einem Pol der Zelle;

Telophase: Entspiralisierung der Chromosomen, Neubildung der Kernhülle, Rückbildung der Spindelfasern, Teilung des Zellplasmas.

7   **Transduktion:**
Übertragung von Genabschnitten von Stamm 1 auf Stamm 2 durch Phagen; bakterienundurchlässige Membran kein Hindernis für Viren.

8.1 **Miller-Versuch:**
Ausgangsstoffe: u. a. Wasserstoff, Wasser, Methan, Ammoniak;
Versuchsbedingungen: reduzierende Atmosphäre, elektrische Entladungen;
Ergebnis: organische Verbindungen wie z. B. Aminosäuren, Milchsäure.

8.2 **Chemosynthese** (z. B. der Schwefelbakterien):
Chemoautotrophe Bakterien gewinnen Energie für den Aufbau von Kohlenhydraten (Reduktion von Kohlenstoffdioxid) durch lichtunabhängige exergonische Umsetzungen (Oxidation anorganischer Substrate, z. B. Schwefelwasserstoff);

$$2\,H_2S + O_2 \xrightarrow{\text{ohne Licht}} 2\,S + 2\,H_2O + \text{Energie}$$

Bakterienphotosynthese (z. B. der Schwefelpurpurbakterien):
Photoautotrophe Bakterien bauen Kohlenhydrate mit Licht als Energiequelle (Photopigment Bakteriochlorophyll) auf. Als Wasserstoffquelle für die Reduktion von Kohlenstoffdioxid dient Schwefelwasserstoff;

$$6\,CO_2 + 12\,H_2S \xrightarrow[\text{Bakteriochlorophyll}]{\text{Licht}} C_6H_{12}O_6 + 12\,S + 6\,H_2O$$

Photosynthese der grünen Pflanzen:
Im Gegensatz zur Photosynthese der Schwefel-Purpurbakterien verwenden grüne Pflanzen Wasser als Wasserstoffquelle für die Reduktion von Kohlenstoffdioxid, so daß als Abfallprodukt Sauerstoff entsteht;

$$6\,CO_2 + 12\,H_2O \xrightarrow[\text{Chlorophyll}]{\text{Licht}} C_6H_{12}O_6 + 6\,S + 6\,H_2O$$

Leistungskurs Biologie: Abiturprüfung 1993 – Aufgabe IV

BE

1 Bei einem Stichlingsmännchen, das Eier besamt hat, nimmt der Sexualtrieb ab, und es beginnt vor dem Nesteingang mit den Brustflossen zu fächeln. Die Fächelaktivität nimmt mit dem Sauerstoffbedarf des Geleges stetig zu.

Nach dem Schlüpfen der Larven wird das Fächeln rasch beendet. Bietet man dem Männchen aber gegen Ende eines Fächelzyklus ein neues Gelege an, so wird dadurch ein neuer Fächelzyklus ausgelöst. Die nebenstehende Abbildung zeigt das Ergebnis eines Versuchs, bei dem nacheinander vier Fächelzyklen ausgelöst worden sind.

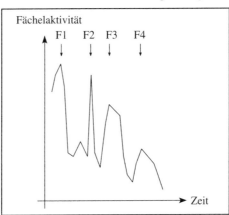

Interpretieren Sie die Abnahme der Maxima der Fächelaktivität des Stichlingsmännchens im Laufe der Zeit!   4

2 Muskeldehnungsreflexe sind für die aufrechte Haltung des Menschen und die Stellung der Gliedmaßen verantwortlich.

2.1 Zeichnen Sie ein beschriftetes Reiz-Reaktions-Schema eines Muskeldehnungsreflexes!   3

2.2 Erläutern Sie die grundlegende Bedeutung und Funktion von Muskelspindeln bei der Steuerung zielgerichteter Bewegungen!   6

3 Der Bodensee ist ein bedeutendes Überwinterungsgebiet für Wasservögel, deren Bestände sich im Zeitraum von 1960 bis 1978 deutlich verändert haben (Abb. 2). Eine Ursache hierfür ist die starke Zunahme des Phosphatgehalts des Bodenseewassers im selben Zeitraum (Abb. 1).

3.1 Erklären Sie mit Hilfe der Abbildungen die Bestandsentwicklung der pflanzen- und fischfressenden Wasservögel!   7

3.2 Seit ca. 1980 wurden in den Ufergemeinden des Bodensees Kläranlagen mit chemischer Reinigungsstufe gebaut.
Erläutern Sie mögliche Auswirkungen auf die Individuenzahlen der obengenannten Wasservögel!   5

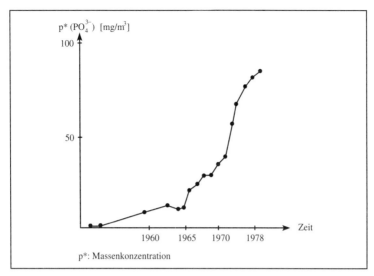

Abb. 1: Maximaler Phosphatgehalt

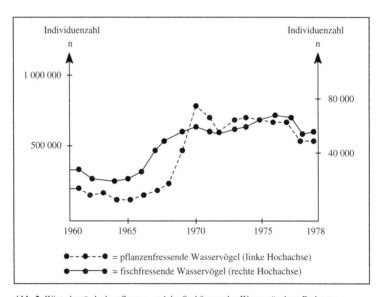

Abb. 2: Winterbestände der pflanzen- und der fischfressenden Wasservögel am Bodensee

4   Das Antibiotikum Puromycin entfaltet seine bakterienschädigende Wirkung,
    indem es sich an Stelle einer mit einer Aminosäure beladenen Transfer-RNS
    an Ribosomen anlagert.

4.1 Erläutern Sie den Aufbau einer Transfer-RNS!   4

4.2 Diskutieren Sie im Überblick den Teilvorgang der Proteinbiosythese, der an
    den Ribosomen abläuft, aber durch Puromycin blockiert wird.   6

5   Im Jahre 1928 wurde der Rettichkohl gezüchtet. Die Kreuzung zwischen
    Kohl und Rettich ergibt kräftige, aber sterile Hybriden. Diese besitzen wie
    ihre Eltern 18 Chromosomen, 9 vom Rettich und 9 vom Kohl. Einige der
    Hybriden sind jedoch fertil und haben auch fruchtbare Nachkommen. Es
    handelt sich also um eine neue Art, den Rettichkohl.
    Erläutern Sie die Vorgänge, die schrittweise zur Entstehung der neuen Art
    geführt haben! Ordnen Sie dabei dem jeweiligen Genom der angesproche-
    nen Arten die Anfangsbuchstaben des Alphabets zu!   6

6   Dromedare und Lamas zeigen große Unterschiede im Körperbau. Drome-
    dare sind den wärmeren Gebieten der Subtropen Asiens und Afrikas ange-
    paßt, Lamas bewohnen die Gebirge Südamerikas. Trotz dieser Unterschiede
    leben im Fell beider Tiere Läuse der Gattung Microthoracius.
    Begründen Sie das gemeinsame Auftreten dieser Läusegattung bei Drome-
    daren und Lamas!   5

7   Bei bestimmten Pflanzen dienen Ranken als Kletterorgane. Die verzweigten
    Ranken der Gartenerbse sind dabei aus den oberen Teilen des gefiederten
    Blattes entstanden. Bei den beiden Arten Wilder Wein und Weinrebe sind
    Teile der Sproßachse zu Ranken umgebildet.
    Definieren Sie anhand der vorgegebenen Beispiele die Begriffe "Analogie"
    und "Homologie", und begründen Sie Ihre Zuordnungen!   <u>4</u>
                                                                             50

(erweiterter Erwartungshorizont)

1. Abnahme der Maxima der Fächelaktivität erklärbar durch das Prinzip der doppelten Quantifizierung; Abnahme der Motivation bei gleichbleibender Reizqualität (und -stärke).

2.1 **Reiz-Reaktions-Schema**

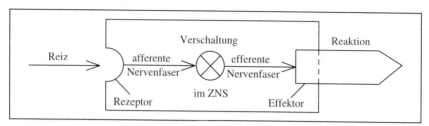

2.2 Steuerbefehl vom Gehirn zum Rückenmark; Gamma-Motoneurone werden erregt; Spindelmuskelfasern kontrahieren sich an ihren Endabschnitten; Dehnung des Mittelteils der Muskelspindel; Erregung sensorischer Endigungen und Erregungsleitung durch sensible Spindelfasern; über die Erregung der Alpha-Motoneurone wird die Kontraktion des Muskels ausgelöst.

3.1 Am Anfang oligotropher See:
Geringe Individuenzahl der pflanzen- und fischfressenden Wasservögel.

Im Laufe der Zeit zunehmende Eutrophierung:
Anstieg der Phosphationenkonzentration (Minimumfaktor) steigert die Primärproduktion und bewirkt somit auch Zunahme der pflanzen- und fischfressenden Wasservögel.
Ab ca. 1970 ungefähr gleichbleibende Individuenzahlen trotz weiteren Anstiegs der Phosphationenkonzentration: z. B. Nahrungskonkurrenz.

3.2 Fällung der Phosphationen führt zur Abnahme der Primärproduktion; Rückgang der Individuenzahlen der höheren Trophieebenen, zu denen auch die pflanzen- und fischfressenden Wasservögel zählen.

4.1 Ribose, organische Basen C, G, A, U (evtl. seltene organische Basen), Phosphat, CCA-Ende, Anticodon, Kleeblattstruktur.

4.2 Translation:
Anlagerung der m-RNS am Ribosom; Wechselwirkung Codon (m-RNS) mit Anticodon der mit einer bestimmten Aminosäure beladenen t-RNS; Peptidbindungen führen zu einer spezifischen Aminosäuresequenz des Peptids bzw. Proteins.

5. Rettich: AA; $2n = 18$;   Kohl: BB; $2n = 18$.
Polyploidisierung:
Ausgangsarten ($2n = 18$): AA bzw. BB;
Keimzellen ($n = 9$): A bzw. B;

steriler Bastard (2n = 18): AB; Homologenpaarung nicht möglich; Keimzellen des Bastards durch Fehler in der Meiose entstanden (2n = 18): AB; Verschmelzung zweier AB-Keimzellen führt zu fertilem Bastard (4n = 36): AABB; Homologenpaarung möglich.

6 **Lama/Dromedar:**
gemeinsamer Vorfahre; Artaufspaltung durch Besiedlung verschiedener Lebensräume.

Läuse:
gleichbleibender Lebensraum; bereits optimale Anpassung an die parasitische Lebensweise.

7 Definition von "Homologie" (Erbgleichheit: gemeinsame genetische Information geht auf gemeinsamen Vorfahren zurück) und "Analogie" (Funktionsgleichheit: Anpassung an vergleichbare Umweltbedingungen).

Homologie:
Ranken des Wilden Weins und der Weinrebe lassen sich von der Sproßachse ableiten (gemeinsamer Bauplan).

Analogie:
Ranke der Gartenerbse aus dem Grundorgan Blatt entwickelt;
Ranke vom Wilden Wein/Weinrebe von der Sproßachse ableitbar.

Leistungskurs Biologie: Abiturprüfung 1994 – Aufgabe I	

BE

1   Die giftige Prärieklapperschlange gehört zu den am weitesten verbreiteten Arten der Grubenottern und besitzt wie alle Vertreter dieser Familie auf jeder Seite des Kopfes zwischen Auge und Nasenloch ein für Wärmestrahlung empfindliches Grubenorgan.

1.1 Bei Einbruch der Dunkelheit beginnt eine hungrige Klapperschlange durch ihr Jagdgebiet zu kriechen. Befindet sich in ihrer Umgebung ein gleichwarmes Beutetier (z. B. eine Maus), dessen Körpertemperatur über der nächtlichen Umgebungstemperatur liegt, so nähert sie sich diesem. Sobald sie zusätzlich Geruchsreize wahrnimmt, schnellt sie vor und setzt den tödlichen Biß.
Interpretieren Sie dieses Verhalten der Klapperschlange unter Verwendung ethologischer Fachbegriffe!

6

1.2 Gegen ihre Feinde, zu denen große Greifvögel und der Mensch zählen, setzen sich Klapperschlangen mit Giftbissen zur Wehr. Bei Rivalenkämpfen jedoch umschlingen sich Klapperschlangenmännchen mit aufgerichteten Vorderkörpern und messen ihre Kräfte, wobei sie versuchen, den Kopf des Gegners wegzudrücken.
Erläutern Sie diese Unterschiede im Kampfverhalten mit den entsprechenden Fachbegriffen!

4

2   An einem freipräparierten Tintenfischaxon läßt sich mit Hilfe einer geeigneten Versuchsanordnung über Tage hinweg ein konstantes Ruhepotential von ca. -70 mV messen. In Experimenten wird nun in einem Fall dafür gesorgt, daß kein Sauerstoff mehr zur Verfügung steht, im anderen Fall wird die Kaliumionenkonzentration in der umgebenden Lösung erhöht.
Geben Sie die jeweils eintretende Änderung der Potentialdifferenz an, und stellen Sie die zugrundeliegenden Vorgänge dar!

5

3   Aus 100 g Mehl, 5 g Glucose, 7 g Bäckerhefe und Wasser wurde durch Rühren ein Hefeteig hergestellt, der ein Volumen von 200 ml einnahm. Anschließend wurde dieser Teig in ein sauerstofffreies Gefäß gegeben. Die Versuchstemperatur betrug $+20\,°C$. In bestimmten Zeitabständen stellte man das Teigvolumen fest und erhielt dabei folgende Werte:

Zeit (min)	0	20	40	60	80	100	120	140	160	180	200
Teigvolumen (ml)	200	240	400	560	690	830	1010	1130	1300	1340	1340

3.1 Stellen Sie die Abhängigkeit des Teigvolumens von der Zeit graphisch dar, und interpretieren Sie den Kurvenverlauf!

6

3.2 Das Experiment wird nun dahingehend abgeändert, daß in zwei getrennten Versuchsansätzen die Temperatur $+30\,°C$ bzw. $+70\,°C$ beträgt.
Tragen Sie für beide Fälle die zu erwartende Abhängigkeit des Teigvolumens von der Zeit in das Diagramm der Aufgabe 3.1 ein!
Begründen Sie die Kurvenverläufe!

5

4   Ein Ausschnitt aus der Nukleotidkette eines codogenen DNS-Stranges weist folgende Basensequenz auf: 3' ... AATGTTCCTAACCTT ... 5'

4.1 Beschreiben Sie, ausgehend von der vorgegebenen Basensequenz, in Grundzügen unter Mitverwendung einfacher Skizzen die Biosynthese der entsprechenden Aminosäurekette! Verwenden Sie dabei die rechts abgebildete "Code-Sonne" (Leserichtung von innen nach außen)!

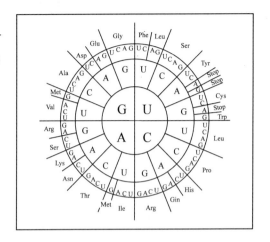

8

4.2 Gibt man das Antibiotikum Streptomycin zu einer Bakterienkolonie bzw. einer Kolonie eukaryotischer Zellen, so stellt man in der Folgezeit in beiden Zelltypen eine normale m-RNS-Konzentration fest. Im Gegensatz zu den eukaryotischen Zellen nimmt jedoch bei den Bakterienzellen die Konzentration der für den Zellstoffwechsel wichtigen Proteine stark ab.
Erklären Sie diese Beobachtungen!

3

5   Kreuzt man eine reinerbige Tomatenrasse mit hochwüchsigem Pflanzenkörper und runden Früchten mit einer ebenfalls reinerbigen, zwergwüchsigen Rasse, die birnenförmige Früchte bildet, so erhält man in der 1. Filialgeneration Tomatenpflanzen, die hochwüchsig sind und runde Früchte tragen.
Eine Kreuzung von F_1-Individuen untereinander führt zur Bildung hochwüchsiger Tomatenpflanzen mit runden Früchten und zwergwüchsiger Tomatenpflanzen mit birnenförmigen Früchten im Zahlenverhältnis 3:1.
Erstellen Sie die Kombinationsquadrate für die Bildung der 1. und 2. Filialgeneration! Ordnen Sie den Genotypen die entsprechenden Phänotypen zu, und erklären Sie die Aufspaltung in das angegebene Zahlenverhältnis!
Bezeichnen Sie die Allele mit den Anfangsbuchstaben des Alphabets!

6

6   Bis vor kurzem hat man Wale in Barten- und Zahnwale eingeteilt. Der Pottwal wurde dabei den Zahnwalen zugeordnet, da ihm einerseits Barten fehlen und er andererseits Zähne im Unterkiefer besitzt. Die Analyse des Gens mit der Information für Myoglobin ergab jedoch, daß Pottwale näher mit den Bartenwalen als mit den Zahnwalen verwandt sind.
Erklären Sie die hier angesprochene Methode zum Nachweis der Verwandtschaftsverhältnisse!

3

7   Beschreiben Sie in den Grundzügen das Experiment, mit dem die Entstehung organischer Stoffe unter den Bedingungen der Uratmosphäre der Erde nachgewiesen werden konnte!

4
—
50

(erweiterter) **Erwartungshorizont**

1.1 Das Beutefangverhalten der Schlange ist eine **Instinkthandlung** (angeborenes, komplexes aber stereotyp ablaufendes Verhaltensprogramm, ohne Einsicht in Zusammenhänge; diese Kriterien werden jedoch z. T. kontrovers diskutiert, z. B. in M. S. DAWKINS, Unravelling Animal Behaviour. Longman, Harlow 1986).
Ausgelöst wird das Verhalten nach dem Prinzip der doppelten Quantifizierung durch eine innere Komponente/Handlungsbereitschaft/Motivation (Hunger) und eine äußere Komponente/reaktionsauslösendes Schlüsselreizmuster (Wärmestrahlung und Geruch).
Die Handlung verläuft in drei Phasen:
1. Kriechen durch das Jagdgebiet: ungerichtetes Appetenzverhalten
2. Annäherung an die Beute: gerichtetes Appetenzverhalten
3. Vorschnellen/Zubeißen: erbkoordinierte Endhaltung

1.2 Die Unterscheidung von **Beschädigungs-** und **Kommentkampf** geschieht in der Regel im Zusammenhang mit innerartlicher **Aggression**.
Bei der Abwehr von Freßfeinden *(zwischenartliche Aggression)* bietet die Schonung des Gegners keinen Selektionsvorteil, was hier als *Beschädigungskampf* eingestuft wird.
Bei wehrhaften Tieren stellt Aggressionskontrolle einen Selektionsvorteil dar, weshalb Rivalenkämpfe/Rangkämpfe *(innerartliche Aggression)* häufig nach festgelegten Regeln *(Kommentkampf)* ablaufen.

2 Die **Potential**differenz zwischen intra- und extrazellulärem Raum nimmt in beiden Fällen ab:

Unterbrechung der Sauerstoffversorgung:
keine Bereitstellung von ATP über die Atmungskette (Neuronen sind nicht zu anaerober Energiegewinnung fähig); Leckströme können durch die **Natrium-Kalium-Pumpe** nicht mehr ausgeglichen werden.

Zunahme der K^+-Ionenkonzentration:
Verkleinerung des Konzentrationsgradienten für Kaliumionen; verringerte Diffusion der Kaliumionen von innen nach außen bzw. verstärkte Diffusion von Kaliumionen nach innen; mehr negative Ladungen an der Membraninnenseite werden ausgeglichen; evtl. Einstellung eines neuen Gleichgewichtszustands.

3.1 Die Volumenzunahme des Teiges ist bedingt durch die Bildung von Kohlenstoffdioxid aus der Glucose infolge alkoholischer **Gärung** durch die Hefe;

Interpretation der Grafik:
Zunächst linearer Anstieg der Kurve aufgrund konstanten Glucoseumsatzes in den Hefezellen (a); mit abnehmender Glucosekonzentration sinkt auch die Gärungsrate und damit die CO_2-Bildung (b); nach Verbrauch der vorhandenen Glucose keine weitere Entstehung von Kohlenstoffdioxid ("Plateauphase"/c).

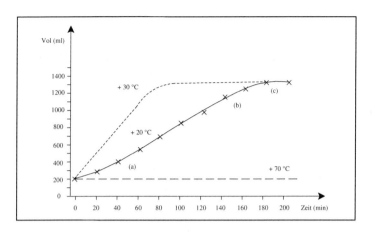

3.2 Zu erwartende Graphen in Abb. bei 3.1: ..... bei + 30 °C
                                                         ---- bei + 70 °C

Bei + 30 °C:
steilerer Kurvenverlauf; das "Plateau" wird in kürzerer Zeit erreicht, da enzymatische Reaktionen schneller ablaufen (RGT-Regel); nahezu gleiches Endvolumen des Teigs (Volumenzunahme des Gases durch die Temperaturerhöhung relativ gering), da gleiche Ausgangsmasse an Glucose.

Bei + 70 °C:
keine Änderung des Teigvolumens; keine Kohlenstoffdioxidentwicklung, da die Enzyme der Hefe hitzedenaturiert sind.

4.1 Die **Proteinbiosynthese** läuft in zwei Schritten ab: Umschreiben der in der DNS enthaltenen Information in die der m-RNS (Transkription) und dementsprechende Synthese der Aminosäurekette (Translation).

Transkription: Das Enzym Transkriptase/RNS-Polymerase bewirkt eine Öffnung der DNS-Doppelhelix und "erkennt" an der Promotor-Region den codogenen Strang, den es in 3' → 5' – Richtung bis zu einer spezifischen stop-Basensequenz abliest: Die m-RNS (= Code-Strang) wird dementsprechend in 5' → 3' – Richtung komplementär aus Ribonukleotiden (hierbei Uracil anstelle von Thymin) synthetisiert.

Schema:

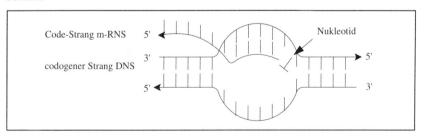

Die m-RNS passiert die Kernporen (bei Bakterien/Prokaryoten keine Kernhülle) und dient als Matrize für die Proteinsynthese an den Ribosomen.

Translation: Im Plasma verknüpfen entsprechende Synthetasen Aminosäuren (AS.) mit zugehörigen t-RNS-Molekülen. Diese binden an den Ribosomen durch Codon-Anticodon-Wechselwirkung an die m-RNS; durch Knüpfen der Peptidbindung zwischen den Aminosäuren wächst die Peptidkette gemäß der Basensequenz der m-RNS in 5' → 3' – Richtung, die t-RNS wird jeweils freigesetzt (Beginn und Ende der Synthese markiert durch Start- bzw. Stop-Codons).

Schema:

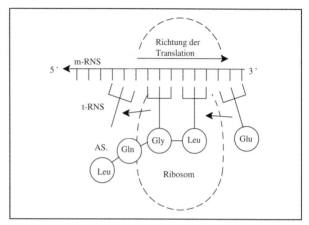

Bezug zur vorgegebenen Basensequenz:
3'...AATGTTCCTAACCTT... 5'   codogender DNS-Strang
↓ Transkription
5'...UUACAAGGAUUGGAA... 3'   Code-Strang der m-RNS
↓ Translation
...-Leu-Gln-Gly-Leu-Glu-...   Aminosäurekette

4.2 Die Transkription läuft bei Bakterien und eukaryotischen Zellen weiterhin ab, da m-RNS gebildet wird; da bei den Bakterienzellen keine neuen Proteine mehr gebildet werden, ist hier die Translation durch Streptomycin gehemmt (bei Prokaryoten andere Ribosomentypen!).

5   Dihybrider, dominant-rezessiver **Erbgang** (zwei Merkmalspaare, F_1-Phänotyp wie P_I-Phänotyp!); gekoppelte Allele (F_2-Phänotypenverhältnis 3 : 1!)
Allelenzuordnung aufgrund der Elternkreuzung:

Merkmale		Gene/Allele	Elternphänotypen:
Körper	hochwüchsig	A	P_I: 'AB'
	zwergwüchsig	a	hochwüchsig/ rund
Frucht	rund	B	P_{II}: 'ab'
	birnenförmig	b	zwergwüchsig/ birnenförmig

Kreuzung der P-Individuen (Kopplung z. B. AB):

$$P_I \quad x \quad P_{II}$$

Phänotyp	'AB'	'ab'
Genotyp	AB AB	ab ab
Keimzellen (Kz)	AB	ab

P-Kz	ab
AB	AB ab 'AB'

F_1-**Individuen** sind uniform hochwüchsig und rund

Kreuzung der F_1-Individuen:

$$F_1 \quad x \quad F_1$$

Phänotyp (PhT)	'AB'	'AB'
Genotyp (GT)	AB ab	AB ab
Keimzellen	AB/ab	AB/ab

F_1-Kz	AB	ab
AB	AB AB 'AB'	AB ab 'AB'
ab	AB ab 'AB'	ab ab 'ab'

F_2-**Individuen:**

GT: AB AB, AB ab, aa bb
im Verhältnis 1 : 2 : 1

PhT: hochwüchsig/rund:
zwergwüchsig/birnenfg. im Verhältnis 3 : 1

6   Vergleich der Basensequenz der DNS verschiedener Arten: je geringer die durch Mutationen bedingten Unterschiede sind, desto kürzer ist die Zeit der getrennten Entwicklung seit dem nächsten gemeinsamen Vorfahren, desto größer ist der **Verwandtschafts**grad.

7   **Millerscher Versuch:**
Simulation der stofflichen Zusammensetzung der reduzierenden Uratmosphäre mit v. a.
H_2, CH_4, NH_3 und H_2O .
Energiezufuhr: Wärmequelle am Siedegefäß, elektrische Entladungen im Reaktionskolben.
Ergebnis: Bildung von organischen Stoffen, z. B. Aminosäuren und Essigsäure.

Leistungskurs Biologie: Abiturprüfung 1994 – Aufgabe II

BE

1 Ein isoliert gehaltenes Stichlingsmännchen stößt heftig mit der Schnauze gegen einen Spiegel, den man in sein Aquarium hält. Gelegentlich richtet es seine Stöße auch gegen Wasserpflanzen. Verwendet man bei dem Versuch einen vergrößernden Hohlspiegel, führt das Männchen plötzlich Nestbaubewegungen aus.
Erklären Sie die verschiedenen Verhaltensweisen des Stichlingsmännchens unter Verwendung ethologischer Fachbegriffe!　　6

2 Das vegetative Nervensystem ist anatomisch und funktionell in zwei Teilbereiche gegliedert.

2.1 Beschreiben Sie anhand eines geeigneten inneren Organs des Menschen die prinzipielle Wirkungsweise des vegetativen Nervensystems!　　3

2.2 Stellen Sie am Beispiel eines Stressors, der kurzzeitig auf einen Menschen einwirkt, in vereinfachter Form den Zusammenhang zwischen Erregung des vegetativen Nervensystems und Hormonausschüttung dar!　　3

3 Hill zeigte 1940 erstmals, daß isolierte Chlorplasten im zellfreien System Photosynthese durchführen können.

3.1 Nennen Sie drei grundlegende Übereinstimmungen im Feinbau von Chloroplasten und Mitochondrien!　　3

3.2 Beschreiben Sie die Vorgänge, die bei optimaler Belichtung an den Thylakoidmembranen ablaufen, und veranschaulichen Sie diese mit Hilfe einer beschrifteten Schemazeichnung!　　8

3.3 Zu isolierten Chloroplasten werden im Reagenzglas Eisen(III)-Ionen gegeben. Belichtet man den Versuchsansatz, so gehen die Eisen (III)-Ionen unter Elektronenaufnahme in Eisen(II)-Ionen über. Diskutieren Sie, ob bei diesem Versuch Glucose gebildet werden kann! Kohlenstoffdioxid steht in ausreichendem Maße zur Verfügung.　　3

4 Im Fall einer durch Bakterien ausgelösten Infektionskrankheit wird ein Antibiotikum eingesetzt, von dem aus früheren Tests bekannt ist, daß es gegen den betreffenden Stamm wirksam ist. Dennoch scheitert die Therapie, da Resistenz auftritt.
Erläutern Sie unter Verwendung von Fachbegriffen aus der Bakteriengenetik zwei Möglichkeiten, die das Zustandekommen dieser Resistenz erklären!　　4

5 Chorea Huntington ist eine äußerst seltene Erbkrankheit, die erst spät im Erwachsenenalter ausbricht und zu geistigem Verfall führen kann. Die Krankheit wird monogen und dominant auf Chromosom Nr. 4 vererbt.
Die schwangere Frau K. sucht mit ihrem Mann, Herrn K., eine genetische Beratungsstelle auf. Das junge Paar hat nämlich erfahren, daß bei der Mutter von Herrn K. Chorea Huntington diagnostiziert worden ist. Der greise Vater von Herrn K. trägt keine Anlagen für diese Krankheit. Die Großmutter bzw. der Großvater von Herrn K. mütterlicherseits sind mit 25 Jahren bzw. mit 74 Jahren ohne Krankheitsanzeichen gestorben. In der Familie von Frau K. gibt es keinerlei Krankheitshinweise.

5.1 Erstellen Sie eine Stammbaumskizze der genannten Personen mit den theoretisch möglichen Genotypen! 5

5.2 Leiten Sie unter Berücksichtigung der möglichen Genotypen von Herrn K. die jeweilige Wahrscheinlichkeit ab, mit der das erwartete Kind dieses Ehepaares die Erbkrankheit aufweist! Verwenden Sie dazu Kombinationsquadrate! 2

6 Charakterisieren Sie die intermediäre und die kodominante Wirkung von Allelen anhand je eines geeigneten Beispiels! 4

7 In den Korallenriffen tropischer Meere lebt der Schmetterlingsfisch (Chaetodon auriga). Sein Kopf zeigt auf jeder Seite einen breiten, schwarzen Streifen, welcher das Auge tarnt ("Augenbinden"). Seine Rückenflosse weist an ihrem Hinterrand einen kleinen, schwarzen Augenfleck auf. Im gleichen Lebensraum gibt es Säbelzahnschleimfische, die sich darauf spezialisiert haben, anderen Fischen Hautstücke herauszubeißen. Sie greifen dabei bevorzugt die Augenregion an.

7.1 Erläutern Sie anhand der Evolutionstheorie Darwins, wie die genannten Färbungsmerkmale des Schmetterlingsfisches im Laufe der Entwicklungsgeschichte entstanden sein könnten! 6

7.2 Nennen Sie drei Erkenntnisse der Chromosomentheorie der Vererbung, welche die Vorstellungen Darwins hinsichtlich der Variabilität innerhalb einer Art erhärten! _3_
50

(erweiterter) Erwartungshorizont

1 Das Spiegelbild liefert Schlüsselreize (roter Bauch, gesenkter Kopf) für das Angriffsverhalten: Stoßen gegen den Spiegel bzw. das eigene Spiegelbild (mangelnde Einsicht in die Zusammenhänge: **Instinkthandlung**). Das Verhalten wird aber nur ausgeführt, wenn neben den äußeren Reizen als innere Komponente eine entsprechende Handlungsbereitschaft vorhanden ist.

Stöße gegen die Wasserpflanzen: **umorientierte Handlung**; der Angriff wird auf ein Ersatzziel gelenkt, das die Angriffstendenz weniger stark hemmt als das Spiegelbild/Rivale.

Nestbaubewegungen: **Übersprunghandlung**; durch die größere Reizstärke des vergrößerten Spiegelbildes sind jetzt die Verhaltenstendenzen für Angriff und Flucht gleich stark. (Enthemmungshypothese: die beiden Verhaltenstendenzen hemmen sich total, die Hemmung weiterer Verhaltenstendenzen entfällt, wodurch die am nächststärksten aktivierte Verhaltenstendenz zum Durchbruch kommt.)

2.1 Sympathikus und Parasympathikus sind Antagonisten, wobei der Sympathikus die Fähigkeit zur Arbeitsleistung, zu Angriff oder Flucht steigert, während der Parasympathikus für die Regeneration der Körperreserven im Ruhezustand sorgt.
Z. B.: Der Sympathikus regt die Herztätigkeit an, der Parasympathikus dämpft diese; bzw. der Parasympathikus fördert die Aktivitäten des Magen-Darm-Trakts, der Sympathikus hemmt diese.

2.2 Z. B. Lärm/Erschrecken: Durch Sympathikusaktivierung wird Adrenalin aus dem Nebennierenmark in die Blutbahn abgegeben, wodurch die Erregbarkeit der Organe durch den Sympathikus gesteigert wird, da Adrenalin als Transmitter in den Endsynapsen der sympathischen Neurone wirkt.

3.1 Die Hülle beider Organelle besteht aus einer Doppelmembran; beide besitzen Membraneinfaltungen (Thylakoide bzw. Tubuli/Cristae); beide besitzen ringförmige, histonfreie DNS).

3.2 **Lichtreaktionen**: Lichtabsorption; Anregung der Photosysteme P.I und P.II; Photolyse des Wassers, zyklischer und nichtzyklischer Elektronentransport über Redoxketten; Bildung von ATP (Photophosphorylierung) und NADPH/H$^+$ (Reduktionsäquivalenten).
Schema:

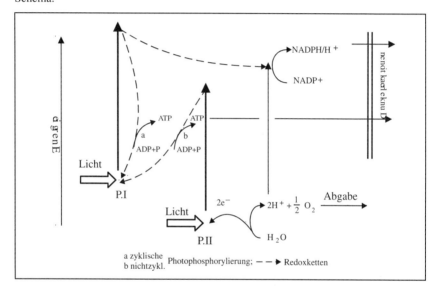

3.3 Bei den **Lichtreaktionen** werden (angeregte) Elektronen benötigt für die ATP-Bildung (Photophosphorylierung) und die Bildung der Reduktionsäquivalente gemäß der Gleichung:

$$NADP^+ + 2H^+ + 2e^- \rightarrow NADPH/H^+.$$

Die Elektronenaufnahme der Eisen (III)-Ionen nach der Gleichung:

$$Fe^{3+} + e^- \rightarrow Fe^{2+}$$

verhindert damit die Synthese von ATP und NADPH/H$^+$, welche wiederum für die Glucosebildung durch CO_2-Reduktion in den Dunkelreaktionen nötig wären.

4 Z. B. **Konjugation**: Bakterien mit dem Fertilitätsfaktor F$^+$ (eingebaut in die Bakterien-DNS: Hfr-Zustand) und einem Resistenzgen bilden eine Konjugationsbrücke mit dem pathogenen Stamm. Das pathogene Empfänger-Bakterium erhält über die Verbindungsröhre eine Kopie der Spender-DNS mit dem Resistenzgen und baut dieses durch Rekombintion in die eigene DNS ein.

Z. B. **Mutation**: Eine spontane Änderung der Erbinformation tritt im Erbgut des nicht resistenten, pathogenen Stammes auf.
In beiden Fällen führt die Veränderung des Erbgutes zur Resistenz, z. B. aufgrund der Fähigkeit, das Antibiotikum abzubauen.

5.1
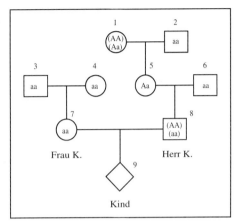

Mögliche Genotypen:
1 Großmutter von Herrn K.:   AA bzw. Aa
2 Großvater von Herrn K.:   aa
3/4 beide Eltern von Frau K.: aa
5 Mutter von Herrn K.:   Aa
6 Vater von Herrn K.:   aa
7 Frau K.:   aa
8 Herr K.:   Aa bzw. aa

Erläuterung: Die Mutter (5) von Herrn K. ist als krank diagnostiziert und muß heterozygot (Aa) sein, da ihr Vater (2) in hohem Alter noch gesund war (Genotyp aa). Sie muß ihr krankmachendes Allel A von ihrer Mutter (1) geerbt haben, die zwar ohne Krankheitszeichen aber eben schon jung gestorben ist. Herr K. selber kann bei einem heterozygoten (Aa) und einem homozygot rezessiven (aa) Elter mit gleicher Wahrscheinlichkeit gesund (aa) oder heterozygoter (Aa) Träger des krankmachenden Allels sein (Rückkreuzungsschema!).

5.2 Ableitung:
1. Herr K. mit Genotyp Aa:

	Frau K.	Herr K.
Genotypen	aa	Aa
Keimzellen (Kz.)	a	A/a

Kz.	A	a
a	Aa	aa
Genotypenhäufigkeit	50 %	50 %

Wahrscheinlichkeit des Auftretens der Anlage für die Krankheit beim Kind (9): 0,5 (vgl. Rückkreuzung!).

2. Herr K. mit Genotyp aa:

Kz.	a
a	aa
Genotypenhäufigkeit	100 %

Wahrscheinlichkeit des Auftretens der Anlage für die Krankheit beim Kind (9): 0 %.

6 **Intermediär:** Mischeigenschaften des Phänotyps im heterozygoten Fall; z. B. Blütenfarbe der Wunderblume:

Genotypus	AA	**Aa**	aa
Phänotypus	'A'	**'Aa'**	'a'
Farbe	rot	**rosa**	weiß

Kodominant: Beide Allele werden im heterozygoten Fall phänotypisch ausgeprägt;
z. B. Blutgruppe AB

Genotypus	AA	**AB**	BB
Phänotypus = Blutgruppe	'A'	**'AB'**	'B'
Antigene auf Erythrocyten	A	**A + B**	B

7.1 – Die Vorfahren der Schmetterlingsfische erzeugen weit mehr Nachkommen, als zur
Erhaltung der Art nötig sind und sich schließlich fortpflanzen können (**Überpro-
duktion**)
– Die einzelnen Individuen sind nicht völlig gleich, sondern unterscheiden sich in der
Körper- und Flossenfärbung: Unter den variierenden Nachkommen sind auch solche,
deren Färbung jeweils mehr einer "Augenbinde" bzw. einem ablenkenden Augenfleck ähnelt (**Variabilität**)
– Solche Individuen haben bei Angriffen durch Säbelzahnschleimfische größere Über-
lebenschancen (**natürliche Selektion/Kampf ums Dasein/"survival of the fittest"**)
– Wenn die günstigeren Merkmale zugleich erbliche Merkmale sind (**Vererbung**), treten sie in der nächsten Generation vermehrt auf.

7.2 Erklärung der **Variabilität** durch

– Mutationen und
– Umordnung bzw.
– Umbau (crossing over)

des Genoms in der Meiose.

Leistungskurs Biologie: Abiturprüfung 1994 – Aufgabe III

BE

1 Der kalifornische Molch Taricha torosa bildet das Gift Tarichatoxin. Es blockiert die Na^+-Ionenkanäle der Nervenzellmembranen.

1.1 Stellen Sie anhand eines beschrifteten Diagramms den zeitlichen Ablauf eines Aktionspotentials an einem Membranabschnitt eines Axons dar, und erklären Sie den Kurvenverlauf!   4

1.2 Führen Sie kurz aus und begründen Sie, wie sich eine Vergiftung mit relativ hoher Tarichatoxinkonzentration auf das Ruhepotential bzw. auf die Auslösung eines Aktionspotentials auswirkt!   4

2 Höhere Lern- und Verstandesleistungen, z. B. das Lernen durch Einsicht, sind für Tier und Mensch von großer Bedeutung.

2.1 Definieren Sie den Begriff "Einsichtiges Verhalten", und nennen Sie zwei experimentelle Voraussetzungen, die zumindest gegeben sein müssen, damit es im Tierversuch eindeutig nachgewiesen werden kann! Beschreiben Sie kurz ein Beispiel für "Einsichtiges Verhalten" bei Tieren!   5

2.2 Geben Sie zwei charakteristische Verhaltensweisen an, die bei Tieren beobachtet werden können, wenn sie gestellte Aufgaben einsichtig lösen!   2

3 Das Populationswachstum in einem Staat der Roten Waldameise läßt sich über Jahre hinweg durch Zählen der Nestöffnungen gut verfolgen, da deren Zahl der Zahl der Arbeiterinnen eines Baus ungefähr proportional ist. Bei entsprechenden Untersuchungen fand man stets einen für natürliche Populationen typischen Wachstumsverlauf.
Stellen Sie die zeitliche Entwicklung der Ameisenpopulation graphisch dar, und erläutern Sie den Kurvenverlauf!   5

4 Stellen Sie die Bildung von Brenztraubensäure aus Glucose im C-Körperschema dar, und formulieren Sie ihren weiteren Abbau zu Ethanol mit Strukturformeln! Gehen Sie auch auf die Energiebilanz ein!   6

5 Bakterien und Phagen werden in der Gentechnik vielseitig eingesetzt. Stellen Sie im Überblick dar, wie mit Hilfe von Phagen Bakterien-DNS von einem Bakterium auf ein anderes übertragen werden kann!   4

6 Beschreiben Sie Entstehung und Aufbau eines Riesenchromosoms, und erklären Sie die Bedeutung der charakteristischen Puffs!   5

7 Die einzelnen Blutgruppen sind in der Weltbevölkerung nicht gleichmäßig verteilt. Dies steht möglicherweise in einem ursächlichen Zusammenhang mit dem Auftreten bestimmter Infektionskrankheiten, z. B. der Pocken. Pockenviren tragen auf ihrer Oberfläche das Antigen A, das auch im Zusammenhang mit dem ABO-Blutgruppensystem eine entscheidende Rolle spielt.
Erläutern Sie, was in bezug auf die Verteilung der Blutgruppen des ABO-Systems in Gebieten zu erwarten wäre, die früher pockenverseucht waren!   6

94-12

8   Bei Heuschrecken, Fröschen und Springmäusen sind die Hinterextremitäten
     als kräftige Sprungbeine ausgebildet.

8.1 Erklären Sie die Entstehung dieser Sprungbeine aus der Sicht Lamarcks!   3

8.2 Erklären Sie die oben beschriebene Ähnlichkeit der Hinterextremitäten!   6
                                                                                  50

(erweiterter) Erwartungshorizont

1.1 Zeitlicher Ablauf eines Aktionspotentials:

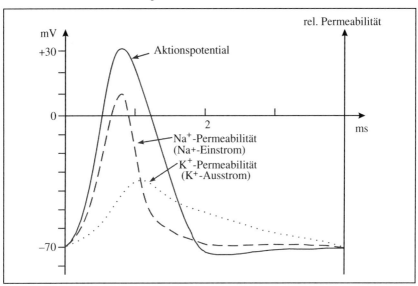

- kurzfristige Erhöhung der Membranpermeabilität für Na^+-Ionen
- Einstrom/Diffusion der Na^+-Ionen infolge ihres Konzentrationsgefälles führt zu Depolarisation/Umkehr der Membranladung ($+30$ mV)
- phasenverschobene kurzzeitige Erhöhung der K^+-Permeabilität
- Ausstrom/Diffusion der K^+-Ionen aufgrund ihres Konzentrationsgefälles hat die Repolarisation der Membran zur Folge (-70 mV) (evtl. Hyperpolarisation/Nachpotential)

1.2 Die Blockierung der Na^+-Ionenkanäle hat keine Auswirkung auf das **Ruhepotential**, da dieses im wesentlichen durch die Konzentrationsverhältnisse der K^+-Ionen bestimmt wird.

Eine Auslösung von **Aktionspotentialen** ist dagegen nicht mehr möglich, da kein Na^+-Ioneneinstrom erfolgen kann.

2.1 **Einsicht** ist die Fähigkeit, den Erfolg eines Verhaltens ohne vorheriges Probieren vorauszusehen bzw. frühere Erfahrungen problemangemessen neu zu kombinieren.

Voraussetzungen: z. B. Konfrontation mit einer z. T. neuen Situation; der Lösungsweg muß überschaubar sein; die Wahrscheinlichkeit von Zufallslösungen ist auszuschließen.

Z. B. je nach Unterricht Werkzeuggebrauch und -herstellung bei Schimpansen zum Erreichen einer Belohnung außer Reichweite.

2.2 Z. B.
- Vorbereitungsphase vor der Handlung als "Denkpause"
- Der Handlungsablauf erfolgt zielstrebig und ununterbrochen
- oder Entfernen vom eigentlichen Ort der Handlung und Beschaffung von Hilfsmitteln zum Erreichen des Zieles.

3 Wachstumskurve: begrenztes **Wachstum** (sigmoid/logistisch)

a) log-Phase mit exponentiellem Wachstum
b) Verzögerungsphase: Zunahme der Hemmung durch dichteabhängige Faktoren (Nahrung/ Konkurrenz mit Tochter-Ameisenstaaten)
c) stationäre Phase: K = Umweltkapazität

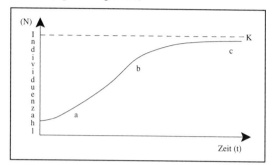

4 C-Körperschema der **Glycolyse**:

$$C_6 \xrightarrow{2\,ATP \quad 2\,ADP} C_6 \longrightarrow 2\,C_3 \xrightarrow{2\,ADP+2\,P \quad 2\,NAD_{ox}}{2\,ATP \quad 2\,NAD_{red}} 2\,C_3 \xrightarrow{2\,ADP+2\,P}{2\,ATP} 2\,C_3$$

Glucose   Fructose-1,6-P   Glycerinaldehyd-P   Glycerinsäure-P   Brenztraubensäure

Abbau der **Brenztraubensäure (BTS)** zu Ethanol:

$$H_3C-\overset{O}{\underset{\|}{C}}-\overset{O}{\underset{\|}{C}}-OH \xrightarrow{-CO_2} H_3C-\overset{O}{\underset{\|}{C}}-H \xrightarrow[NAD^+]{NADH/H^+} H_3C-\overset{OH}{\underset{H}{C}}-H$$

BTS $\xrightarrow{\text{Decarboxylierung}}$ Ethanal $\xrightarrow{\text{Reduktion}}$ Ethanol

ATP-Bilanz: In der Summe (siehe C-Körperschema) werden bei der Glycolyse 2 mol ATP je mol Glucose gewonnen. Der Abbau der BTS zu Ethanol dient nur der (anaeroben) Rückgewinnung von NAD^+.

5 **Transduktion:** Nach der Infektion mit lysogenen Phagen kann die Phagen-DNS als Prophage in die Spenderbakterien-DNS eingebaut werden; bei spontaner oder z. B. durch UV-Licht induzierter Freisetzung und fehlerhafter Reifung eines Prophagen kann die Phagen-DNS Bruchstücke der Bakterien-DNS mitnehmen; dieser transduzierende Phage infiziert eine andere Bakterienzelle: evtl. Einbau der DNS in das Genom des Empfängerbakteriums.

6 **Entstehung:** Endomitosen = fortgesetzte Synthesephasen gepaarter homologer Chromosomen ohne Kernteilungen.
Aufbau: zahlreiche, bis zu Tausenden parallel gelagerte Einzelchromatiden, deren Chromomere ein deutliches Bandenmuster bilden.
Puffs: aufgelockerte Bereiche entspiralisierter Chromomeren, in denen Transkription stattfindet.

7 **Voraussetzungen:** (Nicht in den Korrekturhinweisen verlangt)

Blutgruppe	Antigene auf Erythrocyten	Antikörper im Serum
A	A	Anti-B
B	B	Anti-A
AB	A + B	–
0	–	Anti-A + Anti-B

Blutgruppen B und 0 relativ häufig:
Da im Serum Antikörper Anti-A von vornherein vorhanden sind, können durch eine unmittelbare Antigen-Antikörper-Reaktion die Pockenviren unschädlich gemacht werden. Die Sterblichkeit von Menschen dieser Blutgruppen infolge einer Pockeninfektion ist also verringert.

Blutgruppen A und AB weniger häufig:
Zwar erhalten auch Menschen dieser Blutgruppen nach dem Überstehen der Pockenerkrankung eine lebenslange Immunität, die Sterblichkeit ist aber, den Umständen entsprechend, bis zum Erreichen der vollen Abwehrkraft relativ hoch, da die Bildung von Antikörpern gegen andere Antigene (als A) der Pockenviren erst anlaufen muß.

Das Pockenvirus stellt demnach einen **Selektionsfaktor** bezüglich der betreffenden Blutgruppen dar: Träger des Allels A, denen folglich das Anti-A fehlt, sind selektionsbenachteiligt. (In den Korrekturhinweisen ist als Grund für die geringere Häufigkeit der Blutgruppen A und AB angegeben, daß bei Bildung der Antikörper Anti-A infolge einer Virusinfektion die Gefahr einer Agglutination der A- bzw. AB-Erythrocyten bestehe. Dies ist insofern unwahrscheinlich, als das Pocken-Antigen A mit dem Antigen A der Erythrocyten identisch ist, deshalb nicht als körperfremd erkannt wird und folglich auch keine Antikörper Anti-A gebildet werden sollten.)

8.1 Inneres Bedürfnis der Tiere nach Anpassung an herrschende Umweltbedingungen, wie z. B. schnelle Flucht vor Freßfeinden durch Springen; ständiger Gebrauch von Organen, hier der Hinterextremitäten, führt zu deren Vervollkommnung; Vererbung der erworbenen Eigenschaften/längerer Beine.

8.2 **Konvergente** Entwicklung der Sprungbeine (Anpassung nicht näher verwandter Arten an gleiche Umweltbedingungen)
analog (funktionsgleich): Sprungbeine der Heuschrecken – Sprungbeine der Frösche bzw. Springmäuse

Begründung:
– Homologiekriterium der Lage: unterschiedliche Baupläne des Insektenbeins bzw. der Wirbeltierextremität.
– Homologiekriterium der spezifischen Qualität: unterschiedliches Baumaterial (Chitin-Außenskelett bzw. Knochen-Innenskelett).

Folgerung:
Funktionsgleichheit, also keine Stammesverwandtschaft (Korrekturhinweise: analog, da keine stammesgeschichtliche Verwandtschaft).

homolog (erbgleich): Sprungbeine der Frösche und Springmäuse
Begründung: Homologiekriterien der Lage und spezifischen Qualität: vergleichbare Anordnung der Bauelemente und gleiche stoffliche Zusammensetzung.
Folgerung: gleicher Bauplan/Aufbau – gleiche genetische Information – Stammesverwandtschaft.

(In den Korrekturhinweisen wird nicht verlangt bzw. nicht darauf eingegangen, daß Frosch- bzw. Springmausbeine nur als "Extremität" homolog sind, bezüglich ihrer Funktion als Sprungbein jedoch konvergent entstanden sind, da die beiden Arten sicher nicht von einem gemeinsamen "springenden" Vorfahren abstammen. ⇒ Homoiologie: phylogenetisch unabhängig erworbene Anpassung an homologen Organen)

| | | BE |

Leistungskurs Biologie: Abiturprüfung 1994 – Aufgabe IV

                                                                     BE

1 Erläutern Sie an einem selbstgewählten Beispiel eine Nachweismöglichkeit
für angeborene Verhaltensweisen bei Tieren!   3

2 Die Schilddrüsenhormone sind u. a. an der Regelung des Grundumsatzes
beteiligt. Der Grundumsatz ist dabei der Konzentration des im Blut enthaltenen Thyroxins proportional. Bildung und Ausschüttung des Thyroxins
werden von einem Steuerhormon (Thyreotropin), das die Beta-Zellen des
Hypophysenvorderlappens produzieren, angeregt. Die aktuelle Thyroxinkonzentration wird durch diese Beta-Zellen bzw. durch spezielle Rezeptoren
im Hypothalamus gemessen.

2.1 Stellen Sie die hormonelle Regelung des Grundumsatzes in Form eines
Regelkreisschemas dar, und ordnen Sie den regeltheoretischen Fachbegriffen soweit möglich die entsprechenden Textstellen zu!   7

2.2 Geben Sie eine Krankheit des Menschen an, bei der eine Fehlregulation des
Grundumsatzes vorliegt, und nennen Sie zwei charakteristische Symptome,
die das Krankheitsbild kennzeichnen!   3

3 Zu den wichtigsten Stoffgruppen in tierischen und pflanzlichen Zellen gehören Nukleinsäuren und Proteine.
Beschreiben Sie Proteine und DNS hinsichtlich ihrer Primär- und Sekundärstruktur!   6

4 Ökosysteme stellen komplexe Wirkungsgefüge biotischer und abiotischer
Faktoren dar.
Definieren Sie den Begriff "Ökologische Nische"!
Geben Sie mögliche populationsdynamische Entwicklungen an, wenn für
die Neubesiedlung eines Ökosystems folgende Ausgangsbedingungen angenommen werden:
a) Eine Tierart mit hoher Vermehrungsrate besetzt eine freie ökologische
Nische.
b) Mehrere Tierarten mit vergleichbarer Vermehrungsrate beanspruchen
dieselbe ökologische Nische.
c) Einer Tierart mit hoher Vermehrungsrate stehen mehrere ökologische
Nischen zur Verfügung.
Begründen Sie Ihre jeweiligen Ausführungen!   7

5 Bei Hausmausmutanten sind zwei dominante Erbanlagen bekannt, die auf
dem X-Chromosom liegen: "bent" = kurzer, krummer Schwanz und "tabby"
= getiegert, dunkle Querstreifen. Die Geschlechtsbestimmung bei der Haus-
maus erfolgt wie beim Menschen.
Weibliche Mutanten, welche die Merkmale "bent" und "tabby" zeigen und
diesbezüglich homozygot sind, werden mit normalen Männchen ("Wildtyp")
gekreuzt. Die Individuen der F_1-Generation werden untereinander gekreuzt.
Unter 200 F_2-Individuen wurden folgende Phänotypen festgestellt: 141
"bent" und "tabby", 47 "Wildtyp", 6 "tabby" und 6 "bent". Auf das Geschlecht wurde dabei nicht geachtet.

Stellen Sie den Erbgang von der Parental- bis zur F_2-Generation mit Hilfe von Kombinatiosquadraten dar!
Geben Sie die auftretenden Geno- und Phänotypen sowie das Geschlecht der verschiedenen Individuen an!
Erklären Sie die Häufigkeitsverteilung der Phänotypen in der F_2-Generation! 8

6   Manche Taubnesselarten bilden zwittrige Blüten aus, die ganz auf Selbstbestäubung angewiesen sind, da sich die Blüten meist nicht öffnen. Bestäubung, Befruchtung und Samenbildung finden somit innerhalb der geschlossenen Blüte statt.
Erörten Sie, inwieweit bei den Nachkommen, die aus diesen Samen entstehen, genetische Variabilität zu erwarten ist! 3

7   Regelungsvorgänge bilden eine wesentliche Voraussetzung für das Funktionieren des Zellstoffwechsels.
Zeigen Sie anhand beschrifteter Skizzen, wie mit dem Jacob-Monod-Modell die Enzymrepression erklärt wird! 6

8   Seit ca. 12000 Jahren greift der Mensch durch Züchtung aktiv in das Evolutionsgeschehen ein.
Beschreiben Sie je zwei Gemeinsamkeiten und Unterschiede zwischen der Züchtung von Lebewesen durch den Menschen und der natürlich ablaufenden Evolution! 4

9   Die Familien der Menschenartigen (Hominiden) und der Menschenaffen ("Pongiden") gehören zu den Primaten. Nicht selten kann ein Fund, der nur aus Schädelteilen besteht, dennoch eindeutig einer der beiden Familien zugeordnet werden.
Geben Sie drei wesentliche anatomische Merkmale des Schädels an, die zur Klärung beitragen können! 3
                                                                    ‾‾
                                                                    50

(erweiterter) Erwartungshorizont

1   Z. B. **Kaspar-Hauser-Experiment:** isolierte Aufzucht unter spezifischem Erfahrungsentzug und Vergleich mit einer Kontrollgruppe unter normalen Bedingungen. Zeigen die Kaspar-Hauser-Tiere in der Testsituation das zu überprüfende Verhalten, so muß es angeboren sein. Beispiel je nach Unterricht.

2.1 **Regelkreisschema:**

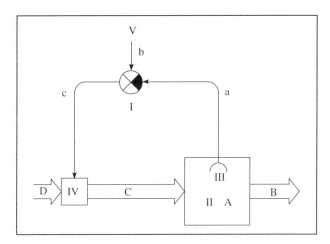

Mögliche Zuordnungen:
I   Regelglied: Hypophysenvorderlappen (HVL)
II Stauglied
    (Regelstrecke):   Blut
III Meßglied: Beta-Zellen des HVL, Chemorezeptoren im
                            Hypothalamus
IV Stellglied: Schilddrüse
V   Führungsglied

A   Regelgröße: Thyroxinkonzentration im Blut bzw. **Grundumsatz (GU)**
B   Störgröße
C   Stellgröße: Thyroxin
D   Nachschubgröße

a   Meldung über Istwert: Istwert = aktuelle Thyroxinkonzentration
b   Meldung über Sollwert
c   Meldung über Stellwert: Steuerhormon (Thyreotropin)

(In den Korrekturhinweisen ist der Istwert/aktuelle Thyroxinkonzentration nicht aufgeführt; als Stellgröße wird das Steuerhormon (Thyreotropin) angegeben, das jedoch nicht vom Stellglied/Schilddrüse, sondern vom Regelglied/Hypophyse abgegeben wird und somit die Information über den Stellwert an das Stellglied weitergibt.)

2.2 Z. B. Überfunktion der Schilddrüse/erhöhter GU: **Basedow**sche Krankheit; zwei Symptome (z. B. weicher Kropf, hervorquellende Augen, Übererregbarkeit, Unrast, erhöhte Herzfrequenz und Körpertemperatur).
oder Unterfunktion der Schilddrüse/erniedrigter GU: zwei Symptome (z. B. Schwellung der Haut (**Myxödem**), leichte Ermüdbarkeit, Übergewicht, erniedrigte Körpertemperatur, verminderte geistige Beweglichkeit).

3

Primärstruktur	Nukleinsäuren	Proteine
Grundbausteine	4 Nukleotidarten aus Phosphatrest, Zucker Desoxyribose und einer der Basen Adenin, Thymin, Guanin, Cytosin	20 Aminosäurearten (AS)
Verknüpfung der Grundbausteine	kovalente (Ester-) Bindungen zwischen Zucker und Phosphat (alternierend)	kovalente (Peptid-) Bindungen
Reihenfolge der Grundbausteine	**Nukleotid- (Basen-) Sequenz** beinhaltet die genetische Information; Richtung durch 5'-und 3'-Ende gegeben	**AS-Sequenz** abhängig von genetischer Information; Richtung durch Amino- und Carboxylende gegeben
Anzahl der Grundbausteine	Millionen von Nukleotiden (E. coli: $3 \cdot 10^6$ Nukleotidpaare)	durchschnittlich 300 AS (100 bis > 1 000)
Sekundärstruktur	**Doppelhelix** aus antiparallelen Strängen; 1 Windung 10 Nukleotide; Basenpaarung A/T und G/C durch 2 bzw. 3 Wasserstoffbrückenbindungen	α-**Helix**, 1 Windung 3,6 AS; intramolekulare Wasserstoffbrücken-bindungen β-**Faltblatt**, antiparallele Zickzackketten, intermolekulare (auch intramol.) Wasserstoffbrücken-bindungen

4 Eine **ökologische Nische** ist das Beziehungssystem, das zwischen einer Art und ihrer Umwelt hergestellt wird, und beinhaltet sämtliche abiotischen und biotischen Faktoren, die diese Art zum Leben braucht.

populationsdynamische Entwicklungen:
a) begrenztes Wachstum infolge intraspezifischer Konkurrenz;
b) die der ökologischen Nische am besten angepaßte Art setzt sich durch; Verdrängung bzw. Auslöschung der unterlegenen Art (Konkurrenzausschlußprinzip!)

c) falls mehrere ökologische Nischen besetzt werden können, erfolgt Aufspaltung in Teilpopulationen mit jeweils begrenztem Wachstum (Zusatz: definitionsgemäß – *eine* Art bildet *eine* Nische – führt das langfristig zur Artumwandlung/Artaufspaltung, d. h. **adaptiver Radiation**).

5 Allelzuordnung: A = "bent", a = Wildtyp
   B = "tabby" b = Wildtyp

Kreuzung der P-Individuen: $X_B^A X_B^A$ x $X_b^a Y$

Keimzellen (Kz) X_B^A X_b^a / Y

Kz	X_b^a	Y
X_B^A	$X_B^A X_b^a$	$X_B^A Y$

Geschlecht	W	M
Phänotyp	'AB'	'AB'

F_1-Individuen sind uniform "bent/tabby", W : M = 1 : 1

Kreuzung der F_1-Individuen: $X_B^A X_b^a$ x $X_B^A Y$

Keimzellen X_B^A / X_b^a X_B^A / Y

Kz	X_B^A	Y
X_B^A	$X_B^A X_B^A$	$X_B^A Y$
X_b^a	$X_B^A X_b^a$	$X_b^a Y$

Geschlecht	W	M
Phänotyp	100 % 'AB'	je 50 % 'AB' / 'ab'

F_2-Individuen:
Das Phänotypenverhältnis "bent"/"tabby" : Wildform = 3 : 1, was dem Befund von 141 "bent"/"tabby" und 47 Wildtypformen entspricht.

Die jeweils 6 Phänotypen "bent" bzw. "tabby" in der F_2-Generation sind das Ergebnis von **Crossing over** in der Meiose von (heterozygoten) F_1-Weibchen.

stark vereinfacht: $X_B^A X_b^a$ $\xrightarrow{\text{Crossing over}}$ X_B^a bzw. X_b^A

Homologenpaarung   Keimzellen
in Prophase I

Entstehung der F_2-Rekombinanten:

F_1 – Kz	X_B^A	Y	
X_B^a	$X_B^A X_B^a$	$X_B^a Y$	"tabby"
X_b^A	$X_B^A X_b^A$	$X_b^A Y$	"bent"
		Männchen	

Bei den Austauschtypen handelt es sich ausschließlich um Männchen mit den Genotypen aB bzw. Ab.

6 Bei der Keimzellenbildung und Befruchtung kommt es – wie immer – zu **Rekombina**tionsvorgängen/Neuordnung genetischen Materials. Jedoch ist dies auf die in dem betreffenden Individuum vorhandenen Gene/Allele beschränkt. Da der Austausch von Erbmaterial mit anderen Individuen unterbleibt, ist die Variabilität eingeschränkt.

7 **Jacob-Monod-Modell** der Enzymrepression:

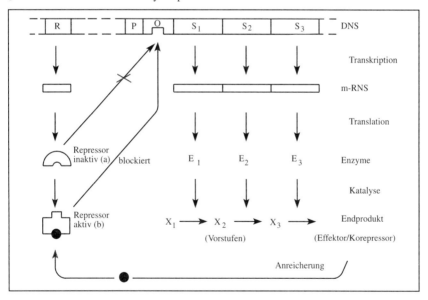

R = Regulator; Operon (nicht in den Korrekturhinweisen verlangt) aus: P = Promotor, O = Operator und S = Strukturgene;
Korepressor und inaktiver Repressor (a) bilden den aktiven Repressor (b); dieser lagert sich am Operator an und blockiert die Transkription, weshalb keine Enzymsynthese stattfinden kann.

8 **Gemeinsamkeiten:**
Z. B.: Die betreffenden Lebewesen weisen genetische **Variabilität** auf; in beiden Fällen findet **Selektion** statt.

Unterschiede:
Natürlich ablaufendes **Evolutionsgeschehen** passiert in sehr langen Zeiträumen, während evolutive Veränderungen unter dem Einfluß des Menschen in immer kürzeren Zeitabschnitten geschehen; in der Natur bewirken verschiedene abiotische oder biotische Selektionsfaktoren eine Anpassung an sich verändernde Umweltbedingungen; demgegenüber schafft der Mensch als Selektionsfaktor eine Anpassung bestimmter Organismen an seine eigenen spezifischen Bedürfnisse (Wünsche).

9

anatomische Merkmale	Menschenartige (Hominiden)	Menschenaffen (Pongiden)
Lage des Hinterhauptslochs	in der Mitte der Schädelunterseite	schräg nach hinten unten
Form des Zahnbogens	parabolisch	parallele Zahnreihen
Verhältnis zwischen Gesichts- und Gehirnschädel	dominierender Gehirnschädel	dominierende "Schnauze"

✂ ------- Bitte hier abtrennen -------

Haben Sie Vorschläge zu diesem Buch?

Anregungen zur Verbesserung sind uns immer willkommen.
Bitte informieren Sie uns mit diesem Schein!

Ihr Stark Verlag

Titel-Nr.	Seite	Fehler, Verbesserungsvorschlag

4-VG

Bitte ausfüllen und im frankierten Umschlag
an uns einsenden. Für Fensterkuverts geeignet.

Der Absender ist:

an: **Zutreffendes bitte ankreuzen!**

☐ Lehrer
☐ Fachbetreuer
☐ Oberstufenbetreuer
☐ Schulleiter
☐ Beratungslehrer
☐ Regierungsfachberater
☐ Sekretariat
☐ Schüler
☐ Buchhändler

☐ Gymnasium/
☐ Gesamtschule
☐ BOS
☐ Berufl. Gymnasium/
☐ Fachoberschule
☐ Realschule
☐ Wirtschaftsschule
☐ Hauptschule
☐ Teilhauptschule
☐ Grundschule
☐ Berufskolleg

☐ Berufsaufbauschule
☐ Berufsfachschule
☐ Berufsschule
☐ Fachschule
☐ Sonderschule
☐ Fachhochschule
☐ Universität
☐ Forschungsinstitut
☐ Volkshochschule
☐ Sonstige Schulen

Unterrichtsfächer:

Absender (bitte in Druckbuchstaben)

_____
Name/Vorname

_____
Straße/Nr.

_____
PLZ/Ort

_____
Bundesland

Schule/Schulstempel (bitte unbedingt angeben)

Stark Verlag
Postfach 1852
85318 Freising

---- ✂ Bitte hier abtrennen ----

ABITUR-TRAINING

Von Fachlehrern entwickeltes Trainingsmaterial zur gezielten Vorbereitung auf Schulaufgaben und Abitur, Wiederholung und Reaktivierung des Unterrichtsstoffs. Dazu ausführliche, schülergerechte Lösungen zur Selbstkontrolle.

Mathematik

Analysis – LK	Best.-Nr. 84001
Analysis – gk	Best.-Nr. 94001
Analytische Geometrie	
und lineare Algebra – gk/LK	Best.-Nr. 94005
Analytische Geometrie	
und lineare Algebra – LK	Best.-Nr. 54008
Stochastik – LK	Best.-Nr. 94003
Stochastik – gk	Best.-Nr. 94007
Infinitesimalrechnung 1	
11. Klasse	Best.-Nr. 94006
Infinitesimalrechnung 2	
11. Klasse	Best.-Nr. 94008
Wiederholung 10. Klasse	
Besondere Prüfung	Best.-Nr. 80001
Wiederholung Algebra	Best.-Nr. 92402

Physik

Kernphysik – LK	Best.-Nr. 94305
Wellen- und Teilchenaspekt	
von Licht und Materie – LK	Best.-Nr. 94303
Atommodelle – LK	Best.-Nr. 94304
Physik K 12 – gk	Best.-Nr. 94321
Mechanik 11. Klasse	Best.-Nr. 94307

Biologie

Biologie K 12 – gk – u. a. Vererbung, Molekulargenetik, Stoffwechsel, Ökologie Best.-Nr. 94715
Biologie K 13 – gk – u. a. Verhaltensbiologie, Evolution Best.-Nr. 94716

Chemie

Chemie 1 – LK – chemische Analytik,
Atomkern, Atommodelle Best.-Nr. 94731
Chemie 1 – gk – Kohlenwasserstoffe, sauerstoffhaltige organische Verbindungen Best.-Nr. 94741
Chemie 2 – gk – Proteine, Fette,
Öle, Kohlenhydrate Best.-Nr. 94742

Deutsch

Deutsch 1 – LK/gk – Literaturbetrachtung, Textanalyse Best.-Nr. 94401
Deutsch 2 – LK/gk – Poetik Teil 1,
Facharbeit, Rede/Referat Best.-Nr. 94402
Deutsch 3 – LK/gk – Poetik Teil 2,
Sprachbetrachtung Best.-Nr. 94403
Deutsche Literaturgeschichte Best.-Nr. 94405
Aufsatz Oberstufe Best.-Nr. 84401
Erörterung 9. /10. Klasse Best.-Nr. 80401

Englisch

Textaufgaben Landeskunde USA	Best.-Nr. 94463
Textaufgaben Landeskunde GB	Best.-Nr. 94461
Englische Literaturgeschichte	Best.-Nr. 94465
Textaufgaben zur Literatur	Best.-Nr. 94462
Grundlagen der Textarbeit	Best.-Nr. 94464
Wortschatzübung Englisch Sek.II	Best.-Nr. 82451
Englische Grammatik Sek. II	Best.-Nr. 82452
Translation Practice 1	Best.-Nr. 80451
Translation Practice 2	Best.-Nr. 80452
Comprehension 1	Best.-Nr. 91453
Comprehension 2	Best.-Nr. 91452
Englische Rechtschreibung	Best.-Nr. 80453

Französisch

Textaufgaben Landeskunde Frankreich
Fakten, Textaufgaben, Lösungen Best.-Nr. 94501

Latein

Latein Wiederholung – Formenlehre,
Syntax, Satzanalyse, Stilmittel Best.-Nr. 94601
Lateinische Literaturgeschichte Best.-Nr. 94602

Geschichte

Geschichte K 12 – **gk**: Bayern auf dem Weg zum modernen Staat, Kaiserreich, 1. Weltkrieg, Weimarer Republik, Nationalsozialismus Best.-Nr. 94781
Geschichte K 13 – **gk**: 2. Weltkrieg, Entwicklung Deutschlands seit den 50er Jahren, europäische Einigung, Ost-West-Verhältnis Best.-Nr. 94782

Wirtschaft/Recht

Volkswirtschaftslehre – gk	Best.-Nr. 94881
Rechtslehre – gk	Best.-Nr. 94882
Betriebswirtschaftslehre – LK	Best.-Nr. 94851

Sport

Bewegungslehre – LK Best.-Nr. 94981

Ethik

Ethische Positionen
in historischer Entwicklung Best.-Nr. 94951

Kunst

Grundwissen Malerei – LK
Entwicklung der Malerei von der Mitte des 18. Jh. bis zur aktuellen Kunst. Mit Farbtafeln und Schwarzweißabbildungen Best.-Nr. 94961

Bestellungen bitte direkt an den Stark Verlag
Postfach 1852 · 85318 Freising · Tel. (08161)1790 · FAX (08161)17951

STARK

ABITUR-PRÜFUNGSAUFGABEN

Zur letzten und wichtigen Prüfungsvorbereitung. Umfangreiche Sammlung vieler Jahrgänge der in Bayern zentralgestellten Abituraufgaben. Alle Aufgaben mit ausführlichen, schülergerechten Lösungen zur Selbstkontrolle.

Mathematik

Abiturprüfungen Mathematik – LK
Infinitesimalrechnung, Wahrscheinlichkeitsrechnung, Statistik, analytische Geometrie, Lösungen
Best.-Nr. 95000
Abiturprüfungen Mathematik – gk
Infinitesimalrechnung, Wahrscheinlichkeitsrechnung, analytische Geometrie, Lösungen und exemplarische Colloquiumsprüfung
Best.-Nr. 95100

Physik

Abiturprüfungen Physik – LK
Mit Lösungen
Best.-Nr. 95300
Abiturprüfungen Physik – gk
Mit Lösungen und exemplarischer Colloquiumsprüfung
Best.-Nr. 95320

Biologie

Abiturprüfungen Biologie – LK
Mit Lösungen
Best.-Nr. 95700
Abiturprüfungen Biologie – gk
Mit Lösungen und exemplarischer Colloquiumsprüfung
Best.-Nr. 95710

Chemie

Abiturprüfungen Chemie – LK
Mit Lösungen
Best.-Nr. 95730
Abiturprüfungen Chemie – gk
Mit Lösungen und exemplarischer Colloquiumsprüfung
Best.-Nr. 95740

Deutsch

Abiturprüfung Deutsch – LK
Texte, Aufgaben, Lösungen
Best.-Nr. 95400
Abiturprüfung Deutsch – gk
Texte, Aufgaben, Lösungen sowie exemplarische Colloquiumsprüfungen
Best.-Nr. 95410

Englisch

Abiturprüfungen Englisch – LK
Mit Lösungen
Best.-Nr. 95460
Abiturprüfungen Englisch – gk
Mit Lösungen, exemplarische Colloquiumsprüfungen
Best.-Nr. 95470

Französisch

Abiturprüfungen Französisch – LK
Mit Lösungen
Best.-Nr. 95500
Abiturprüfungen Französisch – gk
Mit Lösungen, exemplarische Colloquiumsprüfungen
Best.-Nr. 95530

Latein

Abiturprüfungen Latein – LK
Mit Lösungen
Best.-Nr. 95600
Abiturprüfungen Latein – gk
Mit Lösungen und exemplarischer Colloquiumsprüfung
Best.-Nr. 95630

Geschichte

Abiturprüfungen Geschichte – LK
Mit Lösungen
Best.-Nr. 95760
Abiturprüfungen Geschichte – gk
Mit Lösungen und exemplarischer Colloquiumsprüfung
Best.-Nr. 95780

Sozialkunde

Abiturprüfungen Sozialkunde – LK
Mit Lösungen
Best.-Nr. 95800
Abiturprüfungen Sozialkunde – gk
Mit Lösungen, exemplarische Colloquiumsprüfungen
Best.-Nr. 95830

Wirtschaft/Recht

Abiturprüfungen Wirtschaft/Recht – LK
Mit Lösungen
Best.-Nr. 95850
Abiturprüfungen Wirtschaft/Recht – gk
Mit Lösungen, exemplarische Collqiumsprüfungen
Best.-Nr. 95880

Erdkunde

Abiturprüfungen Erdkunde – LK
Mit Lösungen
Best.-Nr. 95900
Abiturprüfungen Erdkunde – gk Lösungen, exemplarische Colloquiumsprüfungen
Best.-Nr. 95930

Kunst

Abiturprüfungen Kunst – LK
Lösungshinweise, Abbildungen (sw)
Best.-Nr. 95960

Sport

Abiturprüfungen Sport – LK
Mit Lösungen
Best.-Nr. 95980

Religion/Ethik

Abiturprüfungen Religion r.-k. – gk
Mit Lösungen, exemplarische Colloquiumsprüfungen
Best.-Nr. 95990
Abiturprüfungen Religion ev. – gk
Mit Lösungen und exemplarischer Colloquiumsprüfung
Best.-Nr. 95970
Abiturprüfungen Ethik – gk Mit Lösungen und exemplarischen Colloquiumsprüfungen Best.-Nr. 95950

Bestellungen bitte direkt an den Stark Verlag
Postfach 1852 · 85318 Freising · Tel. (08161) 1790 · FAX (08161) 17951